사례관리

박용순 · 송진영 · 권성애

창지사

머리말

21세기에 접어들면서, 노인인구의 증가로 인해 한국사회도 어느덧 고령화 사회에 진입하였으며, 그 속도가 다른 나라에 비해 월등히 빨라 다양한 사회문제를 양산하고 있다. 이와 함께 급속한 경제성장과 산업화로 인해 각종 사고와 재해가 발생하고 있으며, 이로 인해 장애인의 수가 꾸준히 증가하고 있다. 또한 최근의 지속적인 경제 불황으로 인해 실업자가 양산되고 외국인의 이주가 늘어나면서, 과거의 단일민족이었을 때와는 다른 사회문제가 나타나고 있다. 이로 인하여 다양하고 복합적이며 장기적인 문제와 욕구를 가지고 있으면서, 사회적 문제로 인해 정상적인 인간다운 삶을 영위하지 못하는 사람들이 점차 증가하고 있는 실정이다.

이에 다양하고 복합적인 문제와 욕구를 가지고 있는 사람들의 문제와 욕구를 해결하기 위한 사회복지실천방법이 필요하게 되었으며, 이를 위해 등장한 개념이 사례관리이다. 사례관리의 역사적 기원은 19세기 빈민들에 대한 자선조직협회의 구제활동에서 찾아볼 수 있으나, 현대적 의미의 사례관리는 1960년대 미국의 정신장애인 탈시설화의 과정에서 시작되었다고 볼 수 있다. 이후 사례관리는 지역사회자원의 활용과 서비스 전달의 효과성 및 효율성을 높이기 위한 방안으로 미국은 물론, 영국, 일본, 우리나라에서 널리 보급되어 활용하고 있다. 이와 같은 사례관리는 앞으로도 사회복지실천분야는 물론, 심리학, 간호학 등 다양한 분야에서도 폭넓게 활용될 것이다.

사례관리와 관련된 저서들이 최근에 많이 출판되고 있지만, 우리나라의 사례관리의 역사가 미천한 이유 등으로 인해 사례관리의 이론과 실천을 심층적으로 다룬 저서는 그리 많지 않다. 사실 사례관리론의 실천 파트에서 노인, 장애인, 아동, 정신건강 등 다양한 영역을 심층적으로 사례를 들어 저술한다는 자체가 그리 쉬운 작업은 아니다.

그럼에도 불구하고 본서를 집필하게 된 것은 첫째, 필자가 지난 수십 년간 학교에서 사례관리 관련한 다양한 과목을 강의하고 사회복지현장에서 종사해 오면서, 사회복지를 전공하는 학생은 물론이고 현장에서 사회복지실천영역에 종사하고 있는 사회복지전문가 또는 실무자에게 있어 사례관리에 대한 학습은 매우 중요하다고 여겼기 때문이다. 둘째, 본서를 접하는 독자들이 사례관리를 쉽게 이해하고 간결하게 설명할 수 있는 교재를 쓰고 싶었기 때문이다. 따라서 저자들의 주관적 관점을 최대한 배제하고 최대한 사례관리의 이론과 실천의 기본내용을 바탕으로 사회복지, 상담 등을 공부하는 사회복지 및 상담전공학생 및 현장에서의 사례를 연구하는 연구자들, 그리고 사회복지에 관심 있는 일반 독자들이 활용할 수 있는 실용적인 정보를 제공하는 데 목적을 두고 교재를 집필하였다.

본서는 학생들과 독자들이 사례관리에 대해 종합적이고 체계적이며 쉽게 이해할 수 있도록 전체 내용을 3부로 나누어 '총론', '과정론', '실천론'으로 제시하였다.

제1부 '총론'에서는 사례관리의 개념과 원리 등 사례관리의 기본적인 이해를 바탕으로 사례관리에 대한 이념과 역사적 배경은 어떠하며, 사례관리의 기능과 사례관리자의 역할, 그리고 사례관리의 모형 및 구성요소 등에 대한 내용을 제시하고 있다. 이에 따라 제1장 사례관리의 개관, 제2장 사례관리의 등장과 전개, 제3장 사례관리의 기능과 사례관리자의 역할, 제4장 사례관리의 모형, 제5장 사례관리의 구성요소 등으로 구성하였다.

제2부 '과정론'에서는 사례관리의 과정을 초기과정에서부터 평가와 종결까지 5단계로 구분하여 논하였다. 이에 따라 제6장 초기과정, 제7장 사정과정, 제8장 계획과정, 제9장 실행과정, 제10장 평가와 종결과정 등으로 구성하였다.

제3부 '실천론'에서는 다양한 실천영역을 다루었다. 이에 따라 제11장 정신보건분야의 사례관리, 제12장 노인복지분야의 사례관리, 제13장 장애인복지분야의 사례관리, 제14장 아동분야의 사례관리 등으로 구성하였다.

본 교재를 집필하면서 독자에게 유익한 사회복지정책에 대한 내용을 제공하기 위해 나름대로 노력하였으나 미흡한 부분이 많음을 솔직히 고백하지 않을 수 없다. 독자 제현들의 비판적 충고와 넓은 학문적 가르침을 진심으로 기대한다.

이 책을 출간하면서 먼저 학문적·인격적·신앙적으로 이끌어 주신 故 어윤배 총장님께 머리 숙여 감사드리며, 필자가 본 대학에 봉직하는 데 항상 힘이 되어 주신 윤동철 총장님께 깊은 감사를 드린다. 이 책의 집필을 위해 함께 힘든 작업을 하면서 소중한 시간을 할애해 준 송진영, 권성애 공동저자에게 진심으로 고마움을 전하면서 앞으로 지속적으로 사회복지 관련 분야에서 사회복지 관련 저서를 집필하면서 사회복지를 공부하는 학생들에게 전문적으로 도움을 주는 저자가 되기를 바란다. 또한 저자에게 학문적 지지와 격려를 아끼지 않으신 사회복지학과 교수님들에게도 뜨거운 감사를 드린다.

끝으로 적극적으로 출판을 맡아 주신 김기섭 사장님, 출판을 위해 많은 협조와 수고를 아끼지 않으신 이상대 상무님과 편집부 여러분에게도 깊은 감사를 드린다. 특히 학문 정진에 묵묵히 힘이 되어 준 가족들의 고마움을 잊을 수 없다.

2016년 7월, 수리산 기슭의 연구실에서

대표저자 박 용 순

차례

P/A/R/T 03 사례관리의 실천론

P·A·R·T 01

사례관리의 총론

CHAPTER 01

사례관리의 개관

사례관리는 장애인복지, 노인복지, 정신보건, 의료·보건사업 등과 같은 클라이언트를 대상으로 하는 서비스에 주로 쓰이는 실천양식으로 지역사회 내에서 다양한 클라이언트에게 차츰 확대되고 있으며, 최근에는 사례관리를 클라이언트에게 지속적인 보호를 제공하는 수단으로 여겨지고 있다. 사례관리의 본질적인 목적은 클라이언트의 문제해결에 있다. 사례관리는 개인이나 가족을 대상으로 서비스를 제공한다는 측면에서 전통적인 사회복지실천방법론의 하나인 개별지도(casework)와 유사하지만, 사회복지기관 이외에도 현장개입이나 옹호활동 등을 통한 지역사회에서 서비스를 제공하는 간접적인 개입까지 포함하는 특징이 있다. 따라서 본 장에서는 첫째, 사례관리의 개념, 둘째, 사례관리의 원리, 셋째, 사례관리의 가치와 윤리 등을 중심으로 사례관리를 개념적으로 살펴보고자 한다.

제 1 절 사례관리의 개념

1. 사례관리의 정의

사례관리는 케어 매너지먼트(care management)와 케이스 매너지먼트(case management)를 혼용하여 사용하는 경향이 있다. 사례관리라는 용어가 처음으로 등장한 시점은 미국의 경우, 1960년대에 지역사회를 기반으로 하는 서비스가 급속도로 확장되어, 서비스 조정의 필요성이 사회적으로 인식되었던 1970년대 초에 케이스 매니지먼트란 용어가 문헌 속에서 직접적으로 등장하기 시작하였다. 당시 미국은 서비스의 단편화, 포괄적인 서비스를 필요로 하는 클라이언트 인구층의 증가, 비용절감 문제 등에 직면해 있었고, 보건·교육·복지부(Department of health, Education & Welfare)는 서비스통합프로그램을 증진시키기 위해 일련의 시범사업을 수행했는데, 대부분의 시범사업에서 서비스조정을 담당할 케이스 매니저의 필요성이 언급되었다. 이에 따라 미연방정부는 케이스 매니지먼트를 서비스체계에 통합시키도록 하는 각종 법령을 통과시켰고, 그 결과 정신보건, 노인, 아동, 신체장애 등 다양한 분야에서 케이스 매니지먼트 서비스가 실제로 제공되기 시작했으며, 사회사업사전(Encyclopedia of Social Work) 18판(1987)에서부터 케이스워크라는 항목이 빠지고 케이스 매니지먼트가 포함되었다.

우리나라에서는 1990년대 케이스 매니지먼트란 용어가 들어와 간호학, 사회복지학 분야 등에서 학문적인 관심을 받기 시작했다. 이 시기는 사회복지의 방향이 재가복지, 지역사회복지로의 전환을 준비하던 시기로서, 1993년 노인복지법 개정 시, 재가복지가 처음으로 사회복지사업의 한 분야로 규정되었고, 재가복지가 공식적인 종합프로그램으로 인정되자, 기존의 노인복지관, 장애인복지관, 사회복지관을 중심으로 다양한 재가복지사업이 진행되었다. 이후 여러 학자들과 실천가들에 의해 케이스 매니지먼트가 재가복지 부문에서의 중요한 실천 방법으로 빈번히 언급되었다. 특히 1995년 제정된 정신보건법에서는 케이스 매니지먼트가 정신질환자를 대상으로 하는 지역사회 정신보건사업의 필수사업 중 하나로 지정되었을 정도로 제도·정책적으로 이 개념에 대한 인식이 높아지고 있다. 그러나 아직 우리나라의 각종 영역에서 케이스 매니지먼트에 관한 연구는 매우 미흡한 수준에 머물러 있다.

사례관리는 현재 다양한 분야에서 논의되고 전문적 실천에서 중요한 위치를 점하는 것으로 평가되고 있지만, 아직까지 용어선정에 대해 명확하게 합의된 바는 없다. 또한 매니지먼트의 대상이 '케이스'냐 '케어'냐에 관련된 논쟁이 아직도 진행되고 있다(송진영·김경애·유광수, 2016). 케이스 매니지먼트의 사용을 지지하는 사람들은 '케어'라는 용어가 개별 클라이언트의 강점보다는 의존성을 강조하고 클라이언트와 서비스 제공자 간의 수동적 관계를 암시하며, 나아가 케어 자체가 곧 일상생활로부터의 추방, 격리와 동일시될 수 있다고 주장한다. 이에 반해 '케이스'라는 용어는 개인에 대한 초점을 강조할 뿐만 아니라 국제적으로도, 이미 널리 이해되고 있기 때문에 케어 매니지먼트라는 용어를 사용하기보다는 케이스 매니지먼트라는 용어의 사용이 보다 적합하다고 주장하고 있다.

반면 케어 매니지먼트의 사용을 주장하는 사람들은 케이스 매니지먼트는 케이스워크와 거의 동일시되고 있고 클라이언트와의 직접적 관계만이 강조되어 체계적 수준에서의 조직 활동, 즉 개입방법으로서의 측면이 아닌 자원을 조정하며 서비스전달을 조직하는 면이 강조되지 못하는 단점이 있다고 주장한다.

이와 같이 각각의 용어는 나름대로 특징과 차이를 지니고 있지만, 본서에서는 사회복지학 사전을 토대로 사례관리를 케이스 매니지먼트(case management)로 사용하기로 한다.

사례관리는 복잡하고 다양한 문제나 욕구를 가진 클라이언트가 개별적인 기관이나 전문가 등의 지역사회 내의 서비스 제공자들을 일일이 찾아다니지 않고, 사례관리자로부터 필요한 서비스를 보다 용이하고 효과적으로 받아들일 수 있도록 필요한 자원을 활용하여 클라이언트로 하여금 지역사회 내에서 독립적인 생활을 할 수 있게 도와주는 통합적인 서비스 전달방법이라고 할 수 있다. NASW(전미사회복지사협회)에서는 사례관리를 '복잡한 여러 가지 문제와 장애를 가지고 있는 클라이언트가 적합한 형태로, 적당한 시기에, 그들이 필요로 하고 있는 모든 서비스를 받을 수 있도록 보장하는 것이며, 따라서 이것은 포괄적 서비스를 제공하기 위한 방법'으로 정의하였다.

강선경·임윤형(2005)은 사례관리를 다음과 같이 정리하였다.

사례관리는 개인이나 가족을 대상으로 서비스를 제공한다는 측면에서 전통적인 사회복지실천방법론의 하나인 개별지도(case work)와 유사하지만, 사회복지기관 이외에도 현장개입이나 옹호활동 등을 통한 지역사회에서 서비스를 제공하는 간접적인 개입까지 포함하는 특징이 있다. 이러한 사례관리의 특징을 좀 더 구체적으로 살펴보면 첫 번째, 지역사회에서의 서비스활동과 연계를 강조하는 지역사회 중심의 접근법이며, 두 번째, 치료보다는 보호의 개념을 강조하며, 만성적이며 복합적인 문제를 가진 클라이언트를 지속적으로 관리하고, 세 번째, 사례관리자와 개인 클라이언트와의 긴밀한 상호관계를 기초로 클라이언트 중심의 개별화된 접근을 하고, 네 번째, 클라이언트의 변화를 위한 개별지도 중심의 직접적 개입으로부터 자원의 조정을 포함하는 환경적 개입까지 사회복지실천의 개입역할을 확대한다는 점을 들 수 있다.

이러한 내용으로 보아 사례관리는 개별 사회복지대상자가 가진 복합적인 문제를 해결하기 위하여, 개별지도는 물론 다양한 기관과 프로그램 및 지역사회 자원을 통하여, 단·장기적으로 개입하는 전문적 사회복지실천 기술이라고 정의할 수 있다.

2. 사례관리의 목적

일반적으로 알려진 사례관리의 주요 목적은 비공식적 자원체계와 공식적 자원체계가 보유하는 각종 자원을 통합하는 기능이다. 사례관리의 구체적인 목적은 다음과 같다.

1) 외부환경에 적응할 수 있는 클라이언트의 잠재력을 최대화한다

사례관리의 궁극적인 목적은 클라이언트가 타인의 도움 없이도 자신이 원하는 삶을 살 수 있도록 하는 것이다. 클라이언트의 잠재력을 최대화하는 것은 클라이언트가 자신이 원하는 자원을 얻을 수 있는 힘을 갖추는 것으로서, 자신의 강점과 역량을 키우는 것을 의미한다.

2) 서비스 제공의 연속성을 보장한다

사례관리는 장기적인 욕구와 문제를 호소하는 클라이언트를 대상으로 하기 때문에 서비스 제공의 연속성은 매우 중요하다. 서비스 연속성이란 서비스 제공자나 제공기관이 클라이언트의 욕구를 충족시키기 위해 필요로 하는 서비스를 끊어짐 없이 지속적으로 제공하는 것이다. 서비스의 연속성은 횡단적 연속성과 종단적 연속성이 있다. 횡단적 서비스의 연속성은 주어진 시점에서 클라이언트의 다양한 욕구를 충족시킬 수 있는 포괄적이고 조정된 서비스를 제공하는 것이다. 반면, 종단적 연속성은 시간의 경과에 따라 변화하는 클라이언트의 욕구를 충족시키기 위해 지속적으로 서비스를 제공하는 것이다(Test, 1979).

3) 서비스의 통합성

사례관리는 서비스를 연결, 조정하는 단순한 기술적인 접근 그 이상의 의미와 목적을 가지며 사회복지적인 접근이나 실천 모델인 접촉, 상담, 사정, 개입, 평가 등을 포함하는 모델이라 할 수 있다. 복합적이고 다양한 클라이언트의 욕구를 해결하기 위해서는 지역사회의 다양한 기관들의 서비스와 자원이 연계되고 조정될 수 있는 서비스 통합성이 확보되어야 한다. 이를 통해 서비스의 단편화와 중복을 감소시키고, 서비스의 상호작용을 촉진시킬 수 있게 된다.

4) 서비스 접근성의 증진

정보의 부족이나 서비스 제공의 복잡성 등으로 인해 클라이언트가 지역사회 내의 서비스에 접근하는 데 장해를 갖게 되는 경우가 있다. 서비스 접근성을 증진시키는 것은 클라이언트의 적격성, 기준, 정책, 규정, 절차 등과 관련된 서비스의 접근에 대한 장해물을 극복하고 그들이 필요한 서비스에 쉽게 접근할 수 있도록 하는 것이다. 욕구가 있는 클라이언트에게 인종, 종교, 사회경제적 지위, 장애 정도 등과 상관없이 서비스에 접근할 수 있는 기회가 보장되어야 한다. 서비스 접근성은 심리적 접근성과 물리적 접근성이 있다. 심리적 접근성은 실제로 지역사회 내의 가까운 장소에서 서비스를 제공하는데도 불구하고 다양한 심리적 이유로 인해 서비스를 이용하지 않는 것이다. 물리적 접근성은 지리적으로 떨어져 있는 문제이기 때문에 교통편의 제공 등 제한적인 방법이 가능한 반면, 심리적 접근성은 기획과 노력으로 해결할 수 있다. 심리적 접근성의 예로는 기관이 특정 대상을 중점적으로 상대하고 있는가? 기관에서 다른 곳으로의 접근성이 좋은가? 서비스는 무료인가? 식당의 식사 제공방식과 맛은? 인테리어, 편의시설은 괜찮은가? 등을 예로 들 수 있다.

5) 사회적 책임의 증진

사례관리는 클라이언트의 욕구에 적합한 서비스에 대해 한정된 자원으로 최적의 효과를 거두는 것이 필요하다. 따라서 서비스가 클라이언트의 욕구에 적합하고, 적당한 시기에 적절한 방식으로 제공되고, 서비스가 중복되지 않도록 관리하는 것이 중요하다. 사례관리의 효과성과 효율성을 담보하기 위해서는 높은 전문성과 높은 수준의 보호 등 사회적 책임이 요구된다.

6) 성과관리

성과(outcome)는 사례관리의 목적과 연관성이 있다. 사례관리에 있어 성과는 결과뿐만 아니라 과정에 대한 평가와 과정의 질에 대한 평가도 중시되어야 한다. 사례관리가 클라이언트에게 적절하게 제공되고 있는지의 여부, 서비스의 통합, 클라이언트의 만족, 서비스 성과의 질 등이 평가되어야 한다.

3. 사례관리의 의의

1) 욕구 중심적 실천

사례관리는 현존하는 서비스에 개인의 욕구를 맞추는 것이 아니라, 서비스를 클라이언트의 욕구에 적합하도록 만드는 데 적극적이어야 한다. 즉, 기존의 서비스에서 시작하기보다 욕구에서 시작한다. 개인은 어느 한 가지의 욕구보다는 잠재적인 욕구를 포함하여 복합적인 욕구를 지니는데, 특히 노인이나 장애인의 경우 의료, 보건, 사회복지, 주거 등에 대한 욕구들이 동시에 존재한다. 이러한 인식에서 사례관리는 서비스 이용자의 전반적인 욕구 충족을 목표로 한다.

2) 반응적인 서비스

과거의 서비스는 중앙공급식의 일률적인 형태가 대부분으로, 다양한 개인적 특성을 충분히 반영해 주지 못했다. 이러한 균일적·획일적인 서비스는 욕구가 다양화되고 고도화되어 가는 오늘날의 현실에 더 이상 부합되지 않는다. 사례관리는 선택기회의 증대, 클라이언트와 보호자의 참여 강조, 장기적인 욕구 관리 등의 방법을 통해 서비스를 보다 반응적으로 개발하는 데 적극적이어야 한다.

3) 옹호기회의 증대

기존의 구도에서는 실천가가 욕구사정, 서비스전달, 관리책임을 동시에 지기 때문에 클라이언트와 서비스 제공자의 입장을 모두 고려해야 했다. 그러나 사례관리는 욕구사정 책임과 서비스 제공 책임이 분리될 수 있고, 한 명의 실천가가 클라이언트의 전반적인 욕구를 충족시키는 형태보다는 다양한 사람이 공동으로 한 명의 클라이언트에게 서비스를 전달하는 형태를 취하고 있다. 이렇듯, 서비스 이용자의 욕구와 서비스 제공자의 관심을 분리시켜 생각할 수 있게 됨에 따라, 실천가들은 서비스 제공자에 대한 클라이언트를 대변하기가 보다 수월하게 되었다

4) 보호의 연속성과 책임성의 증대

사례관리의 대상층들은 대개 장기적 욕구를 가지기 때문에 보호의 연속성을 보장해 주는 것이 무엇보다 중요하다. 사례관리 실천가들은 욕구를 지속적으로 모니터링하고 검토하여 변화하는 욕구에 서비스를 적합하도록 만든다. 장기적인 욕구에 적합한 서비스를 지속적으로 연결시켜 주기 위해서는 사례관리자 한 명의 전문가가 서비스 전달과정 전반을 책임지는 것이 바람직하며 그 결과 클라이언트에 대한 전문적 실천가의 책임성도 증대되었다.

5) 기관 내, 기관 간의 통합증대

클라이언트의 복합적인 욕구를 충족시켜 주기 위해서는 과거보다 기관 내, 기관 간의 협력과 조정 작업이 중요하다. 사례관리 실천가는 욕구에 적절한 서비스

체계를 개발하기 위해 다양한 기관 및 다양한 전문가와 협상할 능력을 갖추고 있을 뿐 아니라 이를 용이하게 수행할 수 있도록 필요한 정보, 자원체계를 구축해 두고 있다.

6) 클라이언트의 입장에서의 의의

클라이언트의 입장에서 사례관리는 다음과 같은 의미를 지닌다.

첫째, 서비스의 연속성과 서비스의 조정을 강조하는 사례관리를 통해 복합적인 욕구를 가지고 있는 클라이언트가 서비스의 중단 없이 욕구 충족이 가능하게 되었다. 기존에 서비스 체계 속에서 복합적 욕구를 가지고 있는 클라이언트는 서비스기관들 간의 연계부족으로 인해 또 다른 서비스기관을 찾기 위한 힘겨운 노력을 기울여야 했다. 그러나 사례관리의 등장으로 클라이언트들은 사례관리자를 통해 어려움 없이 연속적인 서비스를 제공받을 수 있게 되고, 지역사회에 산재하고 있는 자원을 찾아서 클라이언트를 위한 서비스를 패키지로 만들어 서비스가 연속적으로 제공되도록 하였다.

둘째, 서비스의 지속성을 강조하는 사례관리를 통해 장기간의 보호를 필요로 하는 클라이언트의 욕구 충족이 지속적으로 가능하게 되었다. 특히, 사례관리의 대상자들은 단기간의 서비스로 문제가 해결되기 어려운 경우가 많기 때문에 장기간의 서비스가 요청된다. 이때, 사례관리는 서비스가 지속적으로 클라이언트에게 제공되도록 하기 때문에 클라이언트의 입장에서 유효한 기능을 한다고 볼 수 있다.

셋째, 자원 개발을 강조하는 사례관리를 통해 클라이언트들은 자신에게 필요하지만 없었던 자원을 연결받아 욕구 충족이 가능하게 되었다. 사례관리에는 클라이언트에게 공식적, 비공식적 자원을 연결하여 주는 기능이 있다. 그동안 클라이언트가 인지하지 못했던, 또는 유용하지 않았던 자원이라도 유용하게 기능하도록 대입하는 사례관리를 통해 클라이언트의 만족감을 높일 수 있게 되었다.

넷째, 사회복지 서비스를 제공받아 본 경험이 없는 클라이언트도 서비스를 받을 수 있는 기회를 갖게 되었다. 사례관리에서는 적극적으로 클라이언트 찾아 나서는 것을 통해 지역사회에 거주하고 있는 잠재적 클라이언트에게 서비스를 제공해 주도록 강조하고 있기 때문에 소극적 클라이언트에게도 서비스 수혜의 기회를 제공하게 되었다는 것이다. 즉, 사례관리서비스는 클라이언트에 대한 지역의 상담창구로서 기능하게 되는 것이다.

7) 지역복지의 관점에서의 의의

지역복지의 관점에서 보았을 때 사례관리는 다음과 같은 의미를 가진다.

첫째, 서비스의 중복을 피하고, 서비스 간의 관련성을 가져오며, 보다 융통성 있는 인간적인 서비스를 제공하기 위한 방법으로서 사례관리는 지역사회에서 필요한 접근법이 된다. 기존의 공적 서비스는 수직적으로 전달되었고, 각 서비스 체계들, 즉 복지, 의료, 보건, 소득보장, 주택, 고용, 교육 등이 상호 연계되지 않고, 단편적으로 분산되어 클라이언트에게 개별적으로 전달되는 경우가 대부분이었다. 그러나 사례관리의 기능을 통해 지역사회의 서비스가 보다 효과적으로 연계될 수 있는 기회를 갖게 되었다.

둘째, 지역사회 내에 잠재되어 있는 자원을 개발하고, 조직화함으로써 효과적인 서비스를 제공할 수 있게 되었다. 지역사회 내에 있는 클라이언트를 위한 서비스와 자원이 정보·인식의 부족으로 활용되지 않거나 이용에 장애가 되는 요소들을 제거하여 효율적으로 활용될 수 있도록 사례관리가 유용한 역할을 할 수 있게 되었다.

셋째, 지역사회의 인구 노령화, 요보호 인구의 증가 등에 대한 문제를 해결하기 위한 방법으로서 사례관리의 역할에 의의가 있다. 가족 해체, 노인 인구의 증가에 따라 요보호 인구가 증가하고 있고, 이에 대한 가족의 비공식적 보호만으로는 부족할 것이므로 공식적 서비스와의 연계가 필요하게 되었다. 비공식적 보호와 공식적인 서비스 간의 경험과 갈등 혹은 공식적 서비스에 비공식적 보호가 종속화되는 문제가 발생할 가능성이 크지만 사례관리가 양자 간의 조정과 통합을 위한 역할을 할 수 있다.

제2절 사례관리의 원리

1. 사례관리의 기본 원칙

Kirst-Ashman & Hull(2002)은 사례관리의 목적을 달성하기 위한 사례관리의 기본 원칙을 다음과 같이 6가지로 제시했다.

1) 서비스의 개별성

클라이언트의 신체, 정서, 사회적 여건과 환경에 따라 각 클라이언트의 확인된 욕구에 맞게 각기 구체적으로 개발되거나 도안되어 서비스가 제공되어야 한다.

2) 서비스의 포괄성

지역사회에서 클라이언트의 다양한 욕구를 충족시키기 위해 필요한 광범위한 지지를 연결하고 조정하며 점검하는 서비스이다. 서비스의 포괄성은 지역사회의 클라이언트들에게 충족되지 않은 욕구가 없도록 원조함에 중점을 둔다.

3) 규모 있는 서비스

서비스의 중복을 피함으로써 서비스 비용의 낭비를 방지할 수 있어야 한다. 잘 조정되지 못한 서비스들은 특정 욕구에 대해 중복되기도 하고, 이로 인해 충족되어야 할 다른 욕구들이 충족되지 못하는 경우를 초래할 수 있다.

4) 클라이언트의 자율성 증대

클라이언트의 자유와 과보호를 지양하고 자율성과 자기결정권을 가능한 한 보장한다.

5) 서비스의 지속성

사례관리자는 클라이언트의 욕구와 생활현장에서 잘 적응할 수 있도록 서비스를 지속적으로 제공해야 한다. 사례관리의 실천에 있어 클라이언트와 사례관리자는 관계형성과 신뢰를 바탕으로 위기의 클라이언트에게 상황 속의 인간이라는 관점을 적용하여 다양한 서비스의 연속성을 가진다는 것이다.

6) 서비스의 연계성

복잡하고 분리되어 있는 서비스 전달체계를 연결하는 것을 의미한다. 다양한 서비스의 연계성에서 사례관리자는 중개자 혹은 권익옹호자의 역할을 한다.

2. 사례관리의 실천원리

사례관리의 대상자와 공급자 및 이해관계자에게 통용할 수 있는 사례관리 실천원리는 다음과 같다(Gursansky, Harvey & Kennedy, 2003).

- 맞춤형 서비스 및 욕구 기반: 서비스 전달은 개별적인 욕구에 기반한다.
- 개별화되고 소비자 중심의 계획: 소비자와 보호자는 사례개입 계획수립에 참여해야 한다.
- 선택권: 소비자들은 자신이 사용하는 서비스를 선택하고, 서비스 제공자를 선택할 수 있는 기회를 제공받는다.
- 계약과 책임성: 보호 계획은 객관성과 책임성하에 세분화되어야 하고, 계약에 입각하여 진행하여야 한다.
- 서비스의 제공: 개인이 요구한 서비스는 서비스 제공자에 의해 특별한 요구에 부응하는 방식으로 제공되어야 한다.
- 서비스 개발: 소비자의 욕구를 충족시키기 위해 필요한 곳에서 서비스가 개발되어야 한다.
- 책임성 및 질 측정: 성과는 명확하게 제시되어야 하고, 서비스 구매자나 소비자는 그 성과를 모니터할 수 있어야 한다.
- 반응성과 시의적절성: 사례관리자는 제공되는 서비스를 점검해야 하고, 변화하는 환경에 잘 반응해야 한다.
- 비용 효과성: 사례관리자는 비공식적인 자원과 공식적인 서비스에 기반을 두

어 돈이 가장 가치 있게 사용될 수 있도록 서비스 패키지를 제공해야 한다.

- 시간 제약 및 성과 지향: 서비스 제공은 클라이언트의 요구와 서비스 계약의 성과와 관련된 보호의 연속성을 보장하는 타임 테이블을 명확하게 해야 한다.
- 평가와 옹호: 클라이언트가 서비스 체계와 함께함으로써 얻게 되는 지식은 개인적이고 체계적 수준에서 변화를 옹호하는 데 사용된다.

제 3 절 사례관리의 가치와 윤리

1. 사례관리의 가치와 윤리에 대한 이해

사례관리자는 클라이언트에게 필요로 하는 도움을 주는 데 있어, 단순히 클라이언트를 지지하는 것이 아니라 클라이언트에게 어떤 서비스가 진정으로 필요하고 적절한지를 결정해야 한다. 이 경우 가장 어려운 논쟁 중의 하나는 클라이언트가 원치 않을 때 어떻게 하는가에 대한 것이다.

가치는 개인의 관점으로서, 바람직한 현실에 대한 좋다, 나쁘다 등의 주관적 신념이다. 개인의 주관적인 가치는 추상적인 차원에서의 선호에 그치지 않고 구체적인 행동을 지향한다. 가치의 중요한 특징은 개인을 행동으로 이끈다는 점으로, 클라이언트는 자신이 바람직하게 생각하는 것을 실현하길 원한다.

윤리는 조직의 관점으로서, 옳고 그른 것, 선행과 악행, 정당한 것, 부당한 것과 같은 판단이 뒤따르는 조직구성원들의 행동규범을 의미한다. 즉, 가치가 바람직한 것에 대한 좋고, 나쁘고에 대한 개인의 어떤 신념이라면, 윤리는 조직이 판단을 통해 무엇을 해야 되고, 개인의 신념을 어떻게 적용할 것인지의 문제와 관련된 것이다.

클라이언트에게 효과적인 서비스를 제공하는 데 있어서 종종 클라이언트에 대한 고려와 사례관리자가 일하고 있는 기관이나 단체의 규정, 윤리와 규범, 그리고 법률 사이의 미묘한 균형을 필요로 하는 경우 사례관리자는 다양한 상황(딜레마)

에서 어려운 결정을 내려야 하는 위기를 맞이할 수 있다.

다음은 사례관리자가 직면하는 몇 가지 상황의 예이다(조미숙·이윤로·간호옥·김나영, 2006).

- 클라이언트와 기관에 대한 이중책임감: 클라이언트에 대한 지지를 해야 하는 의무도 중요하고 기관의 규칙, 규범 등을 준수해야 하기 때문에 클라이언트에게 항상 다 해줄 수만은 없다.
- 클라이언트에게 결정권을 주어야 하는지에 대한 딜레마: 사례관리자는 클라이언트가 선택한 대안이 최선이 아닐 경우를 경험하게 되는데, 가끔은 클라이언트에게 결정권을 맡기기가 어려울 경우가 있다 .
- 합법적 윤리적 가이드라인에 따라 서비스를 제공하는 것에 관한 어려움: 클라이언트는 그들의 안정을 유지하고 욕구 충족을 위하여 규범을 어기는 경우가 종종 있다. 사례관리자는 클라이언트가 규범을 어길 시 어떻게 접근해야 할지를 항상 심사숙고해야 할 것이다.
- 가족의 압력이 사례관리 계획의 한 구성요소를 위협하는 경우: 가족 전체와 관계하는 것은 사례관리 과정에서 종종 있는 일인데, 어떤 경우에는 문제를 일으킬 수도 있다

상기와 같은 상황에서 적절한 해결방안을 찾기란 쉽지 않다. 사례관리자는 무엇이 클라이언트에게 가장 도움이 되는지, 무엇이 가장 윤리적으로 옳은 것인지, 사례관리자가 속한 기관이나 단체의 지침을 잘 따르고 있는지를 지속적으로 생각해 보아야 할 것이다.

Kane(1993)은 사례관리자의 윤리적 딜레마에 대한 지침을 다음과 같이 제시하였다.

- 규정의 목적은 무엇이며, 어떻게 클라이언트를 도울 수 있는가?: 규정은 기본적으로 클라이언트가 받을지도 모르는 해를 방지하기 위해 만들어진 것이다
- 누가 규정을 만들었는가? 이를 어겼을 경우 어떤 일이 생기는가?: 규정은 여러 소스(국가, 지방정부, 지방조직, 개인, 기관 등)로부터 만들어진다. 사례관리

자는 각각의 규정이 권위를 지니고 있으며, 이를 어겼을 경우 그 대가가 치러진다는 것을 숙지해야 한다.

- 이 규정을 어겼을 경우, 클라이언트가 얻는 것과 잃는 것은 무엇인가?: 사례관리자는 규정을 어겼을 경우 클라이언트의 득과 실을 신중히 따져 봐야 한다.
- 이 상황이 클라이언트의 목숨과 관련되어 있는가?: 규정이 클라이언트 복지에 미치는 영향을 생각해야 한다. 만약에 이러한 상황이라면 규정을 유연하게 적용하거나 어기는 것을 고려해 볼 수 있다.
- 도움을 요청한다. 클라이언트의 이익을 위하여 규정을 어기기로 하였다면 자문을 구하고, 예외적 경우라는 것을 알린다. 수퍼바이저에게 자문을 구하는 경우에는 두 가지 반응이 있을 수 있는데, 먼저 사례관리자는 규칙을 어겨서는 안 된다는 말을 듣는 것이며, 다음으로는 규칙을 어겨도 좋다는 허가를 받을 수도 있다는 것이다.
- 예외로 해달라고 호소한다. 예외로 인정해 달라고 호소하는 것은 규정에 반하는 것과는 매우 다른 것이다. 예외를 청원하는 것은 변화를 촉진할 수도 있다. 이는 규칙을 만든 사람들이 그 규칙의 의도를 다시 한 번 생각해 보게 하며, 모든 상황에 규칙이 적용될 수 없다는 것을 깨닫게 할 수 있다.

2. 사례관리의 중요한 가치

사회사업실천의 가장 중요한 분야 중 하나로 인정되고 있는 사례관리는 인간의 존엄성 존중, 개별성 강조, 사회정의 등의 원칙을 포함하는 사회사업 전문직의 가치에 그 기반을 두고 있다. 즉, 사회복지의 궁극적 목적은 클라이언트 문제의 단순한 해결보다는 그들에게 제공되는 서비스의 질, 나아가 삶의 질 향상을 목적으로 한다. 이러한 목적 달성을 위해서는 개인이 존엄성과 가치의 존중은 물론 그들의 자기결정권, 비밀보장, 정상화의 가치가 특히 중요하게 부상된다.

1) 자기결정권

클라이언트의 자기결정권은 사례관리의 기본적인 가치이다. 따라서 사례관리자는 클라이언트의 권한과 참여의 원칙에 전념하여 클라이언트가 자신 스스로를 돌볼 수 있도록 하여야 한다. 또한 클라이언트는 과정에 최대한 참여해야 하며, 치료계획도 클라이언트의 선택과 자조를 촉진시키는 것이어야 한다.

사회복지실천 현장에서는 클라이언트의 자기결정권이 우선적이지 못한 경우가 많다. 예를 들면, 클라이언트가 선호하는 것이 다른 클라이언트나 전문가들을 방해한다든지, 클라이언트가 결정을 내리기엔 정신적으로 문제가 있다든지 하는 경우로 이러한 경우, 사례관리자는 왜 선택권이 제한을 받는지에 대한 확실한 개념이 있어야만 한다.

(1) 클라이언트가 자기결정을 강화하기 위한 점검사항

① 클라이언트의 현재 상황, 클라이언트의 관점을 이해하는가?

클라이언트의 선호와 선택을 결정짓는 클라이언트의 관점을 이해하는 것이 중요하다.

② 클라이언트의 상태는 어떠한가? 올바른 결정을 할 수 있는 상태인가?

클라이언트가 결정을 내릴 만큼 온전한지 판단하는 것은 어려운 일인데, 어떤 때는 올바른 결정을 내리고 어떤 때는 그렇지 못한 경우가 있기 때문이다.

③ 클라이언트는 무엇을 원하는가?

클라이언트가 바라는 것이 무엇인지 정확히 알아야 한다. 클라이언트에게 다른 대체방법들을 충분히 설명하고 각각의 방법에 따른 장점과 단점을 설명하여야 한다.

④ 클라이언트의 소망에 방해가 되는 요소들은 무엇인가?

어떠한 이유로 인해 클라이언트가 원하는 것을 얻지 못하는 경우가 있다. 정책이나 규칙, 자원의 문제나 제공되지 않는 서비스나 재정문제 등이다.

⑤ 이러한 장애물은 극복될 수 있는가?

클라이언트의 자발적 선택에 장애가 되는 것을 해결해 주는 것은 사례관리자의 의무이다. 클라이언트의 선택권에 반하는 결정을 내릴 때 사례관리자는 왜 그런 결정을 내렸는지 설명해 주어야 한다.

⑥ 클라이언트의 결정을 따를 경우 위험요소는 무엇인가?

클라이언트의 결정을 따르지 않기로 할 경우 클라이언트와 다른 사람에게 있을 수 있는 위험요소는 무엇인지 정확히 산출해야 한다. 클라이언트의 결정이 클라이언트에게나 다른 사람들에게 해를 입힐 수 있는 것이라면 그 결정을 막을 수 있다.

⑦ 팀의 조언은 어떠한가?

다른 팀 동료의 의견을 고려하여야 한다.

⑧ 사례관리자는 어떻게 클라이언트의 가치를 보호할 것인가?

클라이언트의 가치는 서비스 계획에 있어서 중요한 역할을 하기 때문이다

(2) 클라이언트의 선호

치료계획을 개발해 나감에 있어서, 사례관리자는 클라이언트의 선호를 고려해야 한다. 하지만 종종 이러한 것이 다음의 예와 같은 문제를 불러일으키기도 한다.

> 사례관리자는 제한된 자금으로 A 씨의 보호계획을 수립하고 있다. 이 자금은 건강과 여가 활동을 위한 것이었으나, A 씨는 건강을 위한 활동은 매우 싫어하고 일주일에 3번 영화관을 가기 원한다.

클라이언트의 선호에 관한 문제가 발생하였을 때 사례관리자가 고려해야 할 지침은 다음과 같다.

- 클라이언트가 원하는 것이 무엇인지를 물어본다: 사례관리자는 클라이언트의 욕구를 잘 알아야만 한다. 클라이언트의 관점은 이러한 욕구를 파악하는 데 중요하다
- 왜 클라이언트가 그런 욕구를 지녔는지 물어본다: 각각의 욕구에 있어서, 클라이언트가 왜 그런 서비스와 도움을 원하는지 정확히 파악한다. 그렇게 하면 클라이언트와 사례관리자는 각각의 요구가 왜 중요한지를 이해하게 된다. 이 과정에서 클라이언트의 과거 및 문화적 배경도 고려되어야 한다.
- 클라이언트의 욕구가 모두 언급되었는가?: 클라이언트의 욕구가 모두 언급되

지 않았을 경우도 있다. 자원이 제한된 경우 사례관리자는 어떤 서비스가 가능한지 알려 주어야 한다.

- 클라이언트의 요구는 어떻게 충족되어질 수 있는가?: 클라이언트의 결정권을 존중한다는 것은 사례관리자가 클라이언트의 선호를 충족시키고 노력한다는 것을 의미한다. 창조적인 방법을 고안하면서 클라이언트의 욕구를 충족시킬 수 있는 방법을 찾아보아야 한다. 이러한 과정 속에서 신뢰형성과 관계를 돈독히 할 수 있으며 클라이언트는 보다 자신이 선호하는 것을 표현할 수 있다.
- 클라이언트가 원하는 것이 합법적이지 않을 경우는?: 사례관리자는 기관의 규칙에 따를 책임이 있다.

이상의 지침이 상기에서 언급된 사례에 어떻게 적용될 수 있는지 살펴본다.

> 사례관리자는 A 씨가 운동 등 건강에 관한 활동은 거부하고 오직 영화관에 가기만을 원하여 고민하고 있다. 기관에서는 지원금은 건강과 관련된 다양한 활동을 하는 데 사용되어져야 하며, 오직 영화관을 가는 데 다 사용할 수 없다고 지적한다. 사례관리자는 이러한 기관의 뜻에 동의하였다. 더구나 다양한 운동 프로그램과 활동이 A 씨를 위해 설정된 치료 목적에 적합하기 때문이다. 사례관리자는 A 씨에게 이러한 것을 설명하였고, 영화 관람을 위해 다른 해결책을 찾도록 하였다.

2) 비밀보장

비밀보장은 클라이언트와의 관계를 발전시키는 기초이며, 클라이언트가 털어놓는 이야기가 비밀보장이 된다고 확신될 때 클라이언트는 주저함 없이 이야기하게 된다.

클라이언트와의 신뢰형성을 위한 필수요건으로서, 비밀보장의 원칙은 다음과 같다.

- 클라이언트의 비밀보장(예외: 자타에게 해가 되는 정보)
- 같은 팀 동료와 클라이언트 정보공유 가능–사전 동의가 필수이며, 클라이언트에게 누가 팀 동료인지, 어떤 정보를 줄 것인지 미리 알려야 한다.

- 클라이언트의 가족과 친구에게 정보제공 가능–사전 동의 필수
- 법정에서는 클라이언트의 비밀보장이 보장되지 않는다. 즉, 클라이언트와의 대화내용은 법적으로 보호받지 못하여 나중에 법정에서 클라이언트가 말한 것을 사례관리자는 증언하도록 강요당할 수도 있다.

상기의 비밀보장에 관한 지침에 대한 사례를 살펴본다.

▌사 례

18세의 청소년이 임신을 하였다. 청소년의 부모나 아기 아빠에게 알려야 한다는 법적인 의무는 없지만, 사례관리자는 클라이언트에게 임신한 것을 밝히라고 권하였다. 이에 대해 그 청소년은 거절하였다. 임신부의 엄마가 알려 달라고 요청하였지만 비밀은 보장되었다.

▌해결방안: 비밀보장을 지킨 예

사례관리자는 18세 청소년의 임신 사실을 소녀의 요구에 의해 철저히 비밀에 부쳤다. 그 이유는 청소년의 나이가 이미 법적으로 성인이기 때문이었다. 하지만 만약 청소년이 정신적으로 문제가 있다든가, 청소년의 건강 상태에 문제가 있거나 태아가 위험한 경우라면 좀 더 복잡해진다.

▌사 례

췌장암으로 죽어 가던 노인은 사례관리자 자신의 딸에게 암에 걸린 사실을 말한 것에 대하여 분개하였다. 사례관리자는 그 딸이 이혼 위기에 있다는 것도 알고 있었다. 딸은 아버지의 도움에 의지하고 있었기에 망연자실하였다.

▌해결방안: 비밀보장을 지키지 못한 예

죽어 가는 아버지의 비밀보장 요구를 들어줄 것인지, 딸에게 말해야 할 것인지 갈등하였다. 사례관리자는 아버지의 치명적인 신체적 질병을 감출 수만은 없었기에 비밀보장의 의무를 깨고 딸에게 이야기했다.

클라이언트에 대한 민감한 정보의 입수는 사례관리자를 종종 딜레마에 빠지게 한다. 이러한 문제를 피하기 위하여 몇몇 사례관리자는 딜레마의 수를 줄이기 위

해 의도적으로 클라이언트에 관한 정보의 수위를 제한하기도 한다. 하지만 클라이언트에 대한 풍부한 정보야말로 클라이언트의 욕구 충족을 위한 조치를 계획하는 데 필요하기 때문에 이는 좋은 방법은 아니다.

사례관리자는 정보를 모으기 전에, 비밀보장에 관한 문제를 일으킬 수 있는 다음 사항을 숙지해야 한다.

- 어떠한 정보를 왜 알아야만 하는가?
- 어떠한 내용이 철저히 비밀에 부쳐져야 하는가?
- 어떠한 정보가 필요한지, 그 정보가 어떻게 이용될 것인지, 클라이언트는 말하지 않을 권리가 있다는 것에 대하여 사례관리자와 클라이언트가 모두 이해하고 있는가?

3) 정상화

정상화란 지역사회보호 차원에서 중요하게 등장한 개념이다. 정상화란 예를 들어, 발달장애인이든, 정신장애인이든 간에 일상생활에서 그 연령에 적절한 활동에 참여할 수 있고, 교육이나 고용, 여가활동에서도 특별한, 격리된 활동에 참여할 수 있으며, 교육이나 고용, 여가활동에서도 특별한, 격리된 활동이 아닌 정상적이고도 다른 사람들과 비슷한 활동을 누리는 것을 의미한다. 여기에서 일상적인 생활이란 정상적인 생활의 리듬, 통상적안 규모의 생활단위, 적절한 사생활, 다른 사람과의 사회적·정서적·성적인 접근에 대한 정상적인 접근, 정상적인 성장경험, 적절한 급여가 제공되는 일의 가능성, 개인의 미래에 영향을 미치는 결정에서의 선택과 참여 등을 포함한다.

Wolfensberger(1972)는 정상화의 가치를 실현하기 위한 주요 과업으로 사회적 역할의 안정화를 제안하였다. 이는 장애인을 위한 가치 있는 역할을 먼저 창출함으로써 그들 스스로 자부심을 가질 수 있도록 해주고, 나아가 그들 스스로 자신의 능력과 기술을 충분히 개발할 수 있도록 원조해 주는 것을 의미한다.

O'brien(1980)은 일상적·정상적인 사람의 기회는 주택, 수입, 건강, 교육, 사회적·정서적·성적 관계에 이르기까지 모든 주요한 삶의 영역으로 확대되어야 한다는

다음의 다섯 가지 주요 영역에서의 정상적인 삶의 달성을 제안하였다.

- 지역사회에서의 존재: 사람들은 격리된 지역에서가 아닌 지역사회 안에서 다양한 정상적인 활동을 경험할 권리가 있다.
- 지역사회 참여: 지역사회의 사람과 다양한 관계를 형성하고, 다양한 영역에서 사람들과 함께 다양한 관계를 맺고 살아갈 권리가 있다.
- 서비스의 선택: 서비스 선택의 기회가 확대되어야 한다.
- 능력(자신의 강점, 기술, 이익을 발달시킬 기회): 사람들은 그들이 점유하고 있는 정상적인 지역사회 환경에서 기능적이고도 의미 있는 방식으로 그들 자신의 강점, 기술, 이익을 발달시킬 기회를 가져야 한다.
- 존중: 서비스는 클라이언트의 명예를 고양시키고, 긍정적인 이미지를 표현함으로써 시민의식을 증대시키는 데 기여해야 한다.

3. 실천에서의 윤리적 딜레마

사회사업은 과학적 방법을 사용하며 도덕적·인문주의적 목적을 실현하는 학문이다. 하지만 그동안 사회복지실천 현장에서는 가치와 윤리보다 기술이나 기법에 보다 많은 관심을 기울여 왔으며, 도덕적 활동이라는 개념보다는 과학적·전문적 활동이라는 개념에 더 집착해 왔다.

실천가들은 클라이언트의 문제를 임상적 치료적 관점에서만 바라볼 뿐 윤리적 관점을 통해 바라보는 것에 대해서는 비교적 소홀했었다. 그 결과 대부분의 실천가들은 실천과정에서 나타나는 윤리적 문제를 인식하는 것에 또한 그 상황을 다루는 지침이 되는 규칙이나 원칙을 발전시키려는 것에 무관심했다

이러한 문제에 대한 인식의 증대로 전문적 실천의 가치와 윤리는 일반적·추상적인 것에서 점차 구체적 상황, 특수적인 것으로 관심이 옮겨졌다.

물론 전문가 가치와 윤리가 몇몇 도움이 되는 지침을 제공해 주고 있지만, 실천가들은 그러한 지침의 실제적 적용이 간단치 않을 때를 직면한다. 즉, 갈등적 가치와 윤리 사이에서 선택하고 결정해야 하는 문제에 부딪히는 경우가 발생하는데,

이를 윤리적 딜레마라고 한다.

1) 윤리적 딜레마 위계순서

Loewenberg & Dolgoff(1988)는 윤리적 의무 간의 갈등이 일어날 때를 대비해 가치의 위계순서를 마련해 놓는 것이 중요하다고 보고, 다음과 같은 위계를 제시하였다.

1순위: 개인과 사회의 생존의 욕구를 보장
실천가는 개인과 사회의 기본적인 생존의 욕구를 보장하는 전문적 결정을 내려야 한다. 인간생명의 보호는 다른 어떤 의무보다 앞선다.

2순위: 자신이나 타인의 생명을 보장
실천가는 개인의 자율성, 독립, 자유를 강화시키는 실천의 결정을 내려야 한다. 그러나 개인의 자유는 그것이 비록 매우 중요하다 할지라도 생명보존의 권리를 앞서지는 못한다. 개인이 비록 자율적 권리가 있다 할지라도 그 자신이나 다른 사람을 해칠 권리는 없다. 생명보존의 위협을 받을 때 실천가는 개인의 자율권을 침해할 수 있다

3순위: 기회의 평등, 접근의 평등을 강화하는 결정

4순위: 모든 사람의 삶의 질을 향상시키는 결정

5순위: 모든 사람의 사생활을 강화시키는 결정

6순위: 진실된 결정—관련된 모든 정보 공개
실천가는 진실을 말하고, 관련된 정보를 충분히 드러낼 수 있는 결정을 내려야 한다.

7순위: 규칙이나 규정에 맞는 결정

2) 윤리적 딜레마 해결과정

Reamer(1995)는 윤리적 딜레마를 해결하는 과정 또한 문제해결 과정과 마찬가지로 일련의 단계를 거치는 체계적인 과정임을 제안하였다.

1단계: 사회사업 가치와 의무가 갈등하는 문제 확인

2단계: 윤리적 결정에 영향 받는 개인, 집단 혹은 조직 확인

3단계: 모든 가능한 행동과정과 관련 사람 각각의 대안에서의 위험인자와 혜택 고려

4단계: 윤리적 이론, 원칙, 지침, 윤리강령, 법적 원칙, 사회사업 실천원칙, 개인적 가치(문화적·종교적·민족적 등)를 고려하여 찬반의 이유를 철저 규명

5단계: 동료 및 전문가의 자문(기관 직원, 수퍼바이저, 행정가, 변호사, 윤리학자 등)

6단계: 결정－의사결정 과정 기록

7단계: 결정을 모니터링, 평가, 기록

생각해 볼 문제들

01 사례관리의 목적을 토대로 기본 원칙을 설명해 보라.

02 사례관리의 기본 원리와 실천 원리를 설명해 보라.

03 사례관리의 가치와 윤리를 실제 사회복지실천 현장의 사례에 적용하여 보라.

CHAPTER 02

사례관리의 등장과 전개

사례관리는 1960년대에 기틀이 마련되었으며, 이후 미국을 중심으로 1970년대에 본격적으로 시작되었다. 사례관리가 사회복지실천의 새로운 방법이기는 하지만 전통적인 사회복지실천의 방법인 지역사회조직과 개별사회사업에 기반을 두고 있다. 그러나 사례관리의 역사적 전개에서 전통적인 사회복지실천의 발달과의 연관성을 제기하는 것은 다소 진부할 수 있다고 보여지므로, 본 장에서는 사례관리의 등장 이후에 초점을 두고 발달과정을 제시하고자 한다. 따라서 본 장에서는 첫째, 사례관리의 등장배경, 둘째, 한국의 사례관리 확대배경, 셋째, 한국의 사례관리 전개과정 등을 중심으로 사례관리의 등장과 한국에서의 역사적 전개과정을 살펴보고자 한다.

제1절 사례관리의 등장배경

사례관리는 1970년대 중반 탈시설화로 인한 지역사회에 기반을 둔 서비스의 필요성, 클라이언트의 지속적인 증가와 욕구의 복합화, 사회복지서비스의 공급주체의 다양화, 서비스의 중복과 그로 인한 낭비의 초래, 사회복지비용의 절감노력 등을 해결하기 위한 대인서비스 전달의 새로운 전달방법의 필요성에 따라 등장하게 되었다. 그러나 그 시작은 이미 1960년대 미국에서 정신질환자의 탈시설화가 진행됨으로써 지역사회 차원에서 각종 서비스를 조정하고 보호하려는 시도와 함께 노인과 장애인 등 복합적인 욕구를 갖는 서비스 대상자가 증가하여 사례관리의 필요성이 나타났다. 이후 1980년대 미국 내 신보수주의 정부의 등장으로 사회복지서비스의 공급 주체가 연방정부에서 지방정부로 분권화됨에 따라 한정된 복지자원의 효율적인 배분과 새로운 서비스 전달방식에 대한 관심이 증대하면서 사례관리의 중요성은 더욱 부각되었다.

1. 1960년대: 서비스의 단편성

1960년대 케네디 행정부 시대에는 수많은 사회복지 프로그램들이 성장되었다. 그러나 이들 프로그램은 각기 다른 서비스 부서의 범주별 재정에 의해 실시되었다. 사회복지 프로그램들이 각기 다른 부서에 의해 실시되다 보니 클라이언트들은 용이하게 각종 서비스를 이용할 수 없게 되었다. 이와 같은 서비스 체계의 단편성으로 인해 다양한 욕구를 지닌 클라이언트들은 서비스 접근에서 좌절을 경험해야 했다. 즉, 지역사회 서비스 제공자들 사이에서 나타나는 서비스 전달체계의 단편성, 또는 서비스의 연속성 결여로 인해 복합적인 클라이언트의 욕구는 해결되지 않았다. 따라서 이들 프로그램에 대한 비평과 서비스를 개선하기 위한 전략 등이 서비스에 대한 통합을 시도하게 하였고, 이것이 사례관리의 시초가 되었다.

2. 1970년대: 탈시설화의 영향

탈시설화는 클라이언트가 시설생활에서 탈피해 다시 가정과 지역사회로 돌아오는 것을 의미한다. 시설은 클라이언트가 이제까지 살아오던 가정과 지역사회에서 분리되어 한 지붕 아래에서 여러 가지 문제를 해결할 수 있는 곳이었다. 그러나 시설 수용으로 클라이언트에게 들어가는 비용을 부담하기 어려워진 미국 정부는 탈시설화 정책을 도입하여 가능한 한 시설 수용을 억제하고자 하였다. 이로 인해 지역사회에 기반한 여러 가지 서비스 프로그램이 필요하게 되었다. 그러나 당시 지역사회에 존재하는 보호체계들은 분산되어 있어 클라이언트들에게 적절한 서비스를 제공하지 못하였다. 따라서 지역사회 내에 분산되어 있는 보호와 지지체계들에 대한 조정과 통합이 요구되었다. 1974년 미국 국회를 통과한 발달장애법에서는 사례관리를 연방의 재정을 지원받기 위한 가장 중요한 서비스의 요소로 간주하였다. 이에 1970년대 말과 190년대 초에는 만성질환으로 장기보호를 필요로 하는 이들에 대한 지역사회 보호 프로그램을 발전시켰는데, 이 프로그램의 중요한 요소 중 하나로 사례관리가 포함되었다.

3. 1980년대: 복합적 욕구를 지닌 서비스 인구의 증가

1980년대 이후 사례관리는 급속도로 팽창하게 되었는데, 이는 다양한 서비스 영역에서 자원에 대한 복합적인 욕구를 가진 클라이언트를 인식하려는 노력에서 비롯되었다. 탈시설화, 실업률의 증가, 빈곤의 확장 등으로 인해 복잡하고 다양한 문제를 가진 클라이언트들이 생겨났다. 이들은 주로 부랑인, 에이즈환자, 장기보호를 필요로 하는 노인들이었다. 이들의 욕구는 적절한 소득, 주택, 의료보호, 직업훈련과 취업, 적합한 사회적 지지 등이었는데, 이러한 욕구는 한 기관에서 하나의 서비스 체계에 의해 실현될 수 있는 욕구가 아니었다. 따라서 사례관리자는 이들이 지역사회에서 살아갈 수 있도록 필요한 서비스를 조직화해 줄 것을 요청받게 되었다.

4. 1990년대와 2000년대 초반: 사례관리 개념의 확장

1990년대와 2000년대 초반의 사례관리에 관한 문헌들은 두 가지 역할을 통해 사례관리 개념이 확장되고 있음을 공통적으로 주장하고 있다. 즉, 서비스에 대한 직접적 제공자 역할과 서비스를 연결해 주고 모니터링하는 역할이다. 직접적 서비스 제공자의 역할이 강조되면서 사례관리의 영역도 '임상사례관리' 등의 이름으로 세분화되면서 확장되었다. 이와 함께 1990년대 이후 사회적 지지체계와 네트워크에 대한 인식이 자원의 제한에 대한 논의와 함께 확산되었다. 즉, 클라이언트의 삶의 질에 영향을 미치는 사회적 지지와 지지망의 역할에 대한 인식이 커지게 된 것이다.

한편, 서비스에 대한 클라이언트의 참여와 역할도 중요시하게 되었다. 최근 사례관리 서비스의 경향에서 더욱 강조되는 개념은 클라이언트에 대한 권위부여다. 이것은 특히 노인, 장애를 가진 어린이, 가난 속에 살고 있는 가족 등 사례관리의 대상인 클라이언트의 서비스 참여를 강조하는 경향이 있다. 클라이언트의 서비스 참여는 1970년대에도 강조되었지만, 1990년대 와서 법안이 수정되면서 더욱 강조되었다. 즉, 클라이언트를 위한 서비스의 목표와 목적을 설정하는 과정에서 클라이언트의 선택과 통제를 강조하는 것이다.

또한 사례관리는 공공부조 프로그램에서도 강조되는 경향을 보이고 있는데, 그 대표적인 예가 1996년 아동부양세대 보조를 대치한 PRWORA(Personal Responsiblity and Work Opportunity Reconciliation Act)이다. 즉, 재정적 보조를 받는 젊은 엄마들은 자신의 능력을 개발하기 위해 사례관리자의 서비스를 받아야 했는데, 이 과정에서 사례관리자의 역할이 중요하게 되었다.

5. 사례관리의 한국적 배경

우리나라에서 사례관리는 1990년대 사회복지학, 간호학 분야에서 관심을 받기 시작하였다. 1990년대는 우리나라 사회복지의 방향이 지역사회복지 중심으로 전환되고, 재가복지서비스에 대한 확장이 이루어졌던 시기이다. 이에 따라 사례관리는 재가복지 서비스 제공을 위한 핵심적인 방법으로 자리 잡게 되었다. 또한 정신보건 영역에서도 사례관리의 중요성이 인식되어 1995년 제정된 정신보건법에서 사례관리가 필수사업의 하나로 지정되었다. 사회복지관의 경우에는 소년소녀가장 세대 지원을 위한 경우와 재가복지 서비스 대상자 예를 들어, 장애인이나 노인을 대상으로 사례관리의 적용에 대한 노력이 활발하게 이루어지고 있다.

최근에는 여러 곳의 복지관에서 사례관리서비스를 제공하려는 시도들이 이루어지고 있으나, 어떻게 사례를 관리하고, 다른 기관과 연계하며, 필요한 자원을 끌어들일 것인지에 대한 전문적이고 실천적인 모델은 거의 부재한 상태이다. 또한 적절한 지역사회 자원이 부족하고, 복지관의 업무환경이 사례관리자로 하여금 사례를 관리하도록 하는 데 충분하지 못한 실정이며, 여러 배경하에 사례관리가 실천되고 있지만, 아직까지 사례관리에 대한 구체적인 지침은 마련되고 있지 않은 실정이다.

제2절 한국의 사례관리 확대배경

사례관리는 공공과 민간의 실천현장에서 확산되고 있다. 공공영역은 2006년 주민생활지원기능의 전달체계 개편 시, 전국 3,000여 개에 이르는 읍·면·동에서 동일한 매뉴얼을 작성하면서부터 사례관리를 수행하기 시작하였으며, 민간영역은 1980년대 후반부터 노인, 장애인, 정신장애인을 위한 인구집단별 전문사례관리를 시작하였다.

1. 공공영역과 민간영역에서 사례관리 확대배경

공공영역과 민간영역에서 사례관리가 지속적으로 확대되는 이유는 다음과 같다(민소영, 2015).

- 사회복지의 생산, 소비, 전달 등의 기능이 지역사회 중심으로 변화해 가기 때문이다. 즉, 일정한 공간에 거주하는 조건 속에서 제공되었던 서비스들이 시설 중심의 거주하는 지역사회로 찾아 나가서 서비스가 제공되는 지역사회 중심의 관점으로 변화하고 있다.
- 욕구의 다양화와 저변화 때문이다. 과거의 개인들은 절대적 빈곤이라는 사회

문제가 가장 중요한 이슈였다. 반면, 현대사회에 들어서면서 이러한 사회문제를 넘어 인구 구성비의 변화, 가족구조의 변화, 경제위기와 고용불안 등으로 새로운 사회문제가 등장하면서 소득수준과 무관하게 개인과 가족, 또는 지역사회 내에서 해결하지 못하는 다양한 욕구가 증가하고 있다. 이것은 과거 정부에서 절대적 빈곤의 해소를 위해 일률적으로 집행하던 지원정책을 넘어서 복합적인 개인들의 욕구에 개별 맞춤식으로 휴먼서비스를 제공하는 전문적인 실천전략을 필요로 한다. 사례관리는 이러한 개별화된 욕구를 사정하여 필요한 서비스를 연계하는 실천방법으로 지목받고 있다.

2. 공공영역의 사례관리 확대배경

최근 10년 동안 공공영역에서 사례관리가 가파르게 확대되는 이유는 다음과 같다.

1) 서비스 전달에 대한 공공의 책임성

최근 사회서비스들이 급격히 증가함에도 불구하고 증가하는 복지욕구를 감당하기에는 욕구와 자원 간의 대응성이 낮다는 지적이 끊이지 않고 있다. 중앙정부의 지원뿐만 아니라 지방자치단체에서도 다양한 복지사업이 활발히 제공되고 있음에도 복지의 사각지대가 발생하고 복지체감도가 향상되지 못하고 있는 점이 끊임없이 사회문제로 대두되고 있는 실정이다. 이와 같이 사회복지에 대한 정부의 지속적인 재정지원 투입에 비해 국민이 느끼는 복지체감도는 그리 높지 않다는 비판적 인식이 서비스 전달의 책임성을 향상시키겠다는 정부의 강력한 의지를 높여, 이러한 이유로 인해 공공사례관리의 확대가 발현되는 것이다.

2) 서비스 전달의 통합성

휴먼서비스 욕구가 급격히 증가하면서 보건복지부뿐만 아니라 고용노동부, 여성가족부, 교육부, 국토해양부 등 다양한 부처에서 제공하는 사업, 그리고 광역시·도나 지방정부가 자체적으로 수행하는 사업들까지 가세하여 휴먼서비스가 쏟아지고 있다(사회보장위원회, 2014a). 하지만 늘어난 서비스의 총량에도 불구하고 노인복지, 장애인복지, 아동복지 등 영역을 나누어 각 부서 간 유기적인 연계구조를 갖지 못하면서 정작 필요한 대상자에게 서비스가 효율적으로 전달되지 못하고 있다. 이에 현장에서는 지역사회 주민의 삶의 질 향상을 위해서 보건–복지–고용–주거–교육 등 다양한 휴먼서비스들이 통합적으로 제공될 수 있는 체계를 구축하는 것이 필요하다. 이러한 이유에서 서비스의 연계와 조정기능이 포함된 사례관리가 해결 방법으로 주목받고 있는 것이다.

3) 정부재정의 효율적 운용

2005년부터 지방자치제가 본격적으로 시작되고, 이로 인해 사회복지의 재정분권이 시행되어 사회복지사업이 지방정부 단위로 이양되어 실시되었다. 그 이전까지는 제한된 중앙정부의 예산 지원만으로 지역사회의 늘어나는 복지 욕구를 감당하기에는 한계가 있었다. 즉, 보다 효율적으로 지역주민의 복지 욕구에 대응하기 위해서는 대상자의 욕구를 과학적이고 체계적으로 사정하여 최적의 서비스로 연계함으로써, 투자 대비 성과를 끌어올릴 수 있는 체제가 필요하다. 사례관리는 과학적인 욕구 사정과 이를 바탕으로 서비스를 제공하고 모니터링 기능을 발휘하는 중요한 실천전략이 될 수 있다.

3. 공공영역과 민간영역의 사례관리 흐름

공공영역과 민간영역의 사례관리 전개과정을 정리하면 [그림 2-1]과 같다(민소영, 2015).

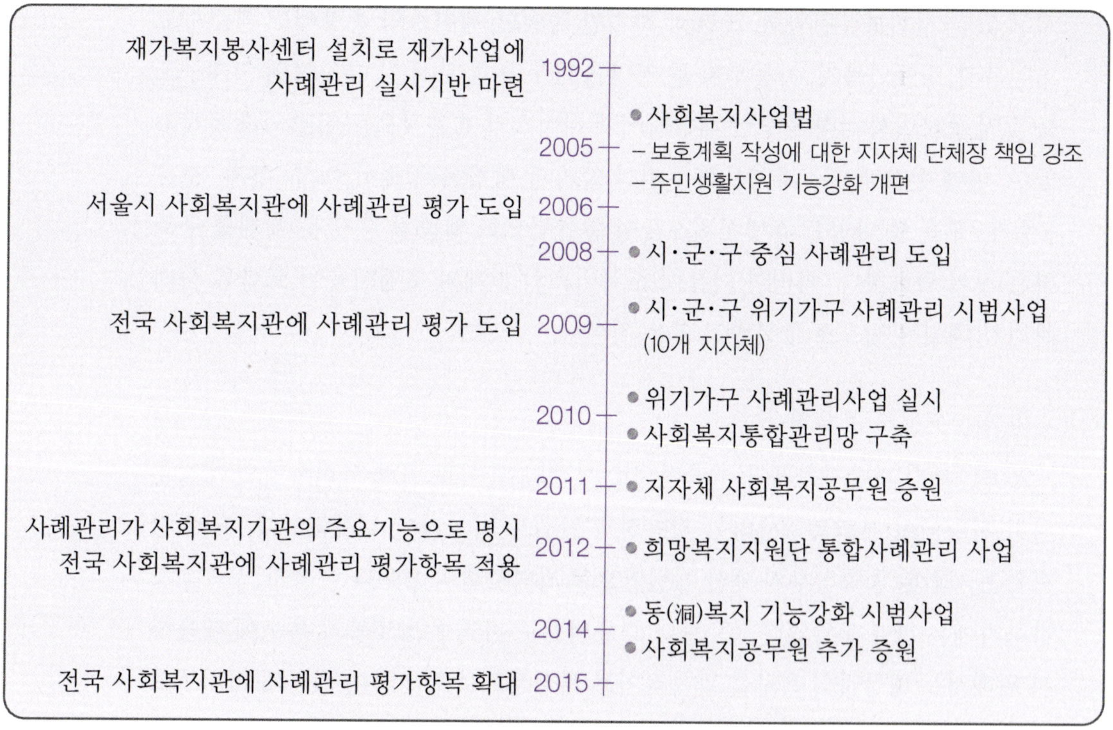

[그림 2-1] 공공영역과 민간영역의 사례관리 전개과정

제3절 한국의 사례관리 전개과정

1. 공공영역의 사례관리 전개과정

공공영역에서의 사례관리는 2005년 개정된 사회복지사업법 내에 "시장, 군수, 구청장은 보호대상자별 보호계획을 작성하고 변경할 수 있다"라고 규정됨으로써, 사례관리의 실질적 기반을 마련하였다. 이후 사례관리가 공식적으로 등장한 것은 2006년에 시작된 주민생활지원 기능강화를 위한 전달체계 개편이었다. 2008년에는 시·군·구의 서비스 연계팀에서 위기가구를 대상으로 사례관리사업을 실

시하였으나, 인력부족, 예산 지원의 결여, 그리고 법적 근거의 모호성으로 인해 실효성을 얻지 못하였다.

이후 2009년 하반기에 전국 10개 시·군·구(서울 마포구, 서울 영등포구, 경기 남양주시, 경기 성남시, 경기 하남시, 충남 당진군, 인천 부평구, 인천 남동구, 부산 동래구, 부산 영도구)를 대상으로 시범서비스를 거쳐, 2010년부터 전국 단위로 위기가구 사례관리가 수행되었다. 2012년에는 사회복지전담공무원의 확충과 함께 사례관리 업무를 강화하는 희망복지지원단이 탄생하였다. 2014년에는 읍·면·동의 복지기능을 강화하기 위해 읍·면·동을 대상으로 시범서비스를 거쳐 사례관리를 실시하였다.

1) 주민생활지원 기능강화: 2006~2007년

시·군·구와 읍·면·동 조직의 재구조화를 목적으로 한 2006년의 주민생활지원 기능강화 정책은 중앙정부가 공공역역에서 사례관리를 체계적이고 공식적으로 시도한 첫 번째 노력이었다(권진숙·김상곤·조현순, 2011). 이는 읍·면·동의 사회복지전담공무원이 사례관리 업무를 중점적으로 실시할 수 있도록 조직 구조 및 업무 내용이 개편되었다는 점에서 이전과는 커다란 변화가 있었다. 특히 전달체계 관점에서, 시·군·구는 통합서비스의 제공 네트워크를 구축하고 자산조사나 대상자 선정과 급여제공 등의 기능을 수행하고, 읍·면·동에서 실시하는 사례관리가 원활히 이루어질 수 있도록 지원하였다는 점에서 의의가 있다.

하지만 읍·면·동의 이러한 시도는 사회복지전담공무원의 부족과 그로 인한 업무량 폭주로 인해 사례관리는 실질적으로는 거의 수행되지 못하였다. 이후 2007년 1월부터 실시된 2차 시범 단계에서는 가구유형을 4가지 형태[1])로 구분하고, 사례관리 개입유형을 이에 맞도록 구분하여, 사례관리 과정을 단순 연계나 의뢰 중심의 간소화된 절차로 사례관리를 수행하였다. 특히 집중적 개입이 필요한 유형은

1) **1유형**: 공공부조 수준의 지원으로 스스로 생활을 유지·관리할 수 있는 가구, **2유형**: 공공부조 외에 부가적으로 단순한 서비스 제공 시 스스로 생활을 유지·관리할 수 있는 가구, **3유형**: 공공부조 외에 두 가지 이상의 서비스 제공을 통해 스스로 생활을 유지·관리할 수 있는 가구, **4유형**: 고도의 복합적 욕구를 가지고 있어 공공부조와 다양한 서비스 및 임상적 지원을 통해 기능을 유지 향상시킬 필요가 있는 가구.

직접 사례관리를 수행하기보다는 시·군·구의 서비스 연계팀을 통해 지역사회복지협의체의 통합서비스분과 또는 민간서비스기관에 사례관리를 의뢰하도록 하였다.

주민생활지원 기능의 강화는 지역주민의 욕구에 체계적으로 접근하려 했던 중앙정부의 첫 사례관리 시도라는 점과 읍·면·동 사무소에 상담소를 설치하여 지역사회의 수요자 욕구를 집중적으로 파악하도록 하였다는 점에서 의의가 있다. 그럼에도 불구하고 다음과 같은 한계가 지적되었다(민소영, 2012).

(1) 사회복지전담공무원의 절대 부족 현상

통합조사팀과 서비스 연계팀을 시·군·구에 신설하여 읍·면·동의 조사나 급여제공의 역할, 그리고 자원개발의 역할을 줄이고자 시도하였다. 하지만 오히려 읍·면·동의 사례관리를 담당하는 전문직의 수를 감소시킴으로써 사례관리업무 수행을 위한 사회복지 전문인력의 절대적 부족 현상이 나타났다.

(2) 업무의 과부하

사례관리수행 전문인력이 부족한 상황 속에서 8대 서비스(복지, 보건, 교육, 주거, 고용, 생활체육, 관광, 문화)를 통합적이고 포괄적으로 제공하도록 하는 업무가 읍·면·동에 부여됨으로써 찾아가는 사례관리의 수행 환경이 오히려 악화되었다. 또한 시·군·구의 통합조사팀의 업무와 읍·면·동의 관리업무가 분리됨으로써 수요자에 대한 정보가 충분하게 연결·전달되지 않아서 사례관리 수행을 어렵게 하였다.

(3) 경험과 지식의 부족

그동안 읍·면·동의 사회복지전담공무원이 주로 자산조사와 급여제공 업무를 수행해 왔는데, 그들의 사례관리 경험과 지식이 절대적으로 부족하여 사례관리 수행에 어려움을 가중시켰다.

2) 시·군·구 중심 사례관리 도입과 시범사업: 2008~2009년

주민생활지원의 기능강화를 위하여 실시한 읍·면·동의 사례관리는 수행과정

에서 다양한 한계점을 드러냈다. 이후 2008년에 국정과제로서 능동적 복지실천을 제시하고, 수요자 중심의 선진화된 사회복지서비스 전달체계 마련을 위한 시도가 있었다. 또한 시·군·구와 읍·면·동 사이에 사례관리의 역할과 기능의 조정이 이루어졌다.

주요한 변화는 첫째, 읍·면·동의 사례관리 역할 중 위기가구 등 집중적 개입이 필요한 가구에 대한 사례관리 업무가 시·군·구의 서비스 연계팀으로 이관되었다. 이는 이들 가구들의 지역자원 개발과 연계, 그리고 사례관리활동에 대한 수퍼비전 제공 등을 위해서는 시·군·구 단위가 읍·면·동 단위보다 효율성 측면에서 더 유리하다는 판단에서였다. 이를 통해 읍·면·동 단위에서 개입의 여력이 거의 없었던 위기가구 등 집중적 개입이 필요한 가구에 대하여 시·군·구 차원에서 다양한 지원체계를 활용하여 개입이 가능할 수 있었다. 둘째, 사례관리사업을 평가하기 위한 지표가 개발되었다. 이로 인해 사례관리의 전반적 과정은 물론 사례관리의 성과에 대한 관리가 가능하게 되었다(정은희·박수지·김보영·안혜영·이기연·정익중, 2013).

하지만 이 시기의 변화는 복지인력의 확충 없이 지자체 내 조직 및 인력의 재배치만을 시도한 개편이었기 때문에 근본적 문제인 인력난은 그대로 안고 있었다. 이에 2009년에는 민간사례관리사인 민생안전전문요원을 채용하여 사례관리에 투입하였으나, 급속하게 증가하는 지역사회의 다양한 서비스 욕구를 대응하기에 인력은 여전히 부족하였다. 또한 대상자를 둘러싼 개입 주체들이 읍·면·동과 시·군·구로 분화되어 있어서 상호 간 협력과 정보교환이 원활하게 이루어질 수 없다는 것이 심각하게 제기되었다.

3) 위기가구 사례관리 사업: 2010~2011년

시·군·구 중심 사례관리 도입과 시범사업을 기반으로 2010년에는 위기가구 사례관리사업이 전국의 시·군·구에서 실시되었다. 위기가구에 대한 사례관리 사업에서 가장 중요한 기반은 사회복지통합관리망의 구축이었다. 사회복지통합관리망은 복지급여 대상자에 대한 자격조사 등의 간소화를 통해 행정업무를 효율화함으로써 기존에 자산조사 및 급여제공 등에 소요되었던 시간과 노력을 사례관리에 집중할 수 있게 되었다는 점에서 가장 큰 의의가 있다. 또한 인력의 증원 없이 기존의 민생안전전문요원을 사회복지통합서비스 전문요원으로 명칭을 변경하였으며, 사례관리 매뉴얼이 전문적으로 개발되어 사회복지통합관리망을 통해 전국적으로 활용되었다. 2011년도에는 지자체별로 사례관리 예산이 지원되었다.

위기가구 사례관리사업을 통하여 나타난 성과는 첫째, 사회복지통합관리망이 구축되어 아웃리치와 사례관리 수행 여건이 향상되었다는 점이다. 둘째, 사례관리에 대한 업무가 보다 체계화되었다는 점이다. 즉, 사례관리 유형을 저위험군, 고위험군, 서비스 연계군으로 분류하고, 서비스 연계군은 1인당 100케이스, 저위험군의 경우는 1인당 30케이스, 고위험군은 1인당 20케이스를 사례관리자의 담당 업무량으로 제시하였다(보건복지부, 2011). 셋째, 대상가구로부터 사례관리 참여에 대한 동의를 확보하도록 하여, 사례관리에 대한 대상자의 협력을 강조하는 수요자 중심의 관점이 반영되었다.

이와 같은 성과에도 불구하고 여전히 여러 가지 한계가 지적되었다. 첫째, 위기가구 사례관리사업은 인력의 증원 없이 증가하는 사회복지서비스의 욕구를 해결하려 하였으며, 그로 인해 기대만큼 사례관리가 효과적으로 수행되기는 어려웠다. 둘째, 사례관리 업무를 읍·면·동과 시·군·구로 분리하여 전문화를 시도하였으나, 사례관리 수행의 비효율화가 지속적으로 나타났다. 즉, 동일한 사례관리 대상자에 대하여 자산조사와 욕구조사, 그리고 사후관리 등 사례관리 업무가 분리되어 진행되면서 문제해결을 위한 시간의 증가 및 각 과정별 담당자의 중복 등의 문제가 초래되었다.

4) 희망복지지원단 통합사례관리사업: 2012년부터 현재

지속적으로 제기되어 왔던 인력난의 문제를 해소하고자, 2011년에 지방자치단체의 사회복지담당공무원을 3년간 7천 명까지 증원하기로 계획하였다. 이를 통해 기존의 서비스 연계팀을 확대 및 개편하여 통합사례관리를 강화하도록 하였다. 2012년에는 사회복지전담 인력의 증원계획을 기반으로 각 지자체에 희망복지지원단이 설치되었다.

희망복지지원단은 통합사례관리, 지역사회 내 공공자원과 민간자원의 관리, 지역보호체계 운영, 개별 사례관리사업 등과 연계 및 협력체계를 구축하고, 읍·면·동 주민센터의 사회복지업무의 지도 감독 등 지역사회 단위의 통합서비스 제공의 중추적 역할을 수행하는 전담 조직이 되었다(보건복지부, 2014a).

현재 진행 중인 희망복지지원단은의 가장 큰 의의는 지역사회 내 민관의 역할 조정과 연계 역할이 강화되었다는 점이다. 즉, 지역 내에서 다양하게 이루어지는 공공 사례관리사업들과 방문형 서비스를 서로 조정하고, 지역복지협의체와의 협력적 관계를 강화하여 지역의 다양한 자원을 연계하는 역할이 보다 강조되었다. 또한 사례관리를 위한 사회복지전문 인력이 확충되었다.

이와 같이 역할의 조정과 연계가 강화되고 사회복지전담공무원이 확충되었는데도 불구하고, 전문적 개입이 요구되는 클라이언트에 대한 전문적 대응 능력이 여전히 부족하다는 점, 사례관리 업무를 담당하는 통합사례관리사의 지위 불안정 및 서비스 질 담보 부족 등이 지속적으로 제기되고 있다. 이를 구체적으로 제시해 보면, 읍·면·동의 사례관리에 대한 전문적 지식과 경험의 부족, 그리고 사례관리 전담인력의 부족 속에서 읍·면·동의 초기 사례관리 상담 및 의뢰 등의 기능이 미흡하다고 지적되고 있다. 또한 지역사회 내 다양한 자원을 조정하기 위한 희망복지지원단 사례관리자의 권한 부족과 사례관리에 대한 지역사회 내 수퍼비전의 역량도 부족하다고 지적되고 있다. 아울러 타 공공 사례관리로의 의뢰가 현실적으로 원활하지 않다. 예를 들어, 아동의 경우 드림스타트로 의뢰하지만, 드림스타트 자체의 사례관리 업무의 한계로 다시 희망복지지원단으로 돌려보내지는 회전문 현상이 나타나고 있다(보건복지부, 2014a).

5) 읍·면·동 복지기능강화 시범사업: 2014년부터 현재

2013년 11월에 복지 허브화를 위한 주민센터 복지기능보강 지침이 하달된 이후, 2014년 5월에 '제7차 사회보장위원회'에서 사회복지공무원의 충원 계획이 추가로 발표되어, 그동안 미흡하였던 읍·면·동의 사례관리 기능이 보다 강화될 수 있게 되었다(사회보장위원회, 2014b). 이에 전국적으로 총 14개 읍·면·동에서 복지기능 강화를 위한 시범사업이 진행 중이다. 이 사업은 행정체계의 큰 변화 없이 복지전문 인력을 보강하여 상담과 보건 등의 서비스를 현장 밀착적으로 제공하면서 읍·면·동에서 사례관리사업을 수행한다. 시범사업 수행을 위해 읍·면·동에 사례관리팀을 독립적으로 구성하고, 팀장 1명, 공무원 1~2명, 민간 전문인력 4명이 배치되었다. 민간 전문인력으로는 통합사례관리사와 방문간호사를 의무적으로 배치하고, 직업상담사와 정신보건전문 인력을 선택적으로 배치할 수 있다. 이를 통해 찾아가는 심층 서비스를 강화하고 보건, 복지, 그리고 고용 서비스의 연계의 강화뿐만 아니라 복지사각지대 발굴을 위하여 민관협력 구조를 활성화하고자 한다.

읍·면·동 복지기능강화 시범사업은 사업을 실시하는 읍·면·동에서는 단순 욕구에서 복합적 욕구에 이르기까지 다양한 욕구를 가진 대상자를 만나게 된다는 점에서 읍·면·동에서 일차로 걸러진 클라이언트에게만 사례관리를 수행하는 희망복지지원단과 달리, 지역사회의 욕구 수준에 따라 개입의 필요성과 심각성을 과학적이고 체계적으로 수행해야 한다. 하지만 사회복지통합관리망의 접근 권한이 사례관리 과정별로 시·군·구와 읍·면·동, 그리고 공공인력과 민간인력으로 나누어져 있어, 지역사회의 한 개인에 대한 통합적인 사례관리 수행을 어렵게 만들고 있다는 지적이 있다. 또한 읍·면·동 단위에서 사례관리를 수행하기 위해 필요한 지역자원의 발굴 및 민간 자원과의 협력 체계가 부족한 것으로 보고되고 있다(민소영, 2012).

2. 민간영역의 사례관리 전개 과정

우리나라의 사례관리는 민간영역에서부터 시작되어 공공영역으로 확대되었다(김승권·김유경·박정윤·김연우·최영준, 2011). 공공영역은 자산조사와 급여제공의 기능을 중심적으로 수행해 온 반면, 민간영역은 지역사회 내 복지관을 중심으로 사례관리를 통하여 서비스를 제공하는 중요한 전달자로서 역할을 해왔다.

하지만 민간영역의 사례관리는 공공영역과 달리 표준화된 매뉴얼이나 기준이 기관별·지역별로 사례관리의 방법, 수행 과정, 그리고 실천 기술이 다양하게 적용되어 왔다. 따라서 사례관리 과정을 일목요연하게 단계를 가르고 그 특징을 정리하는 것은 어려운 실정이다. 따라서 지역사회에서 복합적 욕구에 반응하며 사례관리를 실시하는 대표적 기관인 지역사회복지관을 중심으로 사례관리의 전개과정을 살펴보고자 한다.

지역사회복지관은 여러 지역사회의 기관 중 지역사회에 기반을 두고 지역복지업무를 주요 업무의 하나로 수행하면서 사례관리의 경험을 상당히 축적해 왔다는 점과 전국적 규모를 가지고 있다는 점에서 민간영역의 사례관리 전개과정을 살펴보는 데 있어 대표성을 가진다고 할 수 있다고 할 수 있다(김성경·김연수, 2011).

1) 사례관리실천의 태동과 발전: 1992년부터 2004년

우리나라의 지역사회복지관의 사례관리는 재가복지사업의 일환으로 본격화되었다고 볼 수 있다(서울시복지재단, 2009). 재가복지사업의 태동은 1980년대 후반 저소득층 노인과 장애인을 대상으로 한 가정봉사원 파견사업의 긍정적 결과를 바탕으로, 1992년에 정부가 재가복지봉사센터를 사회복지관 부설로 설치하여 예산을 지원하면서부터라고 할 수 있다. 재가복지봉사센터의 주요한 기능은 사례관리와 밀접한 관련이 있다. 첫째, 조사와 진단 기능으로서, 재가복지서비스의 대상자 및 가정의 욕구를 조사하고 문제를 진단하여 서비스의 종류를 선정한다. 둘째, 서비스 제공 기능으로서, 조사된 욕구와 문제의 진단내용에 따라 직·간접적으로 서비스를 제공한다. 셋째, 지역사회의 자원 동원 및 활용 기능으로서, 대상자와 그 가구의 욕구와 문제해결을 위하여 지역사회 내 다양한 인적·물적 자원을 동원하고 활용한다.

하지만 이 시기에는 사례관리에 대한 개념이나 실천방법에 대하여 상당히 혼란스러워 하였으며, 보다 표준화된 매뉴얼의 필요성이 제기되었다. 실제로 서울시복지재단(2005)의 조사결과, 지역사회복지관의 지역사회보호사업 중 64.4%의 응답자가 사례관리 매뉴얼이 가장 필요하다고 하였다.

2) 사례관리 정착: 2005년부터 2011년

지역사회복지관에서 사례관리가 정착되고 확대된 시기는 지역사회복지관의 평가에 사례관리 항목이 추가되면서부터라고 볼 수 있다. 서울시복지재단(2005)에 의하면, 2003년부터 서울시 사회복지관 평가에 사례관리가 포함된다고 하였으나, 실제로 평가지표의 구체적 항목으로 사례관리가 도입된 것은 2006년 서울시 내에 있는 사회복지관의 평가에서이다(류명석·김아래미, 2006). 2006년도의 지역사회복지관의 사례관리 평가영역은 재가복지서비스 제공을 위해 사례관리가 진행되었던 지역사회보호사업과 가족복지사업이 중심이 되었다. 이후 2009년도에 실시된 서울시의 사회복지관 평가에서는 사례관리가 필수적 지표가 되었다(서울시복지재단, 2009).

전국 단위의 지역사회복지관을 대상으로 사례관리가 도입된 시점은 2009년도이다. 사례관리 평가의 도입은 지역사회보호사업에서 대상자의 욕구와 문제에 개입하는 데 있어 사례관리를 널리 활용하고자 하는 실천현장의 상황을 반영한 것이라고 할 수 있다. 하지만 아직까지는 평가항목이 단순하여 지역사회복지관의 사례관리 수행에 대한 가이드라인을 제시하기에는 부족하였다. 따라서 사례관리의 경험이 미흡하거나 사례관리 매뉴얼이나 지침 등 사례관리 지원체계가 부족한 경우, 사례관리실천에 대한 혼란이 가중될 수 있었다.

3) 사례관리의 제도화: 2012년부터 현재

2012년 사회복지사업법의 시행규칙 개정에 따라 사례관리 업무가 지역사회복지관의 3대 기능 가운데 하나로 명시되었다. 그 내용을 살펴보면, 사례관리의 평가와 관련하여 2012년에는 사례회의에 추가하여 사례관리체계를 평가하도록 평가 수준을 확대하였다. 또한 사례관리 과정에서 클라이언트의 참여가 포함되도록 함으로써, 서비스에 대한 이용자 권리를 강조하였다.

2015년의 사례관리 평가지표에는 '사례관리체계'라는 기존의 한 항목을 4개의 항목으로 구성된 지표로 확장하였으며, 사례관리 수행의 실행체계, 전문성, 그리고 자원 연계 등을 포함시켰다. 또한 사례관리 업무지침 및 매뉴얼의 마련과 시행,

사례관리 전담팀 구성, 기관 내부의 사례회의에 추가하여 통합사례회의 등 외부 기관들과의 협력적 사례회의 추가, 사례관리자에 대한 교육과 수퍼비전, 인테이크 및 욕구사정에서부터 종결까지의 사례관리실천 과정의 준수, 지역사회자원 관리와 연계 등 사례관리의 전반적인 실천과정까지를 평가한 것이다(보건복지부, 2014a).

사례관리를 성공적으로 수행하기 위해서는 기관 내에서 제공 가능한 서비스 항목에서 벗어나 클라이언트의 다양한 욕구를 기반으로 지역사회 전체의 자원과 서비스를 발굴하고 연계하며 조정하는 기능이 매우 중요할 것이다. 하지만 민간영역에서는 지역사회 자원과 클라이언트에 대한 발굴과 정보 수집에 한계가 있다. 또한 지역사회 내 다양한 자원을 조정하여 클라이언트의 욕구에 맞춤형 서비스를 제공하기 위해 필요한 권한도 부족하다. 따라서 사례관리 실행체계를 갖추고 지역사회 내 사례관리의 중요한 역할을 수행할 것을 요구하는 평가 제도와 기능 재편은 지역사회복지관의 사례관리실천에 커다란 도전일 수 있을 것이다.

3. 민간영역과 공공영역의 사례관리 중첩과 불평등한 협력 구조

민간영역은 오랜 역사를 통해 지역사회의 다양한 자원을 개발하고 연계하여 욕구를 가진 클라이언트에게 통합적인 서비스를 제공하는 중심적 주체로서 지역사회를 이끌어 왔다. 하지만 최근 급격하게 확대되는 공공영역의 사례관리로 인해 민간 영역의 사례관리는 공공영역과 상당한 중첩이 발생할 수 있다.

첫째, 개입 대상과 기능 면에서의 충돌이다. 이에 민간영역의 지역사회복지관에서는 기존의 사례관리 범위나 업무 내용을 바꿔야하는가, 라는 고민을 하고 있다. 이러한 중복 문제를 해소하고자 일부 지자체에서는 사례발굴을 읍·면·동 단위에서 일괄적으로 수행하고, 발굴된 사례에 대하여 공공영역과 민간영역이 함께 할당하는 방식을 취하는 경우도 있다. 이와 같이 공공영역과 민간영역 사이의 불필요한 마찰을 해소하고, 두 영역의 전문성이 최대한 발휘되어 시너지효과가 나타날 수 있도록 지역사회 단위에서 협력적 사례관리체계를 만들어 가는 노력이 필요하다.

둘째, 공공영역과 민간영역의 사례관리 확대과정에서 지역자원의 개발과 관리 및 공유과정에서 충돌이 발생할 수 있다. 또한 지역사회 자원에 대한 공공영역과 민간영역의 공동 관심은 자칫 한정된 자원을 놓고 불필요한 경쟁을 낳을 수 있다.

셋째, 민간기관 권한의 한계로서, 외부 조직과 협력을 통해 서비스를 제공해야 할 때 민간기관은 서비스 조정에 대한 공적 권한이 없다. 또한 사회복지통합관리망에 민간영역에서 제공하는 서비스나 자원이 탑재되지만, 탑재된 지역사회의 자원에 대한 정보를 열람할 수 있는 민간기관의 권한은 매우 한정적이다. 이로 인해 지역사회의 비공식적 자원을 동원하고자 하는 공공영역의 노력이 자원 동원력이나 서비스 조정력, 지역자원의 정보 접근권 등 민간영역의 제한된 권한으로 인해 사례관리의 실천을 위축시킬 수 있다.

case management

생각해 볼 문제들

01 사례관리의 등장배경을 설명해 보라.

02 한국의 사례관리 확대배경을 설명해 보라.

03 한국의 사례관리 전개과정을 공공영역과 민간영역으로 구분하여 설명하고, 실제로 현장에 적용하여 보라.

CHAPTER 03

사례관리의 기능과 사례관리자의 역할

사례관리는 서비스 전달체계의 요소들을 연결하고 조정하여 개인의 보호를 위한 욕구를 충족시킬 수 있는 포괄적인 프로그램을 확실하게 제공할 수 있도록 하기 위한 하나의 기제이다. 사례관리에는 다양한 기능이 있다. 사례관리자는 이러한 사례관리의 기능을 수행하는 사회복지사를 총칭한다. 이에 본 장에서는 첫째, 사례관리의 기능, 둘째, 사례관리의 분류, 셋째, 사례관리자의 역할 등을 중심으로 사례관리의 기능과 사례관리자의 역할을 살펴보고자 한다.

제1절 사례관리의 기능

사례관리의 실용적인 정의는 포괄적이고 광범위하며 유동적이어서 다소 명확하지 못한 경향이 있다. 사례관리의 기능을 정의 내리는 데 있어서 나타나는 불명확성은 사례관리서비스 모델 자체가 가지는 융통성 내지 다양성에 기인하는 것이므로 조작적인 구체화에는 다소 문제가 제기될 수 있다.

사례관리기법이 이론적 차원에서 그 목표나 정의를 둘러싸고 논란이 있음에도 불구하고 사례관리의 기능에 대해서는 대체로 의견의 일치를 보이고 있다. 그리고 이러한 보편적인 기능과 그 효과성으로 인하여 사례관리기법이 지속적으로 실행되고 발전되어 온 것이 사실이다.

1. 사례관리의 6가지 주요 기능

사례관리의 기능을 김기태·황성동·최송식·박봉길·최말옥(2016)은 다음과 같이 6가지로 제시하였다.

1) 클라이언트의 발견

클라이언트의 발견이란 사례관리서비스가 필요한 집단과 개인을 발견해서 대상화하는 것을 말한다. 클라이언트 자신이 필요한 치료나 서비스를 찾아서 올 수도 있고 그 가족이 클라이언트를 위해 서비스를 요청할 수도 있지만 주로 사례관리자가 지역사회나 주변 환경으로 클라이언트를 적극적으로 찾아 나서는 아웃리치(outreach)를 통해서도 이루어진다. 그런 경우 클라이언트와 긴밀한 원조 및 치료관계로 발전하는 데 수년씩 걸릴 수도 있으므로 사례관리자의 꾸준함이 요구된다.

2) 사정

사정 기능은 클라이언트 욕구, 생활상태, 자원 등에 대한 정보를 수집하고 이를 바탕으로 구체적으로 욕구를 평가하며 이와 관련된 서비스, 기회 및 혜택 등을 확인하는 과정이다. 현재 클라이언트의 심리적·사회적 기능수준을 판단하는 데는 주로 표준화된 임상면접 기술들이 이용되며, 클라이언트가 현재 갖추고 있는 공식적·비공식적 사회지지체계, 이에 대한 과거의 사실, 그리고 이러한 지지체계에 대한 장래의 전망 또한 사정에서 다루어져야 한다. 그리고 이러한 사정과정에 클라이언트를 참여시키는 것은 매우 중요하다.

3) 서비스 계획의 수립

사정 단계에서 얻어진 정보를 기초로 해서 종합적인 서비스 계획을 전개한다. 사정에서와 마찬가지로 이 단계에서도 클라이언트를 참여시키면서 앞으로의 현실적이고 구체적인 계획에 대한 동의 절차를 가지는 것이 중요하다. 서비스 계획의 수립은 사례관리의 목적을 정하고 통합적인 개입계획을 세우기 위해 전문가와 프로그램 대표, 클라이언트와 그의 가족, 의미 있는 관계를 맺고 있는 타인들 간의

회의를 열고 의사결정과정을 이끌어 내기 위해 반드시 필요한 과정이다. 이를 위해 사례관리자는 지역사회 내의 이용 가능한 서비스에 대한 것을 인식하여야 하고, 또 그 서비스의 절차나 규칙에 대한 것도 알고 있어야 한다. 대체로 서비스 계획은 클라이언트와의 초기 접촉에서부터 시작하는 것이 보통이며 클라이언트의 변화하는 욕구에 따라 필요하면 언제든지 서비스 계획을 수정하고 보완해야 한다.

4) 서비스의 연결 및 조정

서비스의 연결 및 조정은 가장 잘 알려진 사례관리기법의 기능이다. 하지만 이 과정은 클라이언트와 휴먼서비스 체계들과의 연결 혹은 공식적 서비스와 비공식적 지지망과의 연결에서 사례관리의 핵심적 요소임에는 분명하지만, 적절하고 지속적인 사정과 서비스 계획, 그리고 모니터링이 없이는 단순한 위탁의 기능 정도밖에 될 수 없다는 위험도 안고 있다. 또한 이 과정에서 단순한 연결을 통해 위탁하기에 앞서 우선 클라이언트에게 필요한 서비스의 정도를 결정해야 하고, 클라이언트가 서비스를 받을 수 있도록 하여야 하며, 필요한 모든 노력을 기울여야 한다. 이러한 의미에서 사례관리자는 단순한 중개자 이상의 활동을 하게 된다(Kirst-Ashman & Hull, 2002). 이를 위해 사례관리자는 클라이언트 및 여러 전문체계들과 긍정적 관계를 수립하고 효과적인 의사소통을 확보하며, 욕구사정, 분석, 계획 등에 필요한 다양한 기술들을 포괄적으로 구사할 수 있어야 한다. 또한 서비스 조정과정은 서비스 제공자와 클라이언트를 연결하는 것뿐만 아니라, 서비스 제공자들 간의 연결도 포함한다. 클라이언트에게 최선의 서비스가 제공될 수 있도록 하기 위해 클라이언트와 서비스 제공자 간 또는 서비스 프로그램 간 중개자로서의 역할도 충실히 해야 한다.

5) 모니터링

모니터링은 서비스의 제공 및 이용을 확인 혹은 감독하는 기능이다. 필요한 서비스가 실제로 사용되고 클라이언트에 의해 적절히 활용되고 있는가를 확인하기 위해 사례관리자는 클라이언트와 서비스 제공자 간의 사회관리 차원의 접촉을 한다. 이를 통해 사례관리자는 서비스 계획에 명시된 목적과 목표를 향해 클라이언트에게 얼마나 진보가 있었는지를 평가하게 된다. 이러한 사후관리 접촉은 긴밀하고 지속적으로 이루어져야 하므로 복잡한 서비스체계 아래에서 이 기능을 수행하기란 그리 쉽지 않다. 그럼에도 불구하고 이러한 모니터링을 통해 사례관리자는 클라이언트에 대한 서비스 계획을 재평가하고 변경조치를 취할 수 있으므로 모니터링은 반드시 수행하여야 할 것이다.

6) 권익옹호

사례관리에 있어 권익옹호는 두 가지 차원, 즉 클라이언트 차원과 서비스체계 차원에서 이루어진다. 우선 클라이언트 차원에서 사회복지사는 클라이언트 개인의 욕구 충족과 최선의 이익을 위해 옹호하게 된다. 권익옹호는 클라이언트에게 제공되어야 할 서비스나 자원이 제공되지 않을 경우 문제를 바로 잡는 데 필요한 조치들을 취하기도 하며, 현존하는 자원들이 최대한으로 활용될 수 있도록 원조하되, 필요한 서비스나 자원의 부재 시에는 이를 직접 개발해야 할 책임을 가지기도 한다. 다른 한편으로는 사례관리자와 서비스체계 혹은 특정 기관과 프로그램 간에 발생하는 긴장상태를 조정하는 기능을 함으로써 궁극적으로 클라이언트의 옹호를 도모한다. 이러한 점에서 권익옹호의 기능도 매우 중요하지만 기관 상호 간의 협동을 유지하도록 기술적으로 수행하는 것도 사례관리에서는 필수불가결한 요건이라고 할 수 있다.

그 중요성에도 불구하고 권익옹호의 기능은 아직 종종 간과되거나 행하기 어렵다고 여겨지고 있는 것이 현실이다. 앞으로 사례관리기법이 더 확고한 실천방법으로 발전해 가기 위해서는 더욱 적극적인 권익옹호에 노력을 기울여야 할 것이다.

이외에도 사례관리의 기능으로 위기개입, 가족 및 친가와의 원조관계 수립, 정신심리치료, 독립적인 생활기술 훈련, 가정방문, 그리고 자원개발 등이 있다. 이러한 기능은 사례관리의 모델에 따라 다소 그 내용을 달리할 수 있다.

2. Rothman의 15가지 사례관리 기능

사례관리는 복잡하고 다양한 문제와 장애를 가진 클라이언트를 대상으로 그들이 원하는 서비스를 포괄적으로 제공받을 수 있도록 보장하는 서비스 접근방법이다. 사례관리의 기능과 관련하여 Rothman(1991)은 사례관리자의 개입활동에 포함되는 연속적 기능과 간헐적 기능으로 구분하여 다음의 15가지로 분류하였다. 15가지의 기능은 클라이언트 발굴, 접수, 사정, 목표설정, 서비스 개입계획 수립, 자원파악 및 목록작성, 공식적 연계, 비공식적 연계, 서비스 제공의 점검, 재사정, 결과(성과)평가, 기관 상호간 조정, 상담, 치료, 클라이언트 옹호 등이다.

1) 연속적 기능

(1) 클라이언트 발굴

클라이언트가 기관으로 오게 되는 과정은 다양한 경로를 가진다. 대상자나 가족들이 기관을 직접 찾아오기도 하고, 기관의 차원에서 공익 광고나 안내 책자를 통해 홍보도 하고, 다른 사회사업이나 의료기관이 클라이언트를 의뢰하기도 한다. 또한 사례관리팀이 지역사회에 직접 나가는 아웃리치를 통해서 클라이언트를 발굴하기도 한다. 아웃리치는 기관에 접근이 어려운 상황이거나 서비스를 알지 못하는 노숙인이나 지역사회 내 있으나 거동이 어려운 노인 클라이언트의 경우 기관에 연계할 수 있다는 의의를 가진다.

(2) 접수

접수(intake)의 기능에서는 클라이언트 문제와 상황을 확인한다. 즉, 기관이 클라이언트에게 서비스를 체공할 수 있는지에 대한 파악이 이루어져야 하고, 클라이언트의 서비스 이용 자격과 재정 상황이 파악되어야 한다. 기관은 클라이언트에게 기관에서 이용할 수 있는 서비스에 대한 정보를 제공해야 한다. 이때 서비스를 받기 위해서 만족시켜야 하는 조건과 제약점과 같은 정보도 반드시 알려 주어야 한다. 아울러 클라이언트의 재정적 능력도 파악한다. 이 기능에서는 초기 서비스 계획을 세우기도 한다. 접수 단계에서는 정보 수집과 서비스 이용을 위해 필요한 서류 작성과 서비스에 대한 전반적인 안내를 수행하게 된다. 또한 그 기관에서 사례관리를 수행하는 데 적절하다고 판단되지 않으면 다른 기관으로 의뢰할 수도 있다.

(3) 사정

사정 기능은 클라이언트의 문제의 원인과 역동의 관점에서 심리·사회·의료 욕구에 대한 사정(psychological, social, medical assesment)이 이루어지게 된다. 사례관리 대상의 클라이언트는 대체적으로 다양한 욕구를 가지고 있으므로, 포괄적인 사정을 수행해야 한다. 클라이언트와 관계된 가족과 외부 기관들이 제공하는 정보를 얻고, 미충족된 현재의 시급한 욕구와 우선순위를 파악해야 한다. 무엇보다 클라이언트가 사정 과정에 참여하여 자신이 가지고 있는 잠재력을 극대화할 수 있도록 역량을 강화하는 것이 중요하다. 따라서 클라이언트가 문제를 어떻게 보고 있는지, 문제해결에 대해 어떤 생각을 가지고 있는지를 파악하는 것이 필요하다. 가족은 중요한 자원으로 클라이언트에게 제공할 수 있는 지원 정도를 면밀하게 사정해야 한다. 사례관리 클라이언트는 지속적인 지원이 필요하므로 가족이 장기적으로 어떤 자원의 역할을 담당할 수 있겠는가도 중요하게 고려해야 한다. 이를 정리하면 다음의 3가지로 요약할 수 있다.

- 클라이언트 자신을 돌볼 수 있는 능력과 서비스에 대한 욕구
- 클라이언트의 사회적 지원망과 그 지원망이 클라이언트를 얼마나 충족시켜 줄 수 있는지의 정도
- 공식적 서비스 제공자들이 클라이언트의 욕구를 얼마나 충족시켜 줄 수 있는지의 정도

이러한 욕구의 사정은 고도의 기술을 가진 사례관리사와 그 팀에 의해 수행되는 것이 바람직하며, 표준화된 도구를 사용하는 것 역시 중요하다. 이를 위해서는 다음과 같은 내용들이 포함되어야 한다.

- 건강에 대한 내용(병력)
- 가족의 건강에 대한 애용(가족력)
- 강점
- 일상생활활동(이동, 식사, 목욕 등)

- 인지적 기능(기억력, 숫자 해독력, 방향력 등)
- 현재 이용하고 있는 서비스
- 수입과 재산현황
- 비공식적 지원체계(가족, 친구, 이웃 등)
- 거주형태(아파트, 자가/전세/월세 등)
- 동거상황(어디에 누구와 사는지)
- 의료보험
- 피학대 여부
- 의사들과의 접촉현황
- 위급 정도

(4) 목표설정

목표설정은 욕구사정에 기반을 두고 서비스 목표를 설정한다. 목표를 설정할 때, 사례관리자는 클라이언트의 병력, 가족력, 강점 등 욕구사정에서 도출된 내용을 토대로 클라이언트의 기능을 향상시키는 것에 주안점을 두고 목표를 설정한다.

(5) 서비스 개입계획 수립

서비스 개입 수립은 상담이나 치료와 같은 직접서비스 개입계획을 세우는 것과 클라이언트에게 비공식적·공식적 자원을 연계시키기 위한 서비스 계획을 세우는 것 등을 포함한다. 서비스 개입 수립에서는 단·장기 목표를 성취시키기 위한 전략과 함께 자원확인과 연계에 대한 계획이 세워져야 한다. 클라이언트는 성공적인 서비스 결과를 이끌어 내는 데 중요한 역할을 할 수 있도록 해야 한다. 따라서 개입계획 단계에서의 초기 단계부터 클라이언트 참여를 최대한 확장시켜야 한다. 클라이언트를 적절하게 보호하기 위한 계획 수립은 사례관리의 핵심이 되기 때문에, 다음과 같은 기본 원칙을 지키는 것이 좋다(조미숙 외, 2006).

- 서비스 개입계획은 클라이언트의 기능을 포괄적으로 사정한 결과를 토대로 수립한다.
- 클라이언트와 보호자를 계획과정에 참여시킨다.
- 구체적인 개입기간을 정한다.
- 공식적 서비스와 비공식적 서비스를 모두 계획한다.
- 비용을 의식하고 계획을 수립한다.

- 보고서를 반드시 작성한다.

(6) 자원파악 및 목록작성

적합한 서비스에 대한 정보와 그 정보를 어떻게 획득할 것인가에 대한 정보를 수집한다. 이를 위해 타 기관과의 전화 접촉, 비공식적 연계망, 전문가 회의, 기관 내의 정보 파일 등을 활용한다. 이 과정에서 변화하는 정책과 프로그램에 대한 정보를 잘 알고 있어야 정확한 최신 정보를 얻을 수 있을 것이다.

(7) 공식적인 연계: 기관과 프로그램에 연계하기

공식적인 연계는 기관과 프로그램에 연계하는 기능으로서, 서비스 욕구를 명확하게 하기, 클라이언트에 적합한 기관 연계하기, 기관에 전화 걸기, 클라이언트에게 기관에 대한 설명하기, 관련 서류 준비하기, 서비스 연계기관 방문하기, 클라이언트 동반서비스 등을 제공한다. 이러한 활동을 통하여 정서적인 지지와 연계 과정에 필요한 구체적인 서비스를 모두 제공할 수 있다.

(8) 비공식적인 연계: 가족이나 사회적 네트워크 연계

비공식적 연계는 가족이나 사회적 네트워크와 연계하는 기능으로서, 클라이언트가 가지고 있는 원조 네트워크를 활용한다. 여기에서 가족은 중요한 역할을 담당한다. 따라서 가족이 클라이언트에게 어느 정도의 도움을 줄 수 있는지 가능성과 부담의 정도 및 부담을 감당할 수 있는지에 대하여 먼저 사정해야 한다. 클라이언트의 원조 네트워크가 비공식적인 원조자 역할을 수행할 수 있도록 방향성과 필요한 교육과 자문을 제공해야 한다. 가족뿐 아니라 친구, 이웃, 그리고 지역사회의 공동체 등을 연계시킨다. 또한 다양한 비공식적 원조자를 연계하는 기능을 수행하게 되므로, 이들 자원을 어떻게 취사 선택할 것인가에 대하여 윤리적인 측면까지도 민감하게 고려해야 한다.

(9) 점검

점검은 클라이언트가 이용하는 기관과 공식적·비공식적 원조자를 체계적으로 점검하는 것이 주된 기능이다. 서비스가 잘 유지되고 제공되는지를 점검하는 것은 클라이언트에게 필요한 서비스를 지속적으로 제공함으로써 그들의 욕구가 해결되고 지역사회 내에서 잘 적응할 수 있기 때문에 매우 중요하다. 점검은 전화 연락이나 직접 방문 등의 방법으로 수행한다. 이 과정에서 위기 상황이 발생할 수도 있는데, 이에 대한 대응기준이 있어야 하며, 이러한 상황 발생에 대해 미리 준비해야 한다. 또한 위기 상황에서는 근무시간을 유연하게 운영할 수 있어야 한다.

(10) 재사정

사례관리는 장기적으로 진행되므로 클라이언트 상황에 대한 재평가가 주기적으로 수행되는 것이 필요하다. 재사정은 공식적인 서비스 절차에서 클라이언트 상황의 재사정을 수행하기도 하지만, 자연스러운 상황에서 비공식적으로 재사정하기도 하는 등 다양한 방식에 따라 수행될 수 있다. 이러한 특성으로 인하여 재사정은 주기적이고 지속적으로 수행되어야 하지만, 시간 간격은 상황에 따라 달라질 수 있다. 클라이언트는 가능한 한 재사정 과정에 참여해야 한다. 재사정은 상황에 따라 원활하게 이루어지지 못하는 경우가 있다. 예를 들어, 초기 욕구사정 단계에서 서비스 목적을 잘못 설정한 경우, 클라이언트의 상황 변동이 심해 판정을 하기 어려운 경우, 클라이언트가 자신의 상황에 대한 정보를 숨기고 싶어 하는 경우, 또는 협력 기관에서 필요한 정보를 수집하기 어려운 경우들이 발생한다. 또한 사례관리자의 업무 부담이 가중할 경우에도 재사정 기능을 수행하는 데 어려움이 있다. 재사정 수행 결과, 필요할 경우에는 연계활동이나 개입계획을 추가적으로 세우기도 하고, 서비스 목표를 수정하기도 한다.

(11) 성과평가

성과평가는 재사정과는 달리, 서비스가 종결되거나 서비스 관계가 해제되는 상황에서 수행된다. 즉, 클라이언트가 더 이상 서비스를 필요로 하지 않거나 독립적으로 욕구를 해결할 수 있는 경우가 여기에 해당된다. 이러한 시점에 대한 판단은 전문가의 의견에 기반을 두어야 한다. 하지만 장기적 보호가 필요한 고위험군 클라이언트라면 성과평가는 사실상 의미가 없는 경우가 대부분이다.

2) 간헐적 기능

(1) 기관 상호 간 조정

기관 상호 간 조정 기능에서 가장 중요한 것은 기관 간에 연계가 원활하게 될 수 있도록 관계 형성을 잘 이루는 것이다. 기관 간 조정은 공식적인 절차에 의해서 이루어지기도 하고, 비공식적으로 합의하는 방식으로 이루어지기도 한다. 공식적인 수준에서의 조정은 대체적으로 최고 책임자가 관여하여 진행되는 반면, 비공식 수준에서의 조정은 담당 실무자 간의 합의에 의해 진행된다. 기관 간 조정을 위한 협력을 위해서는 제공하는 서비스 유형, 서비스 제공 양식, 서비스 이용료 부담방식, 그리고 서비스를 이용하는 클라이언트 수 등에 대한 이해가 이루어져야 한다.

(2) 상담

상담 기능은 클라이언트에게 정보나 제안을 제공하는 것에서부터 클라이언트 격려까지를 포함한다. 특히 강점 관점을 적용하여 클라이언트가 자기주도적으로 노력할 수 있도록 격려하는 것이 필요하다. 상담에서는 전통적인 심리치료 기능을 수행하는 것도 좋지만, '지금 여기(here & now)'를 적용하여 클라이언트의 문제해결 과정을 지원하도록 하는 것이 더 좋은 방법이다. 주거문제, 양육문제, 취업문제 등의 해결을 위해 현실적인 도움이 되는 사회기술을 익히도록 원조할 수도 있다. 상담 기능에서는 기본적인 생활기술을 가르치거나 익혀야 할 행동의 습득을 위해 역할극이나 모델링 전략을 수행하기도 한다. 이러한 상담 기능은 사례관리 과정 중에 반복적으로 수행되기도 하지만, 상황에 따라 다양한 시점에서 수행되기도 한다.

(3) 치료

사례관리에서 수행하는 치료(therapy) 기능은 성격장애 치료 등에서 제공되는 전문적인 심리치료를 수행하는 것은 아니다. 사례관리에서의 치료는 단기 중심으로 현재 시점을 강조하고, 일상생활에서 잘 대응할 수 있도록 원조하는 데 초점을 두고 치료 기능을 수행한다. 만약 집중적인 개입이 필요한 경우는 외부 전문기관에 의뢰한다. 또한 고위험군의 경우 상담과 치료 기능이 중복되는 경우가 많아 구분을 명확하게 하는 것이 쉽지 않은 상황이 대부분이다.

(4) 옹호

옹호(advocacy) 기능은 클라이언트의 상황에 따라 초기 단계부터 수행되기도 하고 후기 단계에서 수행되기도 한다. 옹호는 클라이언트가 필요한 서비스를 받지 못하거나 거절당한 경우 이를 획득하기 위해서 지원하게 되는데, 이를 위해서는 단호하고 적극적인 접근이 필요하다. 옹호의 핵심 기능은 클라이언트가 필요한 자원을 획득하는 데 장벽이 될 수 있는 관료적 체제의 장벽을 제거하기 위하여 활동하는 것이다.

3. Noel의 8가지 사례관리 기능

Noel(2000)은 사례관리의 핵심적인 기능을 클라이언트 확인 및 아웃리치, 사정, 서비스 계획 및 자원확인, 자원연결, 서비스 실행 및 조정, 점검, 옹호, 평가의 8가지로 제시하였다. 그가 제시한 사례관리 기능과 그에 따른 사례관리자의 과업을 정리하면 〈표 3-1〉과 같다.

〈표 3-1〉 Noel의 8가지 사례관리 기능

사례관리 기능	사례관리자의 과업
클라이언트 확인 및 아웃리치	• 의뢰, 클라이언트의 자발적 기관방문, 아웃리치 등의 경로를 통한 클라이언트 발견 • 초기면접을 통한 클라이언트의 자격여부 확인
사정	• 사례관리 과정의 결정 • 클라이언트와의 관계형성 • 클라이언트의 기능수준, 사회적 지지, 서비스 욕구, 서비스에 대한 태도 등 결정

사례관리 기능	사례관리자의 과업
서비스 계획 및 자원확인	• 서비스의 명확한 우선순위 결정 • 측정 가능한 장·단기 목표 수립 및 목적달성을 위해 수행되어야 할 구체적인 활동 제시 • 클라이언트를 의뢰할 기관 확인 • 활동을 종료해야 할 시간계획표 수립 • 서비스 전달에 있어서 잠재적인 장애물의 확인
자원연결	• 클라이언트가 필요로 하는 서비스를 얻을 수 있도록 적극적으로 돕는 것
서비스 실행 및 조정	• 서비스 계획에 따른 서비스 실행·감독 • 서비스 실행 시 서비스 관계망에서 나타나는 문제점들의 조정
점검	• 클라이언트, 서비스 제공자와 지속적으로 접촉 • 클라이언트가 만족한 점뿐 아니라 문제점 발견
옹호	• 공정하게 서비스에 접근하기 어렵고 관련 정책과 프로그램의 부적절성으로 고통받는 클라이언트를 대상으로 실시
평가	• 클라이언트에게 제공된 서비스, 클라이언트의 발전과 문제점 평가 • 사례관리체계의 전체적인 평가에 참여

제2절 사례관리자의 역할

사례관리는 하나의 서비스 형태가 아닌, 상호조직 간(inter-organizational) 서비스 조정 형태라고 할 수 있다. 사례관리 기능은 인테이크, 사례 발견, 사정, 계획, 개입 및 모니터링 등의 서비스를 제공하는 것인데, 이 과정에서 사례관리자는 클라이언트와 환경 간의 상호작용에 개입하는 것을 목적으로, 직접적 실천가의 역할뿐만 아니라, 옹호자, 브로커, 중개자로서의 활동을 포함한다.

사례관리자는 클라이언트와 서비스 체계를 연결시키거나, 다른 서비스 제공자들과 협력하여 클라이언트에게 보호의 연속성을 보장해 주는 등의 역할을 수행하는 사례관리 체계를 구성하는 핵심적인 요소이다. 사례관리자는 클라이언트의 욕구를 파악하고, 이에 적합한 서비스 체계를 계획 및 조정하고 연결해야 할 뿐만 아니라, 클라이언트에게 제공되는 서비스를 지속적으로 점검해야 한다.

양옥경(1996)은 사례관리자의 역할을 치료적 역할과 체계 개입적 역할이 모두 통합된 직접적 개입과 간접적 개입으로 구분하여, 각각의 상황에 따라 사례관리자 역할을 수행한다고 하였다. 직접적 서비스는 클라이언트 능력을 직접적으로 강화하는 데에 초점을 두고, 사례관리자는 이행자, 교육자 및 훈시자, 안내 및 협조자, 진행자, 정보전문가, 지원자로서의 역할을 수행하며, 간접적 서비스는 사례관리자가 클라이언트를 대신하여 외부체계의 작용을 변화시키는 것에 초점을 두고, 중개자, 조정자, 연결자, 옹호자, 사회적 망 수립자, 기술적 지지 및 형성 등의 역할을 제공하는 것이다(Moxely, 1989).

권진숙·박지영(2015)은 사례관리자의 역할을 직접서비스 역할, 간접서비스 역할, 통합적 역할로 구분하여 제시하였다. 직접서비스 역할은 이행자, 교육자, 안내자 및 협조자, 진행자, 정보전문가, 지원자의 역할 등이 있으며, 간접서비스 역할은 중계자, 조정자, 연결자, 옹호자, 협동자, 협의자 등의 역할로 구분하였다. 사례관리자는 직접적이든 간접적이든 모든 역할을 다 수행하기는 쉽지 않다. 따라서 사례관리자는 다양한 역할 중 우선적으로 수행해야 할 역할을 정하여 통합적으로 수행할 필요가 있다. 사례관리자의 통합적 역할에서 직접 서비스를 위한 역할로는 교육가, 상담가가 포함되며, 간접서비스를 위한 역할은 조정자와 옹호자의 역할이 포함될 수 있다.

〈표 3-2〉 사례관리자의 역할 구분

사례관리자의 역할		
직접서비스 역할	간접서비스 역할	통합적 역할
이행자, 교육자, 안내자/협조자, 진행자, 정보전문가, 지원자	중계자, 연결자, 조정자, 옹호자, 협의자, 평가자	상담가/교육자 조정자, 옹호자

1. 직접서비스 제공자

사례관리자의 직접서비스 제공자로서의 역할은 클라이언트와 협력관계를 유지하면서 그들의 욕구를 구체화하고, 욕구의 실현을 가로막는 장애요인을 확인하고 극복하도록 직접적인 원조를 수행하는 것이다. 권진숙 등(2015)은 사례관리에서 클라이언트의 자기지향성은 매우 중요하며, 자기지향성을 실현하기 위한 사례관리의 직접적 서비스 기능으로서 첫째, 개별성과 독특성 등 클라이언트의 가치를 전제, 둘째, 클라이언트의 성장에 대한 인지적·태도적 전제, 셋째, 클라이언트를 수용·존중하고, 효과적 상호작용이 이루어져야 하며, 동의한 계약에 근거하여 이루어지는 등 기술의 전제를 제시하였다.

김한영(2012)은 무한돌봄 사례관리자의 직접 및 간접서비스 제공자로서의 역할을 제시하였다. 먼저 직접서비스 제공자로서의 역할은 다음과 같다.

1) 위기개입가의 역할

위기개입가로서 사례관리자의 역할은 위기의 심각성을 인식하고 신속한 사정과 개입을 필요로 한다. 사례관리에 있어서 가장 우선되어야 할 것은 위기에 대한 사정과 그에 대한 개입을 통해 안전을 확보하는 것이다. 위기개입은 그 위기에 대한 제한적이고 초점을 맞춘 전략으로서, 위기가 감지되면 사례관리자는 신속하고 정확한 사정을 통한 주도적 개입을 하여야 한다. 이 과정에서 사례관리자는 클라이언트가 직면하고 있는 위기를 심리적으로 해소시켜 가는 데 초점을 둔다.

2) 상담자의 역할

상담자로서 사례관리자의 역할 수행은 클라이언트에게 지지적 환경을 제공하며, 문제해결과 미래에 대한 계획을 수립하도록 원조하는 것이다. 사례관리자는 클라이언트의 호소 내용을 적극적으로 경청하고 판단하여, 그들에게 심리적 지지를 제공해야 할 뿐만 아니라 위기상황에 대해 클라이언트가 인식하도록 정보를 제공해야 한다. 클라이언트와 그 가족들이 클라이언트의 문제와 욕구를 스스로 인식하도록 돕고, 그들 스스로 지지체계를 개발하고 유지하는 방법을 교육하는 것이 필요하다. 사례관리자는 클라이언트와 그 가족들과의 신뢰관계를 형성하고, 클라이언트의 역기능적인 행동 패턴을 주시하여, 이를 벗어나는 행동을 하도록 도와주어야 하며, 클라이언트 스스로 문제해결에 접근하는 행동선택을 하도록 조력해야 한다.

2. 간접서비스 제공자

사례관리자의 간접적 서비스 제공자의 역할은 클라이언트의 욕구 실현을 위해 필요한 자원을 발견하고 이를 클라이언트와 연결하고 조정하는 활동과 제공된 서비스에 대한 평가를 통해 서비스의 질적 향상을 위한 활동이다. 사례관리자의 간접적 서비스 제공자의 조정자·평가자의 역할은 다음과 같다.

1) 조정자의 역할

사례관리자의 조정자 역할은 클라이언트의 욕구를 초점화하고 실현에 이를 수 있도록 조정되어야 할 부분을 구체화하는 일련의 활동이다. 사례관리자는 클라이언트의 욕구와 타인으로부터 원조를 필요로 하는 욕구를 동시에 사정해야 한다. 또한 사례관리자는 욕구를 토대로 계획을 세우고 원조자들과 효과적으로 만나도록 돕는 활동뿐 아니라 필요시에는 원조자들 사이에 갈등을 줄이기 위해 의사소통을 촉진시키는 활동을 수행한다(권진숙 외, 2015). 조정자로서의 사례관리자가 지역사회기관들과 접촉하여 클라이언트와 연결한다는 것은 자원을 찾고 서비스 제공자와 연락을 주고받는 것, 클라이언트를 코치하고 그들과 동행하거나 서비스를 점검하는 활동을 모두 포함한다.

2) 평가자의 역할

사례관리자의 평가자 역할은 사례관리 전 과정에 대해 모니터를 하고, 이러한 역할 수행을 통해서 재평가 과정을 거치게 되며, 수립한 계획과 목표의 변경을 수행하는 것이다. 목표의 성취 정도, 욕구 충족의 정도, 관련된 과업들의 수행 여부 등을 확인하고, 결과들이 성취되어 가는 과정을 평가한다(배태순·최명민·김영미 역, 2007). 따라서 사례관리자는 구체적인 평가방법을 설계하고 수행할 수 있도록 하는 학습을 필요로 한다.

제3절 사례관리자의 기능에 따른 역할

이금진·홍선미(2004)는 개입대상의 체계수준과 사례관리자가 수행하는 기능에 따라 사례관리자의 역할을 세부적으로 분류하였다. 그들은 사례관리 개입대상의 범위를 미시적(개인/가족), 중범위(조직/공식적 집단), 거시적(지역사회/사회)으로 구분하고, 사례관리자의 기능을 상담(consultancy), 자원관리(resource management), 교육(education)의 3가지로 구분하고 이에 따라 사례관리자의 역할을 9가지로 제시하였다. 개입체계의 수준과 기능에 따라 분류된 사례관리자의 9가지 역할은 클라이언트 차원에서의 직접적인 서비스 제공을 위한 미시적 역할부터 지역사회 또는 사회 등의 거시적인 차원을 포괄하고 있다. 사례관리 기능에 따른 사례관리자의 역할과 내용을 정리하면 〈표 3-3〉과 같다.

〈표 3-3〉 사례관리 기능에 따른 사례관리자의 역할

사례관리의 기능	미시체계 (개인/가족)	중범위체계 (조직/공식적 집단)	거시체계 (지역사회/사회)
상담 (Consultancy)	조력자 (enabler)	촉진자 (facilitator)	계획가 (planner)
자원관리 (Resource Management)	중개자/옹호자 (broker/advocate)	중재자 (mediator)	행동가 (activist)
교육 (Education)	교사 (teacher)	훈련가 (trainer)	아웃리치 (outreach)

사례관리의 기능	미시체계 (개인/가족)	중범위체계 (조직/공식적 집단)	거시체계 (지역사회/사회)
역할 내용	• 클라이언트의 문제해결 능력을 향상시키고, 서비스나 자원을 확보할 수 있도록 돕는 역할 • 클라이언트 대상 직접적인 서비스 제공	• 기관이나 조직 차원에서 기관 내부의 상호작용이나 기관 간의 연결망 강화 • 조직 차원의 전문성 개발을 위한 교육	• 지역사회 문제해결, 사회적 불평을 제거하기 위한 적극적인 역할 • 정책 수립과 프로그램 개발, 사회변화를 위한 연대활동, 홍보, 교육, 아웃리치 활동

1. 미시적 차원(micro level)에서의 역할

클라이언트 차원에서 그들이 처한 문제를 잘 극복할 수 있도록 상담과 개입과정 등 문제해결 과정에 참여하여 클라이언트의 문제해결 능력을 기르고 서비스나 자원을 확보 또는 연계할 수 있도록 돕는 역할이다. 이 차원은 클라이언트를 대상으로 직접적으로 서비스를 제공하는 역할을 중심으로 수행되며, 구체적인 역할은 조력자(enabler)의 역할, 중개자/옹호자(broker/ advocate)의 역할, 교사(teacher)의 역할 등이 해당된다.

1) 조력자(enabler)의 역할

조력자의 역할은 클라이언트 개인이나 가족이 자신의 욕구를 파악하고 미해결된 욕구에 대한 문제를 명확히 규명하며 해결방안의 탐색과 전략을 선택하여, 보다 효과적인 문제해결 능력을 개발하거나 향상시키도록 돕는 역할로서 개인이나 가족을 원조하는 과정에서 사례관리자가 가장 빈번히 수행하는 역할이다.

사례관리자는 클라이언트와의 전문적 관계의 중요성이 강조되는 사례관리에서 격려나 지지 등을 통해 클라이언트가 문제해결 과정에 주체적으로 참여하여 문제를 해결할 수 있는 능력을 향상시키고 발휘할 수 있도록 도와줄 수 있는 능력과 기술을 갖추어야 한다. 특정 사례관리 모델에서는 개인상담이나 집단상담을 통해 클라이언트의 특정행동 선택이 변화할 수 있도록 돕기 위한 임상적 지식, 경험, 기술 등을 요구하기도 한다.

2) 중개자(broker)의 역할

중개자의 역할은 사례관리자가 클라이언트 차원에서 직접적인 개입이나 의뢰를 통해 그들을 대신하여 접근 가능한 자원과 서비스를 찾고 연결을 도와주는 역할이다. 이 역할은 클라이언트를 적절한 서비스와 자원에 연결하는 것을 주요기능으로 하는 사례관리의 핵심적 역할이다. 이를 위해 사례관리자는 클라이언트를 적절한 지역사회의 자원과 연결시키는 데 필요한 지식과 기술을 갖추어야 하며, 이용 가능한 서비스를 파악하고 적절한 서비스를 제공하도록 하여야 한다.

3) 옹호자(advocate)의 역할

옹호자의 역할에서 사례관리자는 클라이언트에게 필요한 자원이나 서비스의 확보를 위해 지역사회에 있는 클라이언트 개인이나 가족의 권리를 옹호하며 정책적인 변화를 모색하기 위한 활동을 수행한다. 사례관리자는 지역사회 내의 자원을 찾거나 이러한 자원의 확보에 어려움을 겪는 사람을 위해 개입할 수 있는 능력이 필요하다. 또한 서비스기관이 클라이언트의 욕구에 적절히 반응하지 않거나 서비스를 받지 못하는 일부 클라이언트 집단이 적절한 서비스를 받을 수 있도록 도움을 제공하거나, 서비스가 필요한 사람에게 적절한 서비스가 제공될 수 있도록 서비스의 적용범위를 확대시키는 노력뿐만 아니라, 서비스를 필요로 하는 클라이언트를 서비스로부터 차단시키는 서비스 체계의 다양한 장애요인들에 대해서도 민감하게 반응해야 한다.

4) 교사(teacher)의 역할

교사의 역할은 클라이언트 차원에서 예방이나 문제해결 능력을 향상시키는 데 도움이 되는 적절한 정보를 제공하며 적응적 기술을 익히도록 클라이언트를 가르치는 역할이다. 사례관리자가 효과적인 교사로서의 역할을 수행하기 위해서는 많은 지식과 정보를 알고 있어야 하며, 전달해야 할 내용을 클라이언트에게 명확히 이해시키고 전달하기 위한 의사소통기술을 갖고 있어야 한다.

2. 중범위 차원(mid-level)에서의 역할

사례관리자의 중범위 차원에서 역할은 촉진자(facilitator)의 역할, 중재자(convener/mediator)의 역할, 훈련가(trainer)의 역할 등이 있다.

1) 촉진자(facilitator)의 역할

촉진자의 역할은 조직이나 기관의 차원에서 조직의 기능이나 상호작용, 구성원들 간의 협조나 지지, 조직에서의 정보교환을 촉진시키며 조직 간의 연결망을 강화시키는 역할이다.

2) 중재자(mediator)의 역할

중재자의 역할은 조직이나 기관 차원에서 자원개발을 위해 관계망 내의 집단이나 조직을 모으며, 공동의 목표나 문제해결을 위해 기관 내 또는 기관 간 의사소통의 갈등이나 의견의 차이를 조정하는 역할이다. 중재자로서 사례관리자는 다양한 주체들 사이의 분쟁에 개입하여 협상과 타협을 이룰 수 있도록 돕기 위해 중립적인 입장에서 서로의 입장을 명확히 밝히고 의사소통의 문제를 인식하도록 함으로써 서로를 이해할 수 있도록 한다.

클라이언트에게 필요한 자원이나 서비스를 확보하기 위해 기관 간의 연계와 조정업무를 담당하는 사례관리자에게는 지역사회 내의 중복 또는 누락된 서비스를 파악하고 통합된 서비스 체계를 이루기 위한 중재자로서의 역할이 필수적이다. 이 과정에서 사례관리자는 클라이언트에게 제공되는 서비스와 관련된 다양한 기관들과의 연계업무에 장애요인이 될 수 있으므로 타 분야의 전문가의 의견을 취합하거나 타 기관의 워커들과의 협력기술이 요구된다.

3) 훈련가(trainer)의 역할

훈련가의 역할은 조직이나 기관의 차원에서 전문가적 계발을 위한 직원오리엔테이션, 워크숍, 세미나, 사례발표 등의 활동에 참여하여 전문가의 교육이나 훈련을 담당하는 역할이다.

3. 거시적 차원(macro level)에서의 역할

거시적 차원에서 사례관리자가 수행하는 역할은 지역사회 차원의 문제를 해결하고 지역사회의 불평등을 완화시키기 위한 적극적인 역할로서 계획가(planner)의 역할, 행동가(activist)의 역할을 담당한다. 이러한 역할에는 정책 수립, 프로그램의 개발, 사회변화를 위한 연대활동, 교육 및 홍보 활동, 아웃리치(outreach) 등이 포함된다.

1) 계획가(planner)의 역할

계획가의 역할은 거시적인 차원에서 지역사회나 사회구조에 관심을 갖고 지역사회의 주민 전체 욕구를 파악하며, 목표·정책을 수립하고 프로그램을 개발하는 역할이다.

2) 행동가(activist)의 역할

행동가의 역할은 거시적 차원에서 클라이언트의 이익이나 권리를 저해하는 지역사회 내 사회적 불평등이나 문제점을 인식하고, 인간으로서의 기본적 권리를 행사할 수 있는 지역사회로의 변화를 위한 활동에 참여하는 역할이다. 행동가로서의 사례관리자는 사회정의와 평등에 관심을 가지며, 소외된 집단을 위한 제도적 변화를 위한 역할을 수행한다. 클라이언트들의 욕구에 보다 적절히 반응할 수 있는 사회적 환경으로 변화시키기 위해 사례관리자는 보다 적극적이며 행동 중심의 방법을 선택할 필요가 있다. 지역사회의 욕구조사, 욕구분석, 그리고 욕구를 기반으로 한 개입활동들을 조직하는 것 이외에 지역사회 주민의 이해와 지원을 활성화시키기 위한 노력들을 한다.

3) 아웃리치(outreach)의 역할

아웃리치의 역할은 거시적인 차원에서 이루어지는 활동으로서, 지역사회의 문제나 지역사회에 필요한 서비스의 홍보활동을 통해 지역주민을 교육시킴으로써, 문제를 예방하거나 심각성을 인식시켜 주고 필요한 서비스에 접근이 용이하도록 돕는 역할이다. 아웃리치 역할은 미시적 수준에서 재가방문 등의 서비스를 통해 대상자를 발굴하는 사례관리자의 소극적인 수준을 넘어 보다 적극적인 문제인식과 교육을 통한 거시적 수준에서의 활동이 요구된다.

case management

생각해 볼 문제들

01 사례관리의 기능에 대해 설명해 보라.

02 사례관리자의 역할을 직접적 서비스 제공자 및 간접적 서비스 제공자로 구분하여 설명해 보라.

03 사례관리의 기능에 따른 사례관리자의 역할을 미시 차원부터 거시 차원까지 비교하여 제시해 보고, 이를 실제로 현장에 적용하여 보라.

CHAPTER 04

사례관리의 모형

사례관리를 수행하기 위한 모델은 학자에 따라 다양하다. 이로 인해 실제 사회복지현장에서는 어떠한 사례관리의 모형을 적용해야 하는지 혼란스러울 때가 많다. 하지만 이렇게 사례관리의 모형이 다양해진 데에는 사회복지현장이 복잡다단해지면서 각 실천상황에 맞는 사례관리가 필요하였기 때문이다. 이렇듯 다양한 사례관리 모형들을 살펴본다는 것은 사례관리의 발전과정을 엿볼 수 있는 계기가 될 수 있을 뿐만 아니라 사례에 대한 이해하는 틀을 가지고 접근할 수 있다는 것을 의미한다. 따라서 본 장에서는 첫째, 사례관리 모형의 개념, 둘째, 사례관리 모형의 분류, 셋째, 사례관리의 주요모형 등을 중심으로 사례관리의 모형을 살펴보고자 한다.

제 1 절 사례관리 모형의 개념

사례관리 모형(model)은 다양한 사회복지실천 현장에서 일어나는 현상들을 잘 이해하도록 돕는 논리적인 이론틀이다. 사례관리 모형은 사례관리 내용과 전달방법을 체계화하는 데 도움이 될 수 있으며, 사례관리를 실시하는 기관의 지침이 되기도 한다.

사례관리 모형의 중요성은 첫째, 사회복지서비스가 다양한 방식으로 전달될 수 있는 유연한 과정임을 알 수 있게 한다. 둘째, 각 모형이 가지고 있는 고유한 목적인 사례관리자의 역할, 책임성, 개입 기간과 개입의 초점 등에 대해 여러 관점을 이해할 수 있도록 돕는다. 셋째, 각 모형이 가지고 있는 장단점을 파악하고 특정 상황에 적합한 모형을 선택하도록 돕는다(Woodside & McClam, 2006).

사례관리 모형이 사회복지실천가에 제공하는 의의는 다음과 같다(권진숙·김상곤·김성경·김성천·김혜성·민소영 외, 2014).

사례관리 업무를 사례관리자 기능 또는 단계별로 체계화하는 것을 돕는다. 예로서, 사례관리자가 치료자로서 사례관리를 실시할 경우, 치료에 초점을 두고 클라이언트의 심리사회적 문제를 중심으로 사정하고, 심리사회적 기능의 변화에 초점을 두게 된다. 반면, 서비스 중개에 초점을 둔 사례관리 모형은 클라이언트의 욕구에 적합한 자원을 찾고 연결하는 업무에 초점을 둘 것이다.

사례관리 모형의 특성별로 사례관리의 목적, 사례관리자와 클라이언트 간의 입장과 위치 및 그들 간의 관계, 개입 기간 등을 구분하여 제공하도록 지침을 제공할 수 있다. 예로서, 다수의 기관과 연계하여 팀 접근을 하는 사례관리는 복합적 욕구를 가진 개인과 그 가족을 위해 전문가 팀과 클라이언트 체계 간의 상호작용을 통해 사례관리가 제공되므로 예를 들어, 치료자로서 사례관리를 제공하는 경우와 달리 일대일의 밀접한 관계나 작업동맹은 상대적으로 약할 수 있는 반면, 단기의 개입 기간 동안 과업 중심으로 사례관리서비스가 제공될 수 있다.

사례관리 모형은 특정 모형 개발이 가능하도록 한 학문적 배경, 사회문화적 흐름, 연구자의 동기 등에 따라 그 목적과 의의가 달라질 수 있다. 따라서 모형 개발자의 시대적 상황, 목적과 의도, 모형 설정 당시에 제시된 활용방법 등을 참조할 필요가 있다. 예로서, 정신보건 분야에서 가장 우수한 증거기반 모형으로 알려진 미국 위스콘신 주 매디슨에서 개발한 정신장애인을 위한 집중적인 보호 모형인 ACT 모형(Assertive Community Treatment Model)은 농촌의 자연적이고 안정된 지지체계가 풍부한 환경과 정신건강에 대해 상당히 수용적인 지역사회 주민들의 태도가 중요한 조건이었으며, 이러한 점에서 ACT의 실현 가능성을 지지하였다. 하지만 이 모형은 이후 여러 도시에 위치한 사회복지시설이나 기관에 적용할 때에는 많은 시행착오를 겪어야 했으며, 그 도시 환경에 맞도록 적절하게 변경할 필요가 있었다.

많은 연구자는 사례관리 개념을 정리하면서 사례관리실천의 세부특성이나 분석기준도 아울러 제시하였으며, 이들에 따라 사례관리 기능이나 단계별 방법이 달라진다. 아직 사례관리 모형의 의미에 대해 합의된 바는 없지만, 여러 연구자와 실천가들이 제안한 사례관리 모형의 분류기준과 활용방법에 대해 정리해 보도록 한다.

제2절 사례관리 모형의 분류

사례관리의 이론적 모형은 이론가와 실천현장에 따라 다양하게 제시되고 있다. Intagliata(1992)는 사례관리자의 역할수준에 따라 최소모형, 조정모형, 포괄모형 등으로 제시하면서, 점차 역할이 강화되는 형태의 사례관리가 가능하다고 하였다. Moore(1992)는 서비스 전달체계의 통합 및 분산의 정도와 지역사회 자원의 정도에 따라 중개, 개발, 분배, 마케팅 등 4가지 모형을 제시하였다. Rapp & Kirsthardt (1996)는 사례관리가 적용되는 실천의 장에 따라 적극적 지역사회 모형, 재활 모형, 강점 모형, 일반실천 모형, 임상 모형 등으로 제시하였다.

Hall, Carswell, Elizabeth, Huber & Jampoler(2002)는 사례관리 모형이 서비스 기관, 접촉의 빈도와 강도, 서비스 초점, 사례량, 서비스 유형, 서비스 시간과 장소, 클라이언트 주도성, 옹호 및 감시역할의 정도 등 9가지 차원에서 각각의 요소가 일련 선상에서 제각기 다른 위치를 점유하여 실제로 다양한 사례관리 모형이 나타날 수 있다고 하였으며, 이후 미국 정신보건영역에서 가장 흔히 사용하는 의료영역에서 포괄적으로 사용되는 MC(Managed Care), PACT(Program for Assertive Case Management), 그리고 사회복지기관의 전형적인 사례관리 모형인 ICM(Iowa

Case Management)을 상호 비교분석하였다. 또한 Woodside & McClam(2006)은 이들 사례관리 모형들을 종합하여 사례관리자의 역할, 사례관리 시행기관의 조직 특성, 사례관리의 책임성 정도에 따라 각각 3~4개의 별개 모형이 제시될 수 있다고 하였다.

사례관리의 이론적 모형은 비록 유럽 등 복지 선진국에서 발전되어 한국에 소개되었지만, 한국의 사회복지실천 현장의 특수성을 고려한 한국적 모형들도 제시되었다. 황성철(1995)은 사례관리의 근본적 목적, 사례관리의 기능 및 사례관리자의 역할, 교육 및 전문성 정도, 조직 내 사례관리자의 위치와 수퍼비전, 사례관리자의 자율성과 권위 정도, 상담사례의 수, 개별 또는 팀 접근 등 8가지 차원을 두고 단순형, 기본형, 종합형, 전문관리형 등 4가지 한국적 사례관리 모형을 제시하였다. 그에 의하면 지역사회복지관은 종합형이 권장되었고, 사회복지전담공무원이 사례관리를 할 경우에는 기본형이 적합하다고 하였다.

1. 사례관리의 제공자에 따른 모형(Weil & Karls, 1985)

1) 통합전문가 모형

통합전문가 모형은 전통적인 개별사회복지실천 모형과 가장 유사한 모형이다. 이 모형에서 사례관리자가 클라이언트 개인 또는 클라이언트 집단의 서비스 조정에 대한 전문적인 책임을 진다. 사례관리자는 클라이언트가 필요한 서비스를 연결, 서비스에 대한 접근, 조정 등을 행하기 때문에 서비스 중개자 모형이라고도 한다.

사례관리자는 사회복지실천, 간호, 공공복지, 심리학, 대인서비스, 직업재활 등에 대한 훈련을 받은 사람으로서, 사례관리 기능의 모든 것, 즉 접수, 서비스 기획, 서비스 조정, 평가 등 전 과정을 통하여 클라이언트에게 관여한다.

2) 일차적 치료자 모형

일차적 치료자 모형에서는 사례관리자와 클라이언트와의 관계가 주로 치료적이다. 사례관리자는 고도의 임상적 훈련을 받은 심리학, 사회복지실천, 정신의학

등을 전공한 치료자이다. 이 모형의 장점은 클라이언트와의 부단한 대면적인 접촉을 갖는다는 점이 있는 반면, 많은 치료자가 사례관리를 치료사업의 부수적인 일로 느끼고 있다는 문제점이 있다.

3) 학제 간 팀 모형

학제 간 팀 모형은 특정한 전문영역의 서비스 활동에 개별적인 책임을 지는 다양한 학문 분야 간의 전문화된 팀의 개념에 기반을 두고 있다. 팀은 관련 전문가들에게 지원체계가 될 수 있으며, 소진을 예방하고 난해한 사례에 대한 책임을 공유하는 방법이 될 수 있다.

이 모형은 클라이언트에 대한 보호의 연속성을 더 잘 보장할 수 있으며, 서비스의 기획과 만성질환자 치료에서의 서비스의 통합을 증진시킬 수 있다. 팀 모형이 성공적이기 위해서는 팀 성원들 간의 협력과 서비스의 조정에 대한 특수한 훈련, 역할의 구성, 절차의 작성 및 의사소통의 통로 개발 등이 반드시 필요하다.

4) 가족 모형

가족 모형은 부모가 발달장애아동의 사례관리자로서, 또는 성인자녀가 허약한 노인의 사례관리자로서 역할 등을 수행하는 모형이다. 이 모형은 가족이 사례관리 과정에 대해 훈련을 받게 되면, 보호의 연속성과 서비스의 질에 있어서 효과적일 것이라는 믿음에 기초하고 있다.

이러한 가족 모형에서 부모나 성인자녀가 서비스 전달의 문제를 해결하기 위해서, 그리고 그들의 아동이나 노인의 현재 조건을 변화시키거나 서비스망에 관해 의논하기 위해서는 전문가와 부모나 성인자녀와의 협력관계를 발달시키는 것이 중요하다.

가족은 종종 문제가 많고, 무능력하며, 태만하고 의존적인 성원을 위한 사례관리자가 되지만, 원래 사례관리자도 자신의 책임을 결코 소홀히 해서는 안 된다. 가족은 대개 이러한 책임을 수행하는 훈련을 받지 않고 시련과 실수를 통해서 많은 것을 배우게 된다. 또한 많은 가족이 그들의 역할을 적절하게 수행하지 못하고 있으며, 그들에게 부당한 짐이 생겼다고 느끼고 있다. 그들은 전형적으로 무능력한 성원의 서비스 욕구를 만족시킬 준비가 되어 있지 않은 것이 대부분이다.

이 모형은 대부분의 대인서비스 체계가 복잡하기 때문에 많은 전문가를 교섭하는 데 어려움이 존재하며, 그로 인해 가족들이 절망적으로 느끼기도 한다. 이 시점에서 전문가는 그들의 공식적인 책임성과 서비스의 질적인 보장의 책임을 소홀히 해서는 안 된다. 이 모형에서 필요한 것은 클라이언트, 그들의 가족 및 전문가인 사례관리자가 효과적인 서비스의 조정과 옹호를 위해 협력하는 것이다.

5) 지지적 보호 모형

지지적 보호 모형은 농촌 지역사회나 도시 저소득층 밀집지역에서 활용되고 있다. 이 모형은 지역사회 내에서 만성정신장애인을 부양하는 데 필요한 심리적 지지가 그들의 자연적인 이웃과 일반대중 내에 존재한다는 신념에 기초하고 있다. 또한 이 모형은 정신보건과 옹호에서의 지역사회 참여 중요성에 기반을 두고 있다.

지역주민들은 직접적인 정신보건서비스를 제공할 수 있으며, 클라이언트와 그들이 필요로 하는 지역사회 지지를 효과적이고 경제적인 방법으로 연결할 수 있다고 생각한다. 지지적 보호자들은 정신보건체계의 클라이언트를 원조하는 사례관리자로서 일하기 위해 일반대중 중에서 선정하며, 특수한 훈련을 받고 대개 한 명의 클라이언트와 일하도록 할당되지만, 드물게 한 명 이상의 클라이언트가 할당되기도 한다.

사례관리자는 매달 훈련기간을 통하여 심리학적인 지식과 기능, 서비스의 전달 등에 초점을 둔 훈련을 받으며, 타 지역의 대인서비스 기관과 계약을 맺고 유급으로 서비스 제공의 업무를 수행한다. 유급의 지지적 보호자는 우선적으로 클라이언트와의 관계를 형성하고 서비스와의 연결을 발전시키는 데 책임이 있다. 사례검토와 같은 몇 가지 기능은 기관과 공유하지만, 공식적인 평가와 같은 기능은 기관에서 지속적으로 수행한다.

6) 자원봉사자 모형

자원봉사자 모형은 사례관리를 책임지는 기관의 직원과 자원봉사자와의 공동협력을 통하여 일하는 것에 주안점을 둔다. 지역사회의 자원봉사자는 일정기간의 훈련을 거쳐 사례관리기관 전문가의 지도감독을 받으면서 만성정신장애인, 신체장애인, 허약한 노인, 발달장애아동 등의 사례관리자로 활동할 수 있다. 자원봉사자는 클라이언트에게 직접적인 서비스를 제공하며, 서비스를 점검하거나 조정하기도 한다. 자원봉사자는 준전문가로서 클라이언트를 원조하는 보조협력자의 역할을 수행하지만, 클라이언트의 복지에 대한 책임을 져야 한다.

이 모형에서 자원봉사자들을 지지자로 활용할 때, 그들로 하여금 자기 자신과 전문가로서의 역할을 명백히 이해할 수 있도록 하며, 그들의 임무에 대한 적절한 교육과 지도감독을 받도록 해야 한다.

7) 종합서비스센터 모형

종합서비스센터 모형에서 서비스 센터는 사회적·정서적 지지, 직업훈련, 기숙시설 등을 포함한 포괄적인 서비스를 제공한다. 또한 이 모형에서는 만성정신장애인, 발달장애인시설의 수용자, 자립생활센터의 거주자, 지체장애인, 장기건강보호가 필요한 사람 또는 위탁보호가정의 청소년에게 서비스를 제공한다.

종합서비스센터는 거주자들에게 기본적인 서비스만을 제공한다. 만성정신장애인 또는 약물남용자 등을 위한 재활프로그램과 같은 것들은 다른 기관으로부터 서비스를 제공받는다. 이러한 센터에서의 사례관리는 클라이언트들과 함께 거주하는 직원에 의해 수행되며, 직원은 대개 전문가와 준전문가로 구성되어 있다.

이 모형의 장점은 클라이언트에게 복합적으로 개입한다는 것인 반면, 사례관리가 종합서비스센터 내에서만 적용될 수 있다는 한계를 지니고 있다. 하지만 이러한 한계는 클라이언트 보호의 연속성을 보장하면서 사례관리를 실천할 수 있는 강력한 힘이 될 수도 있다.

이 모형에서 가장 중요한 것은 클라이언트로 하여금 독립적인 생활기술과 사회적으로 생산적이며, 개인적으로 만족한 생활양식을 습득할 수 있도록 하는 데 도움이 된다는 것이다.

2. 사례관리의 목적에 따른 모형

1) 사회적 모형

사회적 모형은 지역사회에 거주하는 개인들에게 초점을 두고 있으며, 건강 보호 보다는 오히려 기초적인 지지서비스를 제공하는 데에 주안점을 둔다. 또한 지역사회에 거주하는 허약한 노인들과 같은 취약집단에게 사회적 지지를 제공한다.

2) 일차적 보호 모형

일차적 보호 모형은 전통적인 의료 모형에 기반을 두고, 클라이언트에게 최소한의 보호를 제공하는 데 초점을 둔다. 이 모형의 일차적 목표는 조정된 방식을 통하여 적절한 보호를 제공함으로써 보호에 대한 비용을 통제하는 것에 있다. 일반적으로 의사가 사례관리자의 역할을 수행하며, 그는 다른 의료서비스의 접근을 통제한다. 만일 환자에게 과도한 보호를 제공하여 재정적인 위기를 초래하게 되면, 필요한 서비스를 불충분하게 활용하는 원인이 된다.

3) 의료사회적 모형

의료사회적 모형은 이미 위험에 처한 클라이언트에게 초점을 둔 모형이다. 클라이언트의 시설수용을 예방하거나 지연시키도록 계획되어 있으며, 서비스의 제공은 그들이 가정생활을 지속할 수 있도록 이루어진다. 정부로부터 보조금을 지급받기도 하며, 클라이언트의 적격성 기준에 관계없이 필요한 서비스를 제공하기도 한다.

3. 사례관리의 중심 초점에 따른 모형(Rose & Moore, 1995)

사례관리의 실천에서 중심 초점을 클라이언트와 서비스 제공자 중 어디에 두느

냐에 따라 클라이언트 중심 모형과 제공자 중심 모형으로 구분된다.

1) 클라이언트 중심 모형

클라이언트 중심 모형은 클라이언트와 사례관리자와의 관계에 초점을 두는 모형이다. 이 모델에서 사례관리자는 클라이언트를 적극적인 행동의 주체로 보고, 그들의 강점, 잠재력, 성장가능성, 능력 등을 확인하고 개발하는 데 역점을 둔다. 또한 클라이언트의 욕구를 포괄적으로 사정하고, 비공식 지원체계의 역할을 강조하며, 클라이언트의 자율성의 증대와 자기 확신의 성장에 관심을 집중시킨다.

2) 제공자 중심 모형

제공자 중심 모형은 서비스 계획에 초점을 두는 모형이다. 이 모델에서는 클라이언트를 수동적인 객체로 보고, 그들의 문제와 병리를 확인하고 해결하는 데 역점을 둔다. 또한 클라이언트를 서비스 계획에 대한 적극적인 참여자가 아닌 순응자로 보며, 현존하는 서비스에 대한 안내와 의뢰에 역점을 두고, 공식지원체계의 활용을 강조하며, 문제확인과 클라이언트의 치료계획의 준수에 관심을 집중시킨다.

4. 서비스 전달 방법에 따른 모델(류명원, 2006)

1) 중개 모델

사례관리자는 클라이언트를 위해 필요한 여러 가지 서비스를 통합·조정하는 역할을 하지만 직접 서비스를 제공해 주지는 않는다. 즉, 필요한 서비스를 중개만 해주는 것이다.

2) 판매 모델

중개 모형에서는 사례관리자가 서비스를 정리하고 중개만 해주는 반면, 판매 모형에서는 사례관리기관이 고객과의 판매 계약을 통해 자체기관의 서비스를 제공하거나 자체자금으로 다른 기관의 서비스를 구입하여 직접 서비스를 제공한다.

3) 통합된 중개판매 모델

사례관리기관은 제한된 수의 서비스를 제공하고 나머지는 외부기관과 협력하여 조정한다. 주로 급성치료에 중점을 둔다. 이 모델의 대표적 예는 병원을 기반으로 하는 사례관리이다.

4) 자원개발 모델

장기보호서비스가 마련되어 있지 않아 개발되어야 하는 경우에 적용된다. 사례관리자는 서비스전달을 위해 필요한 자원을 파악하고 그 자원을 확보하는 데 있어 도움이 될 요소와 장애가 될 요소를 가려내어 재원확보를 위한 계획을 세워야 한다. 그리고 상당히 유용한 비공식적 서비스 전달체계에 대하여 비상한 관심을 가져야 하며 이에 대한 세밀한 분석을 할 필요가 있다.

5) 조직의 변화 모델

조직의 변화 모델은 흔히 자원개발 모형과 중첩된다. 사례관리자는 장기보호서비스가 현재 가능하지는 않지만 현존하는 기관이 제공하고 있는 서비스들을 약간 변화시키거나 보충하여 장기적 서비스로 전환할 수 있다고 가정한다.

5. 통합사례관리 모형(김종일·최혜지, 2006)

1) 단순형

단순형은 지역사회의 자원과 서비스를 노인에게 연계하는 것을 목적으로 한다. 따라서 사정, 사례관리 계획, 그리고 서비스 연계와 점검의 과업이 이루어진다.

2) 기본형

기본형의 목적은 노인에게 상담과 조언의 제공, 지역사회자원과 서비스의 연계에 있다.

3) 종합형

종합형은 지역사회 자원과 서비스의 연계 그리고 심층상담 또는 치료를 목적으로 한다.

4) 전문 관리형

전문 관리형은 직·간접적 서비스 제공과 서비스의 관리를 목적으로 한다. 사례관리자는 전문가 수준의 전문성을 갖춘 인력으로 각 분야별 전문가가 팀을 이루어 일한다.

제3절 사례관리 모형의 주요 모형

1. Early & Poertner의 사례관리 모형

Early & Poertner의 사례관리 모델은 사례관리자의 역할에 초점을 둔 모형으로서, 치료자 사례관리자, 중개인 사례관리자, 기관 간 팀 사례관리자, 강점 관점 사례관리자 등의 4가지 유형으로 구분된다(Early & Poertner, 1995).

1) 치료자 사례관리자 모델

미국 정신의학회 진단통계 편람(DSM-IV: Diagnostic and Statistical Manual of Mental Disorders, Fourth Edition)은 심리장애에 대한 진단기준으로서 전 세계적으로 널리 사용된다. DSM-IV는 1952년 ICD-6(국제질병분류)을 참조하여 발간되었는데, 심리장애를 개념화하는데 있어서 어떤 병리에도 치우치지 않고 증상과 증후를 위주로 장애의 특성들을 정의해 놓고 있다. DSM-IV의 목적은 임상가나 연구자가 다양한 정신장애에 시달리는 내담자들을 진단하고, 연구자들 간 및 가족 간에 의사를 교환하며, 연구하고, 치료할 수 있도록 진단 범주를 명료하게 기술하기

위함이다(APA, 1994)

DSM-IV의 진단체계는 심리장애에 대한 많은 정보를 제공하고자 다축평가체계를 채택하고 있다.

축Ⅰ: 증상을 위주로 하는 임상진단을 한다. 불안장애, 정신분열증, 기분장애 등 주요 장애를 분류·진단한다.

축Ⅱ: 성격장애를 진단하는 축이다. 오래 지속되는 성격적인 특성 때문에 적응의 어려움을 주는 경우를 성격장애라고 하는데 이는 임상적인 진단과는 별도로 반사회적 성격장애, 회피성 성격장애 등을 진단한다. 성격장애를 진단할 때 한 사람이 두 가지 이상의 성격장애를 보이면 이를 모두 기술한다.

축Ⅲ: 일반적인 의학적 증상. 비정신적인 신체적 장애나 신체증상을 진단한다.

축Ⅳ: 심리사회적 환경적 문제 또는 심리사회적 스트레스의 요소를 진단한다. 심리적 장애와 관련되는 스트레스 정도를 평가한다.

축Ⅴ: 전반적인 기능평가로서, 장애를 일으키기 전까지의 적응기능 또는 적응상태를 100점 척도상에서 평가한다.

DSM-IV에서는 조작적 정의에 의한 진단기준을 마련하면서 다음과 같은 정보를 제공한다.

- 정신장애가 시작하는 시기
- 정신장애가 어떤 경과를 밟는지(발생시기, 시간 경과에 따른 변화 등).
- 장애를 일으키는 유전적 소인적인 요소
- 정신장애가 전체 인구 중에서 얼마나 나타나는지(발생빈도)
- 감별진단의 정보를 제공(다른 정신장애와 어떻게 다른지 등)

2) 중개인 사례관리자 모델

치료자 모델에서 발전한 것으로 서비스 기관들의 협력체계가 잘 구성되어 있지 않은 상태에서, 보다 나은 서비스를 제공하기 위해 서비스에 대한 중개를 적극적으로 진행하는 모델이다. 사정은 DSM에서 더 나아가 프로그램의 자격 요건으로 확장되며, 주기적인 모니터링이 이루어진다.

3) 기관 간 팀 사례관리자 모델

서비스 조정에 합의된 기관들이 적극적으로 협력하여 서비스를 제공하는 모델이다. 사정은 각각의 전문가에 의해 이루어지며, 서비스에 대한 팀 계획이 우선시된다. 사례관리 팀의 리더가 연계에 대한 책임을 지기도 하지만, 팀원인 사례관리자가 연계를 진행하기도 한다.

4) 강점 관점 사례관리 모델

클라이언트와 그의 체계가 가지는 강점에 초점을 맞추고, 스스로 자원을 찾아서 연계할 수 있는 능력에 초점을 맞추었으며, 사례관리자의 역할을 수행할 수 있도록 해주는 모델이다. 강점 이론은 모든 사람들이 강점을 가지고 있다는 인식에서 출발한다. 이는 모든 개인과 집단이 능력, 에너지, 용기, 저항력, 통합능력 그리고 다른 장점을 가지고 있음을 의미한다. 이런 강점을 인식하고 변화하는 과정에 사용한다면 클라이언트의 바람직한 변화를 위한 동기와 잠재능력을 향상시킬 수 있다. 강점 관점 모델에서는 사회복지사가 클라이언트의 문제에 중심을 두기보다는 체계가 가지고 있는 자질과 기술을 토대로 접근하여, 기능이 증진되도록 이끌어 클라이언트의 회복력을 견고하게 한다. 클라이언트의 강점과 잠재력에 주목하여 긍정적인 면에 이르도록 한다. 이로써 자신감을 향상시켜 클라이언트 스스로가 어려움을 해결할 수 있는 힘을 갖게 한다.

사례관리자의 기본적인 목표는 사회복지 대상자들의 문제를 해결하고, 사회복지 대상자가 필요로 하는 프로그램과 서비스에 효과적으로 연결시켜 주는 것이다. 이 모델에서 사례관리자는 클라이언트와 함께 클라이언트에게 필요한 도움의 형태를 구체적으로 나타낼 수 있어야 하고, 클라이언트가 도움을 효과적으로 활용할 수 있도록 직접적인 서비스를 제공하며, 클라이언트의 문제해결에 장애가 되는 요소를 극복하며, 잠재적인 자원을 개발하여 연결시키는 역할을 한다.

2. Ross의 사례관리 모형

Ross(1980)는 다양한 사례관리실천을 경험적으로 검토한 후 주요 기능에 따라 다음과 같은 세 가지 모델을 제시하였다.

첫째, 현장접근서비스(out-reach), 클라이언트 사정, 계획, 의뢰라는 최소한의 기능만을 수행하는 최소한의 모델(Minimal Model)

둘째, 최소한의 모델에서 수행되는 모든 기능에 더해 옹호, 직접적 케이스워크, 지지체계 개발, 재평가 기능을 포함하는 조정 모델(Coordination Model)

셋째, 조정 모델의 모든 기능에 덧붙여 모니터링, 대중교육, 위기개입 기능을 포함하는 포괄적 모델(Comprehensive Model)

〈표 4-1〉 Ross의 사례관리 모형

사례관리 프로그램의 세 가지 모델		
최소한의 모델 Minimal Model	조정 모델 Coordination Model	포괄적 모델 Comprehensive Model
• 아웃리치 • 클라이언트 사정 • 케이스 계획 • 서비스 제공자에게 의뢰	• 아웃리치 • 클라이언트 사정 • 케이스 계획 • 서비스 제공자에게 의뢰	• 아웃리치 • 클라이언트 사정 • 케이스 계획 • 서비스 제공자에게 의뢰
	• 클라이언트 옹호 • 직접적 케이스워크 • 자연적 지지체계 개발 • 재사정	• 클라이언트 옹호 • 직접적 케이스워크 • 자연적 지지체계 개발 • 재사정
		• 자원개발 옹호 • 서비스 질 모니터링 • 공공교육 • 위기개입

3. Moore의 사례관리 모형

Ross(1980)와는 다른 관점에서 사례관리의 유형을 구분한 Moore(1992)는 지역사회의 자원 보유 정도와 지역사회 내의 서비스 통합 정도에 따라 사례관리 기능이 달라짐을 제안하였다. Moore는 이 두 가지 차원을 중심으로 사례관리의 기능을 구분했는데, 복합적인 욕구를 지역사회 내에 분산되어 있는 다양한 자원에 연결시키는 것이 사례관리의 핵심적인 특징인 만큼 자원이 풍부할 때와 빈약할 때, 그리고 서비스 전달체계가 통합되어 있을 때와 통합되어 있지 않을 때 사례관리의 기능은 달라질 수밖에 없다. 이 두 가지 차원에 따라 달라지는 사례관리의 기능은 아래의 그림과 같이 설명될 수 있다.

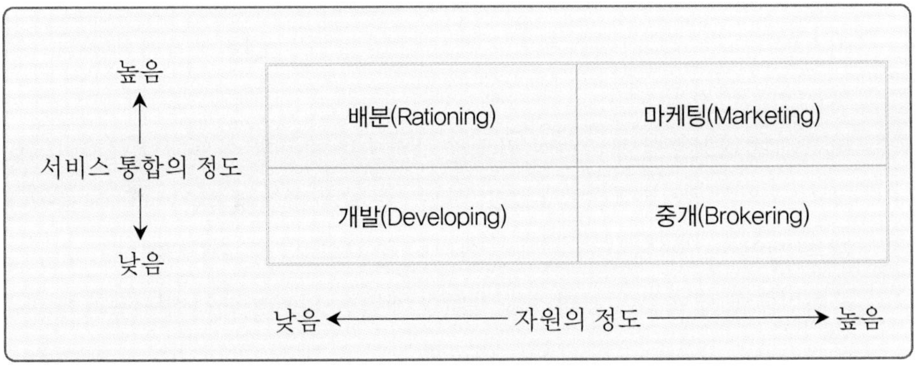

[그림 4-1] 서비스 전달 특성에 따른 사례관리의 기능

① 마케팅 모형: 자원도 많고 서비스 통합의 정도도 높은 경우로서, 사례관리는 클라이언트의 욕구에 어떤 자원이 가장 적절한 것인지 찾아내는 역할이 증가된다. 여기서 Moore가 표현한 마케팅이라는 개념은 시장 경제적 의미에서 서비스를 판매한다는 뜻이 아니라 욕구에 맞는 서비스를 선택해서 연결시킨다는 의미를 함축하고 있다.

② 배분 모형: 자원은 희소하지만 서비스 통합 정도가 높은 경우로서, 자원을 가장 효율적으로 할당하는 역할이 중요시된다. 현재 영국에서 진행되고 있는 사례관리의 모습은 이것의 전형적인 형태라고 할 수 있는데 사회적 자원과 보건서비스 자원이 잘 할당되어 있는 특징을 보인다. 한편, 자원은 충분한데 서비스의 통합 정도가 낮은 경우에는 다양한 서비스 제공자로부터의 서비스

를 클라이언트에게 중개하는 역할이 부각된다. 최근 지역사회에 기반한 장기적 보호사업들은 대개 이 접근을 반영하고 있다.

③ 중개 모형: 서비스 전달체계 내에 유용한 자원이 많으나 그러한 자원을 전달할 수 있는 체계가 통합되어 있지 못한 서비스 환경에서, 사례관리자가 다양한 서비스 제공자들의 서비스를 전달체계를 보충하는 역할을 한다.

④ 개발 모형: 개발 모형은 서비스 통합의 수준과 서비스 전달체계 내의 자원 수준이 모두 낮은 상황에서, 사례관리자가 자원을 개발하고 조정하는 역할을 동시에 수행하는 데 적합한 모형이다. 이 모형은 실제적으로 불가능한 과업이지만, 빈곤한 클라이언트를 표적으로 하는 많은 실천영역에서 직면하게 되는 현실이기도 하다. 또한 개발 모형은 클라이언트에게 제공할 수 있는 서비스가 절대적으로 부족하여 필요한 서비스를 제공할 수 없거나 클라이언트가 서비스를 선택할 수 있는 기회가 매우 한정된 경우에 유용하다. 이 모델에서는 자원을 개발하고 조정하는 기능이 중시된다. 따라서 사례관리자는 클라이언트에게 제공될 서비스와 자원의 개발을 위해 지역사회 지원체계와의 상호작용을 촉진하고 옹호하는 역할과 서비스 전달체계의 변화를 위해 클라이언트에게 제공되는 서비스를 조직하고 조정하는 역할 수행이 요구된다.

4. Rothman의 사례관리 모형

사례관리과정은 클라이언트의 특성, 환경적 맥락, 기관이 고용한 사례관리자의 유형, 담당사례의 규모, 서비스전달체계의 성격에 따라 다양하게 나타난다. 이 중 Rothman(1991)이 개발한 포괄적인 사례관리 과정은 클라이언트의 복합적인 욕구에 대응할 수 있도록 포괄적인 사례관리에 요구되는 기술, 지식, 자원들을 모두 포함하고 있어, 사례관리에 유용하다. 이 과정은 클라이언트가 홍보활동 또는 의뢰를 통해 기관에 오는 것으로 시작되고 클라이언트 중심의 틀에 맞게 클라이언트가 모든 과정에 참여하도록 되어 있으며 사례관리과정을 [그림 4-2]와 같이 ① 접수, ② 사정, ③ 목표설정과 개입계획 수립, ④ 계획이행, ⑤ 모니터링과 재사정,

⑥ 종결로 제시하고 있다(송진영, 2011).

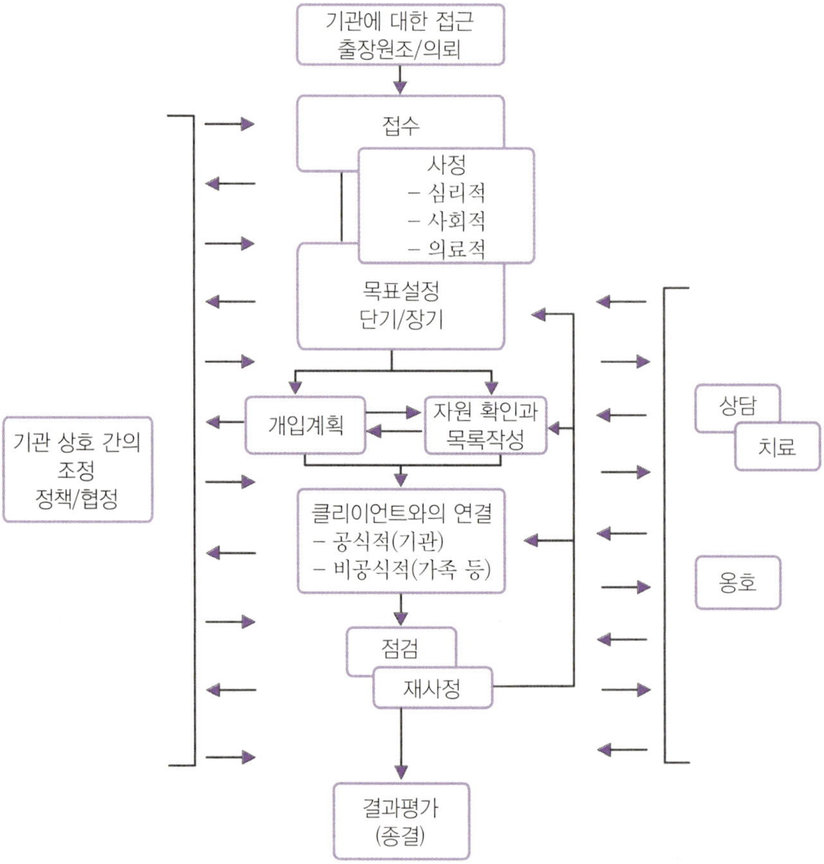

[그림 4-2] Rothman의 사례관리 모형

1) 접수단계

사례관리의 첫 단계인 접수는 다른 기관 또는 개인에 의한 의뢰, 사례발견 등을 통해 이루어지는 단계로 클라이언트 집단은 정보가 부족하고 문제해결의 방법을 찾는 것에 대해 소극적인 경우가 많으므로 사례관리자가 직접 서비스에 클라이언트를 연계하고 확인하는 데에 적극적·창조적으로 노력해야 하고 이를 위해 지역사회 병·의원, 보건시설, 복지기관 등과의 긴밀한 협조 연계체계를 구축하는 것이 필요하다(김기태·성명옥·박봉길·이경남·최희경, 2002). 이 단계에서 클라이언트는 질병, 시설보호나 서비스에 대한 욕구, 서비스 제공가능성, 보호자의 유무와 보호능력 등을 기준으로 사전심사를 거쳐 사례관리에 적합한 사례로 판정되면 계약을 하게 되는데, 그 이전에 사례관리자는 클라이언트에게 원조내용을 알기 쉽고 상세하게 설명하여 이후 클라이언트와 사례관리자가 함께 사례관리를 진행하는 것에 대해 협상·동의하며 클라이언트는 기관에 준비되어 있는 고지된 동의서(informed consent)에 서명하기도 한다.

2) 사정단계

사정은 대개 직접면접을 통해 클라이언트의 상태, 욕구를 정확히 평가하고 동원 가능한 자원을 파악하는 단계로 사정의 내용에는 현재의 문제 상황, 신체적·정신적인 건강상태, 심리·사회적 기능, 경제상황, 노인의 사기, 가치관 및 대인관계, 가족·이웃·친구에 대한 정보, 세대구성, 거주상황, 자조능력 또는 프로그램에 대한 적극성, 주로 이용하는 서비스 또는 지원체계 등이 포함된다. 이 단계에서 사례관리자는 클라이언트와의 관계를 확립, 연속적인 서비스 계획에 활용할 기초 자료를 수집하고 클라이언트의 기능과 욕구를 여러 가지 분야로 나누어 파악하기 위해 표준화된 사정도구를 사용할 수 있으며 노인과의 면접과정에서 노인과 신뢰관계를 확립하고 대인관계에 있어서의 의사소통기술과 다양한 면접기술 등을 사용하여야 한다.

3) 목표설정과 개입계획 수립

목표설정과 개입계획수립은 전 단계에서 실시한 포괄적인 기능적 사정결과를 기초로 목표를 수립하고 개입계획을 세우는 단계이다. 이 단계에서 사례관리자는 목표를 달성하는 데 필요한 실천기술이 무엇인지 결정하고 실현 가능한 개입계획을 세워야 한다. 이때 클라이언트와 함께 설정한 목표와 개입계획은 달성하기가 훨씬 쉽고 성공적으로 실천할 수 있기 때문에 가능한 한 클라이언트가 목표설정과 개입계획 수립에 많이 참여하는 것이 중요하다. 그리고 개입계획을 수립할 때에는 공식적·비공식적인 서비스와 지원을 모두 포함하고 클라이언트 및 가족의 부담액을 고려하여 작성하며 계획내용을 정형화된 계획용지로 문서화해야 한다.

4) 계획

계획 이행은 사례관리자가 비공식적인 지원, 공식적인 서비스 제공기관 등의 서비스 공급자와 관계를 갖고 클라이언트가 이러한 서비스를 이용할 수 있도록 연결하는 단계이다. 이 단계에서 사례관리자는 클라이언트에게 서비스 공급기관의 주소, 전화번호, 서비스신청에 대해 알려 주는 것부터 거동이 불편한 클라이언트에 대한 교통편의 제공, 기관까지의 동행, 다른 기관에 접수하는 등 구체적으로 실행해야 한다. 또한 클라이언트가 서비스를 이용하는 데 장애가 되는 문제들을 밝혀내어 장애들을 개선·제거해 나가며 클라이언트 목표, 욕구의 관점에서 도움이 될 수 있는 모든 관계망을 파악해서 체계적·정기적으로 접촉을 가지고 좋은 관계를 형성해 나갈 필요가 있다.

5) 모니터링과 재사정

모니터링은 클라이언트에게 서비스를 적절하게 제공하고 있는가를 지속적·총괄적으로 점검하는 것이다. 사례관리자는 비공식적 원조체계와 공식적 서비스의 연결 모두를 살펴봐야 하고 신체적 기능이 취약한 클라이언트의 경우, 욕구가 복합적이며 신체 기능약화에 따라 욕구가 급속하게 변화하기 때문에 모니터링에 많은 노력과 시간을 투자해야 한다. 재사정은 클라이언트의 기능, 사회·환경 변화로 클라이언트 욕구가 변한 경우 실시하는 것으로, 기능·건강상 변화가 예상되는 클라이언트에게는 정기적으로 3개월 또는 6개월에 한 번씩 실시하는 것이 좋고 클라이언트가 생활상의 욕구를 충족하지 못하고 있거나 새로운 생활상의 어려움이 생긴 것이 명확할 경우 사례관리의 세 번째 단계인 목표설정과 개입계획으로 되돌아가야 한다.

6) 종결

마지막 단계인 종결은 서비스가 계획대로 실행되어 클라이언트의 능력 또는 자립 정도가 향상되었다고 확인될 때 사례관리자와 클라이언트가 함께 결정하는 것으로 종결 이후 사례관리에 대한 평가를 할 때 세 번째 단계인 목표설정과 개입계획 단계에서 설정한 목적, 목표를 달성했는지에 초점을 맞춰야 한다. 또한 사례관리자는 종결 이후에도 클라이언트가 다시 상담하러 올 수 있도록 관계를 유지하면서 재방문, 안부전화 등의 사후작업을 준비해야 한다.

case management

생각해 볼 문제들

01 사례관리 모형이 사회복지실천가에게 제공하는 의의에 대해 설명해 보라.

02 사례관리 모형을 여러 가지 관점으로 구분하여 설명해 보라.

03 사례관리 모형 중 주요 모형들을 비교하여 제시해 보고, 이를 실제로 현장에 적용하여 보라.

CHAPTER 05

사례관리의 구성요소

사례관리를 수행하기 위해서는 욕구를 가진 클라이언트, 사회자원, 사례관리를 실시하는 기관 및 사례관리자 등이 구성요소로 제시될 수 있다. 또한 사례관리의 구성요소를 입체적으로 파악해 보면 사례관리의 실천과정과 사례관리를 수행하는 사례팀과 운영팀 등을 구성하는 사례관리의 운영체계가 포함될 수가 있다. 따라서 본 장에서는 사례관리가 실천되기 위해서 필요한 구성요소가 무엇인지, 각 구성요소의 핵심요소들은 무엇인지 등을 중심으로 첫째, 사례관리의 구성요소 개요, 둘째, 사례관리 구성요소, 셋째, 사례관리의 운영체계 등을 중심으로 사례관리의 구성요소를 살펴보고자 한다.

제 1 절 사례관리의 구성요소 개요

사례관리는 대상 집단, 사례관리의 목적, 기관의 직원구조, 사례관리자의 훈련과 학문적 배경 등에 따라 사례관리 적용 및 실천형태가 달라지기 때문에 사례관리의 역동과 맥락적 본질을 고려할 때 사례관리의 구성요소를 명확히 구분하기란 쉽지 않다. 또한 각 사례관리의 모델들이 서로 다른 가정과 요소들, 개입에 사용되는 도구들, 사례관리의 성과, 맥락적인 부분들을 가지기 때문에 사례관리의 구성요소를 구분하기란 쉽지 않다(Rapp & Kirsthardt, 1996).

사례관리의 이러한 특성에도 불구하고 사례관리의 효율적인 운영을 위해서는 사례관리가 어떠한 요소로 수행되는지, 각 구성요소들이 어떻게 성과로 연결되는지 등을 규명하는 작업이 매우 중요하다. 그 이유로서 민소영(2009)은 사례관리의 질적 향상을 위해서 사례관리의 접근방법이 기관의 여건이나 사례관리자의 개인적 역량에 의존되어서는 안 되기 때문이라고 하였다.

이와 같이 사례관리의 구성요소는 사례관리 모형들의 목적에 따라 서비스 대상자, 제공자, 조직적 구조 및 서비스 제공방법에서 다양한 특성을 보이고 있다. 이러한 특성들 속에서 클라이언트들에게 보다 효과적인 영향을 줄 수 있는 긍정적인 요소를 찾기 위한 일환으로서 사례관리 수행을 위한 구성요소에 대한 관심이 증가되었다. 이러한 맥락 속에서 사례관리의 수행을 모니터할 수 있도록 사례관리의 구성요소를 구분하고, 각 구성요소에 대한 개념적·조작적 정의와 측정방법의 개발을 위하여 사례관리가 어떠한 수행요소로 구성되어 있는지 비교분석하는 연구들이 보고되었다(민소영, 2009; Rapp & Kirsthardt, 1996).

사례관리의 구성요소에 대한 초기연구는 사례관리실천을 위한 가이드라인을 주기 위해 출발하였다(Intagliata, 1982). 주로 사례관리의 개념과 원리에 대한 선행연구를 검토하여 사례관리의 구성요소를 제시하였다. 이러한 초기연구를 기반으로 사례관리의 수행을 모니터링할 수 있는 구성요소를 구조화시켜, 다양한 사례관리 모델의 특성 및 요인을 밝히고자 하는 연구가 진행되었다.

Intagliata & Baker(1983)는 사례관리의 수행에 영향을 미치는 요인으로 클라이언트의 특성, 사례관리자의 특성, 직무환경, 서비스 지원망 등 4가지를 제시하였다. 클라이언트 특성에는 연령, 주거형태, 일상생활 및 사회생활기능 수준, 담당사례 수를 포함하였다. 사례관리자의 특성으로는 성별, 연령, 학력, 전공영역, 경력 그리고 직무를 통한 자신의 성장에 대한 기대감 등을 포함시켰다. 직무환경은 역할의 범위 및 명확성, 개별 또는 팀 사례관리활동, 직무에 있어서 자율권 및 권위 정도, 수퍼비전의 수준 등을 살펴보았다. 서비스 지원망은 지역사회 내 서비스의 접근가능 정도, 기관 간 상호협력 정도, 그리고 사례관리 행정체계의 지지를 제시하였다.

Thronicroft(1991)는 팀 유무, 직접 및 간접서비스 제공 정도, 사례관리 접촉 정도, 의료 및 사회서비스 담당 실무자 포함 여부, 예산통제의 자율권, 사례관리자의 전문성 및 전공분야, 클라이언트의 참여 정도, 클라이언트와 사례관리자와의 비율, 접촉장소, 클라이언트의 특성, 그리고 개입지점의 범위(클라이언트/가족을 포함한 관계망/사회체계)를 포함한 12개 요소를 제시하였다.

Caragonne(1980)은 사례관리 수행에 영향을 미치는 구성요소로서 사례관리자의 특성, 직무설계의 특성, 내부 업무환경, 그리고 지역사회의 자원네트워크 등을 제시하였다. 사례관리자의 특성으로는 성별, 나이, 인종, 교육 분야와 수준, 사례관리 경험, 담당사례 수, 휴먼서비스 경험 등을 제시하였다. 직무설계의 특성으로는 자율성, 업무 변화성, 피드백, 직무안정성과 자존감을 제시하였으며, 업무환경 특성으로는 의사소통과정, 리더십, 과업명료성, 과업지향성, 혁신에 대한 압박, 직원지원, 업무압력, 직무몰입, 동료 간 응집력, 규칙지향성을 제시하였다. 조직 간 네트워크로는 절차적 표준화, 공식성, 접촉빈도, 상호의존성, 문제공유, 상호적 지원, 시설 간 협력, 의뢰의 자신감 등을 포함시켰다.

정순둘(2005)은 사례관리의 구성요소를 서비스의 대상이 되는 클라이언트, 사례관리서비스를 제공하는 사례관리자, 시설이나 기관에 현존하는 서비스 체계라고 제시하였다. 클라이언트는 욕구의 중복으로 인해 한 가지 이상의 사회자원을 필요로 하지만, 이를 스스로 확보할 수 없는 사람이다. 사례관리자는 클라이언트의 욕구를 파악하고, 각종 서비스를 조정하고 확보하는 역할을 한다. 현존하는 서비스 체계는 사례관리서비스를 제공하는 시설이나 기관과 클라이언트를 둘러싸고 있는 환경 및 자원을 의미한다.

민소영(2009)은 사례관리 수행에 필요한 구성요소를 사례관리 대상자 측면, 제공자 측면, 사례관리가 수행되는 조직적 구조, 사례관리에 의해 제공되는 서비스 측면 등으로 분류하였다. 사례관리 대상자 측면에는 인구사회학적 특성, 임상적 특성을 포함시켰으며, 제공자 측면에는 인구사회학적 특성, 전문성 및 전문분야, 성장과 보상기대 등을 포함시켰다. 조직적 측면에는 팀 활동 유무 및 크기, 클라이언트의 참여 정도, 사례관리자와 클라이언트 비율, 사례관리자의 접근성, 담당 사례관리자 지정, 수퍼비전 형태, 직무의 자율성 및 역할의 명확성, 종결 없는 서비스 지속성, 병원 입원 및 퇴원 과정개입을 포함시켰으며, 서비스 측면에는 접촉 장소, 접촉 빈도 또는 강도, 직접서비스 정도, 서비스 포괄성, 접촉기간, 기관 간 상호협력, 서비스 개입범위, 서비스 행정체계의 지원, 옹호기능을 포함시켰다.

도광조(2009)는 사례관리의 수행에 영향을 주는 요인으로 사례관리자 개인, 조직 변수, 직무, 사례관리기관, 사례관리 시스템 변수로 구분하였다. 사례관리자 개인 변수에는 사회복지사 자격급수, 사례관리 경력, 사례관리교육 이수 여부, 직책, 전문적 능력, 자기효능감을 포함시켰다. 직무변수에는 자율성, 기능의 다양성, 과업의 중요성을 포함시켰고, 기관 요인에는 사례관리 업무에 대한 기관의지지 정도, 네트워크 수준, 수퍼비전을 포함하였다. 사례관리 시스템 요인으로는 기관 내 프로그램 실시량, 사례관리 지침, 사례관리 담당부서, 1인당 사례 수, 팀조직, 정기적 사례회의, 사례관리 담당자 수, 종합정보관리 시스템 등을 포함시켰다. 이상을 종합하여 사례관리 구성요소별 각 하위요소를 〈표 5-1〉에 정리하였다.

〈표 5-1〉 사례관리의 구성요소별 각 하위요소

구분	Intadiat & Baker (1983)	Caragonne (1980)	민소영 (2006)	도광조 (2009)
클라이언트 측면	연령, 기능수준, 주거형태		인구사회학적, 임상적 특성	
제공자 측면	연령, 학력, 전공영역, 직업경력, 성장 기대감	연령, 성, 인종, 교육분야와 수준, 휴먼서비스 경험, 사례 관리경험, 담당사례 수	인구사회학적 특성, 전문성 및 전문분야, 성장과 보상기대	복지사 자격급수, 사례관리 교육 여부, 사례관리 경력, 직책, 자기 효능감
조직구조 측면	역할 명확성 및 범위, 자율 및 권위 정도, 수퍼비전의 수준	리더십, 의사소통과정, 과업지향성, 과업명료성, 혁신에 대한 압박, 자율성, 직원지원,	팀 활동 유무 및 크기, 사례 관리자와 c't 비율, c't의 참여 정도, 사례 관리자의 접근성, 담당 사례관리자	사례관리업무에 대한 기관의 지지, 네트워크 수준, 수퍼비전

구분	Intadiat & Baker (1983)	Caragonne (1980)	민소영 (2006)	도광조 (2009)
		업무압력, 동료 간 응집력, 직무몰입, 규칙지향성	지정, 자율성 및 역할 명확성, 수퍼비전 형태, 서비스 지속성, 입원 및 퇴원 과정 개입	
서비스 측면		업무 변화성, 피드백, 자율성, 직무안정성과 자존감	접촉빈도, 강도, 접촉 장소, 직접 서비스 정도, 서비스 포괄성, 서비스 개입 범위, 접촉기간, 기관 간 상호 협력, 서비스행정체계의 지원, 옹호기능	기관 내 프로그램 실시량, 사례 관리전담팀 유무, 사례 관리지침, 1인당 사례 수, 사례 관리 담당자 수, 정기적 사례회의, 종합정보시스템

선행연구들을 종합해 볼 때, 사례관리의 구성요소는 클라이언트 측면, 제공자 측면, 사례관리가 수행되는 조직적 구조, 사례관리에 의해 제공되는 서비스 측면 등의 4가지 틀로 구분될 수 있다. 이에 본 장에서는 이들 4가지의 틀을 토대로 사례관리의 구성요소를 대상자(클라이언트), 사회자원, 사례관리자, 사례관리기관으로 구분하여 살펴보고자 한다.

제2절 사례관리 구성요소

1. 대상자(클라이언트)

사례관리의 대상이 되는 클라이언트는 다양한 욕구를 가지고 있으면서도 신체적·사회적·기능상의 여러 가지 문제로 인해 스스로 욕구를 충족하기 어려운 사람들이다. 이런 클라이언트의 일반적인 특성은 첫째, 복합적인 욕구를 충족할 수 있는 사회자원의 존재를 모르거나, 사회자원과의 연결에 어려움을 가지고 있거나 사회자원의 이용방법을 알지 못한다는 것, 둘째, 만성질환을 가지고 있으며 신체적·정신적으로 심하게 손상되어 있다. 셋째, 자신들을 보호해 줄 가족이 없거나 가족이 있어도 그들을 적절하게 보호하지 못하고 있다. 넷째, 공적 서비스뿐만 아니라 비공식 지원체계의 보호를 필요로 한다. 다섯째, 자기보호능력이 상실되어 있으며 개별적인 옹호가 필요하다는 것 등을 들 수 있다.

이러한 특성으로 인해 클라이언트는 신체적·심리적 손상으로 인해 만성질환을 가지는 경우가 많다. 따라서 이들의 사회적 욕구를 해결하기 위해 사례관리자는 지역사회 내 다양한 공식 혹은 비공식적 서비스와 자원을 제공하고, 지역사회 내 자원에 대한 연계와 보호를 필요로 한다. 사례관리에서 클라이언트는 자기보호능력이 약할 수 있거나 상실되어, 개별적인 옹호가 필요한 상황에 있는 사람들이라고 할 수 있다. 이러한 특징을 가진 클라이언트로는 일상생활의 기능수준이 낮은 노인, 중복장애인, 만성정신장애인, 발달장애아동이나 학대받는 아동들이 있다.

빈곤아동으로 구성되어 사례관리의 집중 관리가 필요한 지역아동센터의 예를 들어 보면, 사례관리를 이용하는 지역아동센터의 아동은 대개 빈곤위기가정의 아동들로 복합적인 욕구를 가지고 있기 때문에 이용아동의 전체가 사례관리의 대상이라는 관점에서 접근되어야 할 것이다. 지역아동센터를 이용하는 아동은 대체로 30명 내외라는 점에서 보면, 지역아동센터 이용아동 전체를 사례관리의 대상으로 하는 것도 그리 무리가 아니라고 볼 수도 있다. 지역아동센터 업무지침에는 일반아동과 집중아동으로 분류하여 전체 아동을 대상으로 사례관리를 실시하도록 되어 있다. 하지만 지역아동센터 실무자들은 센터장과 생활복지사 몇 명만이 프로그램 진행, 행정업무, 지역사회 연계 또는 연합업무 사례관리 업무에 추가하여 사례관리 업무를 진행하기에 전체 아동을 사례관리 대상으로 하기에는 어려움이 있을 수 있다(공계순·서인해, 2009). 이에 지역아동센터의 사례관리가 이루어지고 있는 실태를 공격적인 행동과 같은 심한 행동상의 문제를 가진 아동들을 대상으로 실시하고 있으나, 문제가 심각해진 아동 및 그 가족에게 사후에 이루어지는 것에 한정할 것이 아니라 사전 예방과 보호의 중요성도 강조되어야 한다(이은영, 2013).

지역아동센터의 사례관리 매뉴얼에서는 일반아동 사례관리와 집중아동 사례관리로 나누어 29명 이하의 시설은 4명을 사례관리아동으로, 30명 이상 시설은 5명을 사례관리아동으로 선정하여 평가받도록 하고 있으며, 2012년부터 실시하고 있는 지역아동센터 심화 평가에서는 평가항목에서 사례관리를 45점 배점으로 평가하고 있다. 서비스 이용자인 지역아동센터의 아동이 센터에 등록할 때부터 아동이 호소하는 문제와 바라는 욕구는 무엇인지를 잘 파악하여 집중적인 사례관리의 개입 여부를 판단해야 하고, 센터를 지속적으로 이용하는 아동에 대해서는 적절한 발달지원계획이나 개별지도계획을 수립하고, 정기적으로 문제와 욕구의 변화를 모니터링하도록 되어 있다(보건복지부, 2012). 하지만 지역아동센터 아동의 문제와 욕구를 잘 파악하기 위해서는 무엇보다 욕구 사정도구가 필요한데, 아직까지는 지역아동센터 이용아동에게 적합한 사정도구가 없기 때문에, 드림스타트의 위기지표를 사정도구로 사용하도록 하고 있어 정확한 문제 및 욕구사정이 쉽지 않은 한계가 있다(이은영, 2013).

2. 사회자원

사례관리는 클라이언트의 문제를 해결하기 위해 공식적 체계와 비공식적 체계를 조정하고 통합하여 필요한 서비스를 제공하기 위해 사회적 자원을 동원한다(설진화, 2009). 그리고 클라이언트의 복합적인 욕구를 충족하기 위한 사회자원은 인적·물적 서비스를 제공하고 지원하는 다양한 차원의 공급주체를 의미한다. 이러한 사회적 자원의 체계는 〈표 5-2〉와 같이 공급주체에 따라 비공식적 자원과 공식적 자원으로 나눌 수 있는데, 공식적 자원으로는 기업, 행정, 의료, 사회복지법인, 지역 단체가 있으며, 비공식적 자원으로 자원봉사자, 이웃, 친척, 친구, 가족이 있다.

〈표 5-2〉 사회자원 체계

사회자원 체계									
공식적 자원					비공식적 자원				
정부	기업	행정	사회 복지 법인	지역 단체	자원 봉사자	이웃	친척	친구	가족

만성적이고 복합적 욕구를 가지는 클라이언트들의 욕구를 충족시키기 위해서는 다양한 자원의 확보와 동원이 필수적이다. 클라이언트 및 가족의 복합적인 욕구를 충족하고 문제를 해결하기 위해서는 지역사회 내 다양한 자원의 활용을 극대화할 수 있도록 해야 한다. 지역사회자원의 동원은 사례관리 대상자를 적절히 보호하는 데 결정적인 수단이다. 사례관리수행의 성공 여부는 대상자의 욕구를 충족시키기 위해 가장 효과적인 자원을 어떻게 개발하고 활용할 것인가에 달려 있다. 여기서 자원이란 인적·물적 자원과 비공식적·공식적 자원 등 모두를 포함한다(공계순 외, 2009).

사회자원을 잘 활용하기 위해서는 지역사회 내 자원에 대해 가능한 한 충분히 인식하고, 지역사회 내 이용 가능한 자원, 이용 가능한 시간대, 자원의 위치, 자원으로 도울 수 있는 정도 등에 관한 지식을 갖추고, 이를 쉽게 접근 가능한 형태로 정보파일을 만들어야 한다. 한편 지역사회 자원을 잘 파악하고 있다 하더라도 자원 또는 기관들과의 연계가 저절로 쉽게 이루어지지는 않는다. 지역아동센터의 네트워크를 분석한 이은영(2013)에 의하면, 지역아동센터의 조직 네트워크 내 자원의 교환은 자원의 많고 적음에 의해서도 결정되지만 사회적 맥락에 의해서도 결정되기도 하며, 조직 간 자원교환에 있어서도 물리적 거리보다는 네트워크 내에서의 역사적·종교적·사회적 배경 등에 따라 네트워크 내의 관계적·위치적 특성을 나타낸다. 하지만 지역아동센터가 제공할 수 있는 자원이 많지 않고, 사회자원을 활용함에 있어서도 주도적인 영향력을 줄 수 있는 위치가 아니므로 개별 지역아동센터가 관련 기관들과 연계를 해나가는 것에는 많은 어려움과 한계가 있으며, 이에 기관들과의 네트워크 형성과 자원연계에 많은 노력이 필요하다고 하였다.

3. 사례관리자

사례관리자는 사례관리체계를 구성하는 가장 핵심적인 요소로서, 클라이언트와 서비스 체계를 연결할 뿐만 아니라 다른 서비스 제공자들과 협력하여 클라이언트에게 보호의 연속성을 보장해 주는 역할을 수행한다. 또한 사례관리자는 클라이언트로 하여금 가장 높은 수준의 사회적·경제적 통합을 달성해 줄 수 있도록 일차적인 책임을 지는 사람이다(서혜미, 2012).

사례관리자는 개인이 될 수도 있고 전문가로 이루어진 팀이 될 수도 있으나, 형태와 관계없이, 클라이언트의 포괄적인 욕구에 대해 충분이 이해하고, 클라이언트의 욕구에 대해 적절한 서비스를 지원하기 위해 다양한 체계를 연결하고 조정할 수 있어야 한다. 또한 사례관리자는 클라이언트에게 제공되는 서비스를 지속적으로 점검하는 역할을 수행한다. 따라서 사례관리자의 역할은 계획자, 조정자, 중개자, 점검자, 평가자, 지도감독자, 교사, 행정가, 상담자, 자원개발자, 분쟁조정자, 문제해결자 및 옹호자의 역할을 수행해야 한다. 하지만 사례관리자 혼자서 이러한 모든 역할을 담당하는 것은 아니고, 자신이 소속된 기관과 활동분야에 따라 다소 다른 역할을 담당하며, 일반적으로 여러 가지의 역할을 동시에 수행한다.

누가 전문가인 사례관리자가 되느냐는 중요한 문제이다. 사례관리에 대한 전문적인 교육을 받은 사람이 사례관리자가 되는 경우가 대부분이지만, 경우에 따라서는 준전문가가 사례관리자의 역할을 담당하기도 한다. 사례관리와 관련된 교육 및 훈련은 사회복지 영역에서뿐만 아니라 심리학, 교육학, 간호학, 보건학 등 다양한 분야에서 이루어지고 있다. 효과적인 사례관리는 다학문적 접근을 요구하는데, 클라이언트는 다양한 학문적 지식과 기술들이 협력하는 가운데 사례관리 서비스를 제공받게 된다(정순둘, 2005).

현재 우리나라에서는 사례관리자에 대해 특별한 자격을 공식적으로 요구하고 있지 않지만, 미국의 경우 사례관리자격인정위원회(the Commission for Case Manager Certification: CCMC), 미국사례관리협회(Case Management Society of America: CMSA) 등에서 각각 자격증 교부와 사례관리지침과 기준 등을 제시하고 있다(장인협·우국회, 2001).

미국사회복지사협회(NASW, 2013)에서는 사회복지분야의 사례관리표준(Standards for Clinet, System, and Case Manager)을 제시하고 있는데, 클라이언트와 체계 및 사례관리자 영역으로 구성되어 있다(한국장애인개발원, 2013). 그 내용은 다음과 같다.

사례관리 표준1: 자격

사례관리자는 사회사업교육협의회에서 인정하는 사회사업 프로그램에서 학사나 석사학위를 가지고 있어야 하고, 사례관리활동을 수행하는 데 필요한 지식, 기술, 경험을 가지고 있어 야 한다.

사례관리 표준2: 클라이언트 이익우선

사례관리자는 그들의 전문적 지식과 능력을 욕구가 있는 클라이언트를 돕는 데 사용해야 한다.

사례관리 표준3: 클라이언트의 자기결정

사례관리자는 클라이언트가 모든 사례관리 과정에 가능한 최대한도로 참여하는 것을 보장해야 한다.

사례관리 표준4: 비밀보장

사례관리자는 클라이언트의 사생활에 대한 권리를 보장해야 하며, 클라이언트에 관한 정보를 다른 사람에게 알릴 때에는 적절한 비밀보장의 원칙을 지켜야 한다.

사례관리 표준5: 클라이언트 수준의 개입

사례관리자는 클라이언트 수준에서 클라이언트나 그들의 가족에 대한 직접적인 서비스 전달을 위해 개입해야 한다.

사례관리 표준6: 체계수준의 개입

사례관리자는 현재의 서비스 체계수준에서 사례관리서비스를 지지하고 필요한 서비스에 대한 공급확장과 접근개선을 위해 개입해야 한다.

사례관리 표준7: 재정적 책임

사례관리자는 자원의 이용가능성과 서비스 비용 및 예산 관련 요인에 대한 지식을 가지고 있어야 하며, 모든 사례관리 기능과 실천을 수행할 때에 재정적 책임감을 가지고 있어야 한다.

사례관리 표준8: 서비스 질 보장

사례관리자는 사례관리자 자신의 사례관리서비스뿐만 아니라 사례관리가 이루어지는 서비스 전달체계의 적절성과 효과성을 점검하기 위해 계획된 평가적이고 품질보장적인 활동에 참여해야 하며, 제반과정에서 전문가적인 책임감을 갖고 있어야 한다.

사례관리 표준9: 사례 수

사례관리자는 효과적으로 클라이언트와 체계개입과 관련된 사례관리 업무를 계획, 제공, 평가하는 것이 가능한 정도의 합리적인 사례 수를 담당해야 한다.

사례관리 표준10: 전문가 협력

사례관리자는 동료들을 예의와 존경을 가지고 대해야 하며, 클라이언트의 이익을 위해서 전문가들 간, 전문직 간, 기관 간 협력을 강화하도록 노력해야 한다.

4. 사례관리기관

사례관리기관은 지역사회에서 권위를 가지고 일정한 표적인구집단에게 서비스의 체계적인 통합을 보장하는 조직이나 기관을 말한다. 사례관리기관은 서비스 제공자들을 결속시키는 공식적인 계약이나 협력 및 법률을 바탕으로 클라이언트에 대한 서비스의 통합과 조정을 행사한다. 또한 사례관리자는 그들의 역할을 효과적으로 수행할 수 있도록 서비스 체계의 안정성을 보장하고, 새로운 서비스 제공자를 개발하기도 한다(류명원, 2006). 따라서 사례관리기관이 이러한 역할을 효과적으로 수행하기 위해서는 지역사회 수준에서 사례관리자와 사례관리기관의 권위와 책임을 명백히 인정해야 한다.

사례관리기관의 이러한 조직특성은 행정적 수준의 정책을 제시하고 자원을 제공하는 기관요인과 사례관리서비스가 이루어지는 구체적인 시스템 요인으로 나누어 볼 수 있다. 기관요인에는 사례관리업무에 대한 지지, 수퍼비전, 네트워크 수준 등을 포함할 수 있고, 사례관리서비스 시스템 요인에는 기관 내 프로그램 실시량, 1인당 사례 수, 지침유무, 팀 조직 여부, 정기적 사례회의 실시 정도 등을 포함한다.

사례관리의 모델이 충분히 효과적이기 위해서는 사례관리자의 높은 기술수준과 기관 내에서의 적극적인 지지가 필요하다. 사례관리업무에 대한 기관의 지지는 기관 내에서 사례관리업무의 위치를 의미하고, 사례관리에 대한 기관의 지지는 조직의 행정적 지지와 지도감독자의 지지가 필요하다. 또한 사례관리 프로그램의 성공은 어떻게 사례관리자가 선택되고 훈련되며 배정되는지에 의해, 클라이언트당 사례관리자의 수에 의해 크게 영향을 받고, 다른 실재적인 지지로 사무원의 적절한 지원, 충분한 전화선, 적절한 양식, 유용한 사례기록 절차들이 포함된다. 또한 지도감독자의 지지에는 사례관리자의 활동에 대한 피드백, 사례의 공평한 분배, 교육적 욕구의 충족, 개인적 지지 등이 포함된다(권진숙 외, 2015).

① 수퍼비전은 서비스의 효과성과 효율성을 도모하고, 기관의 책임성을 실현하기 위해 책임 있는 전문가가 수행활동 전반을 관리하는 것이라고 할 수 있다. 현정애(2010)는 사회복지조직의 수퍼비전이 사회복지사의 조직시민행동과 직무성과에 미치는 영향에 대한 연구에서, 조직성과는 정기적인 수퍼비전과 주 1회 이상 개별 수퍼비전, 교육적 수퍼비전을 실시하였을 때 높게 나타나므로 사회복지조직에서 체계적인 수퍼비전이 중요함을 제시하였다. 또한 강호선(2010)의 연구에서도 수퍼비전은 가정폭력전문상담원의 사례관리 역할에서 매우 중요하다고 하였다. 따라서 수퍼비전을 통해 풍부한 경험과 지식이 많은 수퍼바이저로부터 받는 현장 경험이 사례관리 수행에 중요한 변수로 작용할 수 있음을 알 수 있다.

② 사회복지현장의 네트워크 수준은 사례관리 수행에 있어서 매우 중요한 부분이다. 클라이언트의 욕구 중심 서비스를 포괄적으로 제공하기 위해서는 기관 내 서비스나 프로그램만으로는 충분치 않다. 서비스연계는 사례관리의 본질적인 부분이다. 따라서 기관의 네트워크 수준이 높다든지, 기관의 네트워크 활동 지원수준이 높을수록 사례관리 수행 정도는 높아질 것이다.

③ 기관 내 프로그램 실시량은 우리나라 지역사회복지관의 특수한 역할상황에서 비롯되는 부분으로, 사례관리서비스를 제공하는 데 있어 사례관리 대상 클라이언트에게 필요한 서비스를 기관 내 다른 프로그램에 충분히 연계할 수 있어야 한다. 지역사회 내의 다른 공식·비공식 지원체계에 대한 연계가 제대로 이루어지지 않는 현실에서 기관 내에서라도 다양한 프로그램들이 마련되어 있어 최소한이라도 서비스를 받을 수 있는 상황이 되어야 할 것이다. 기관 내 프로그램 실시량은 지역사회 자원구조의 한 측면이라고도 생각해 볼 수 있다(도광조, 2009).

④ 사례관리지침이 있어야 한다는 점은 사례관리의 구성요소에 대한 여러 연구에서 강조되고 있다. 서비스 제공 자격기준 여부, 사례관리자에게 사례부여 기준 여부 등 사례관리의 분명한 지침과 역할에 대한 가이드라인이 존재한다면 역할수행 과정의 모호함이나 갈등은 줄어들 것이다.

⑤ 1인당 사례 수는 사례관리자 1인이 관리하는 클라이언트 수가 적을수록 클라이언트에게 집중적인 서비스 관리를 제공할 수 있다는 면에서 포함된 것이다. 담당사례 수가 적을수록 클라이언트와 자주 만나게 된다는 점에서 담당사례 수는 사례관리 수행에 절대적인 요소로 작용된다(도광조, 2009).

⑥ 팀조직 여부는 사례관리의 본질적인 부분에 해당한다. 클라이언트들의 문제와 욕구의 복잡성과 서비스 과정의 복합성 등으로 사례관리는 여러 분야 전문가들이 함께 팀을 구성해서 운영되어야 한다는 것이다. Rapp & Kirsthardt (1996)는 효과적인 사례관리 구성요소로서 전문가의 리더십 아래 팀 접근이 효과적이라고 하였다. 민소영(2009)의 연구에서도 사례관리팀 접근은 제한적 수준에서 소비자 만족도에 직접적 영향을 미쳤으며 개별적 접근보다는 팀을 형성하여 사례관리를 수행할 때 서비스에 대한 정신장애인의 만족도가 높게 나타나는 결과를 제시하였다.

제3절 사례관리의 운영체계

사례관리는 클라이언트에게 요구되는 통합적 서비스를 전달하는 과정이기 때문에 효율적인 운영체계가 매우 중요하다. 즉, 클라이언트 발굴과 의뢰, 지역자원의 활용 및 서비스 연계를 활발히 진행하고, 서비스 제공자들 간 협력을 강화하기 위해서 운영체계의 효율화는 필수적이라 할 수 있다.

사례관리실천을 위한 운영체계는 크게 사례관리자, 사례관리팀, 통합사례관리팀, 전문 수퍼바이저, 솔루션위원회, 통합사례관리지원단, 사례관리 자원망 등 7가지 영역으로 나눌 수 있다(한국사례관리학회, 2012).

1. 사례관리자

사례관리자는 클라이언트와 가족을 대상으로 초기 정보수집 및 욕구사정, 개입계획의 수립과 조정, 점검, 평가, 종결 등 사례관리 전 과정을 주관하는 전문가이다. 사례관리자는 클라이언트와 그 가족의 문제와 욕구해결에 필요한 직·간접적 서비스를 제공 또는 연계하며, 사례관리에 필요한 모든 정보를 기록 및 보고하며, 수퍼바이저의 지도·감독을 받는다.

사례관리자의 직접적 역할은 이행자, 상담자, 정보제공자, 교육자, 조력자 등의 역할 등이며, 간접적 역할은 중개자, 조정자, 연결자, 옹호자의 역할 등이 포함된다. 사례관리자는 학사학위 이상 취득한 사회복지사 1급, 준사례관리자는 전문학위 이상 취득한 사회복지사 2급 이상의 자격이 적합하다.

2. 사례관리팀

사례관리팀은 사례관리팀장과 사례관리자, 준사례관리자, 보조 사례관리자 등으로 구성하는 것이 바람직하며, 필요한 경우 기관 내부의 다른 전문가가 사례관리팀에 포함될 수도 있다. 팀장은 사례관리 업무를 수행하면서 기관 내부에서 다른 부서와 협력을 도모하며 사례관리자들에 대한 수퍼비전을 제공한다.

사례관리팀은 대상자들에게 제공되는 맞춤형 통합서비스를 설계하고, 실행, 점검·평가하는 임상적 역할을 수행한다. 또한 사례관리팀은 사례관리의 내부 자원의 조직화, 수퍼비전체계 구축, 사례회의 등을 주도하고 통합사례관리팀 조직화 지원 및 통합사례회의 개최, 지역사회 자원을 조직화하는 데 협력적 역할을 수행한다.

3. 통합사례관리체계

통합사례관리체계에는 사례관리 조직 내부의 사례관리팀, 공공·민간의 지역사회 서비스 제공기관, 전문가 및 주변인물 등이 포함된다. 이는 정형화된 체계가 아니기 때문에 필요와 상황에 따라 다양한 지역사회의 전문기관 등이 유연하게 합류할 수 있도록 하며, 구성원들은 클라이언트와 그 가족의 변화를 지원하는 행동체계로서 역할을 하거나 자원이나 서비스를 제공하는 역할을 수행하기도 한다.

통합사례관리체계에 참여하는 기관과 담당자들은 정기적인 사례회의에 참석하여 사례에 대한 정보 공유, 욕구사정에 대한 자문, 개입 방안과 자원의 활용, 사례개입을 위한 역할 분담, 주 사례기관의 조정 등에 대해 의견을 공유한다. 또한 사례에 대한 정기적인 점검과 재사정, 평가 결과의 공유, 종결 여부 확정 등의 기능을 수행한다.

4. 전문 수퍼바이저

전문 수퍼바이저는 사례관리에 대한 이론은 물론 실천적 전문성을 가진 자로서, 현장 전문가나 대학교수 중에서 기관장이 위촉한다. 경우에 따라 인접한 기관을 하나로 묶어서 전문 수퍼바이저를 임명할 수 있다. 전문 수퍼바이저는 임상적 자문과 컨설팅, 행정적인 지도, 사례관리실천에 필요한 교육 및 훈련, 사례관리자들의 소진 예방 및 극복을 위한 지원 등의 역할을 수행하다.

5. 솔루션체계

솔루션체계는 사례관리 조직이 해결하기 힘든 복잡한 사례에 대해 자문을 제공하는 전문적인 지원체계를 의미한다. 기관이나 지역에 따라 위원회, 자문위원회, 또는 솔루션팀이라는 용어로 구성되며, 관련분야의 교수, 사회복지현장 전문가, 사례관리 전문가, 상담관련 전문가, 의사, 변호사, 지자체의원, 지역사회보장협의체 위원 등 지역사회를 기반으로 하는 사람으로 구성하는 것이 바람직하다.

솔루션체계는 사례에 대한 임상적인 자문과 행정적인 심의와 판정, 특정 사례 관련 제도 변화를 위한 정책 제언 등의 기능을 수행한다. 운영업무는 공공 부문에서 담당하는 것이 바람직하지만, 현실적인 여건을 고려해 특정 지역의 솔루션체계에 소속된 기관들 중에서 간사 단체를 선정하고 간사 단체가 솔루션체계의 운영에 관한 업무를 담당하도록 하는 것도 좋다.

6. 통합사례관리지원단

통합사례관리지원단은 사례관리실천을 효과적으로 운영하기 위해서 지자체 단위로 개별 사례관리기관의 사례관리를 지원할 수 있는 지원단을 구축하는 것이다. 대표적인 설치방식 중 공공 부문의 독립된 센터 형태로 민간전문가를 채용하여 사례관리 수행인력의 전문성과 공공성을 유지하는 것으로 대표적인 사례가 경기도에서 실시하고 있는 무한돌봄센터이다. 또 다른 사례로는 공공 또는 사례관리사업 주체의 위임을 받은 민간사례관리지원단의 형태로서, 사례관리 전문성을 지닌 전문가 또는 단체로 구성된 사례관리지원단을 구성하고, 행정적·기술적·교육적인 자문과 지원의 역할을 수행하는 인천광역시 사회복지관협회와 사례관리연구회가 수행한 사례관리 지원사업이 있다.

통합사례관리지원단은 광역시 단위와 구·군 또는 권역 단위에 설치되어 통합사례관리팀 조정, 개별기관의 행·재정적 지원, 자문과 컨설팅, 교육훈련, 사례관리사업 평가와 연구 등 다양한 지원기능을 담당한다.

7. 지역사회자원망

사례관리실천에서 공·사적인 지역사회자원망의 조직화는 매우 중요한 요소로서, 개별기관의 자원 조직화뿐만 아니라 지역사회와 국가 단위의 자원망까지 조직화해야 한다. 자원의 조직화는 자원목록의 형태로 구체화되어야 하는데 민간과 공공에 따라서 복지, 문화, 의료, 교육, 주택 등 다양한 영역의 자원들이 포함되도록 한다. 지역사회자원망의 자원목록은 자원 저수지(pool)의 기능을 하는데, 사례관리자는 자원의 수요가 발생했을 경우, 자원목록을 활용하여 신속하게 자원을 개발하도록 한다(권진숙 외, 2015).

8. 희망복지지원단

희망복지지원단은 전국 단위의 시·군·구에서 하던 통합사례관리팀의 이름을 바꾼 통합사례관리기관이다. 희망복지지원단은 사례관리를 통해 경제적·의료적·정서적으로 복합적인 문제점을 안고 있는 대상자에게 복지, 보건, 교육, 주거 등의 다양한 서비스를 맞춤형으로 제공해 문제가 해결될 수 있도록 하는 일을 하고, 이와 유사한 기능을 하고 있는 무한돌봄센터는 경기도민을 대상으로 위기가정에 대한 일반적 지원을 우선으로 하는 차이가 있다.

희망복지지원단의 통합사례관리 운영체계를 살펴보면, 희망복지지원단, 시·군·구 및 읍·면·동 사업팀, 자활관련 사업팀, 통합조사관리팀, 보건소, 지역사회보장협의체, 교육청(학교), 고용센터, 민간복지기관, 아동보호전문기관, 노인보호전문기관 등 12가지 기관으로 구성되어 있다(보건복지부, 2015a).

① 희망복지지원단은 통합사례관리사업을 총괄 수행한다. 팀장은 총괄 관리, 교육 및 수퍼비전 등 수행인력의 역량개발, 자원관리 지원, 유관기관과 지역사회보장협의체 등과의 사례관리 지원체계 마련, 사업 홍보 등 조정자의 역할을 수행한다. 팀원은 대상자 접수, 서비스 제공 의뢰 및 점검, 욕구조사, 서비스제공계획 수립, 종결업무 수행 등 사례관리자로서 실무를 수행한다.

② 읍·면·동 사업팀은 통합사례관리 대상가구 초기상담 또는 모니터링 등을 통해 통합사례관리사업 대상가구를 적극 발굴 및 의뢰하고, 종결가구에 대한 사후관리와 욕구조사 동행, 사례회의 참석 등 업무를 수행한다. 시·군·구 사업팀은 드림스타트, 취약한 부모 역량강화사업 등 지역사회 내에서 수행되고 있는 사례관리사업과 희망복지지원단의 통합사례관리사업 간 연계 협력을 통해 상호 적합한 관리 대상가구를 발굴·의뢰하며, 필요시 공동 사례회의 등을 실시한다.

③ 자활관련 사업팀은 희망복지지원단의 사례회의와 자활사례조정회의 통합 운영 등 고용과 복지 연계를 중점적으로 수행한다.

④ 통합조사관리팀은 지역사회 내 복지대상자에 대한 자산조사 수행과정에서 인지한 정보를 토대로 통합사례관리사업 필요가구를 시·군·구 및 읍·면·동에 의뢰한다.

⑤ 지역사회보장협의체는 공공과 민간 간 사례관리 사업에 대한 정보 공유, 역량 강화를 위한 지원활동(공동 수퍼비전, 교육 및 훈련 등)을 수행한다.

⑥ 보건소는 희망복지지원단 사례회의에 방문건강관리사 또는 간호직 전문가를 정기적으로 참여시켜 희망복지지원단 통합사례관리 사업의 보건연계 부문을 지원한다.

⑦ 교육청(학교)은 교육복지우선지원사업과 통합사례관리사업 간 연계 협력을 수행하며, 학교에 배치되어 있는 교육전담 사회복지사, 상담교사 등을 사례회의 등에 참여를 유도한다.

⑧ 고용센터는 구직상담과정에서 복지대상자를 발굴하고, 희망복지원단 통합사례관리의 의뢰 및 필요시 사례회의에 참여한다.

⑨ 민간 복지기관은 체계적이고 통합적인 사례관리를 위하여 통합사례관리 협력체계를 구축하여 대상가구 발굴·의뢰 및 서비스를 제공하고, 아동보호전문기관, 노인보호전문기관 등은 각각 아동과 노인 학대사례 발견 시 연계 및 협력한다.

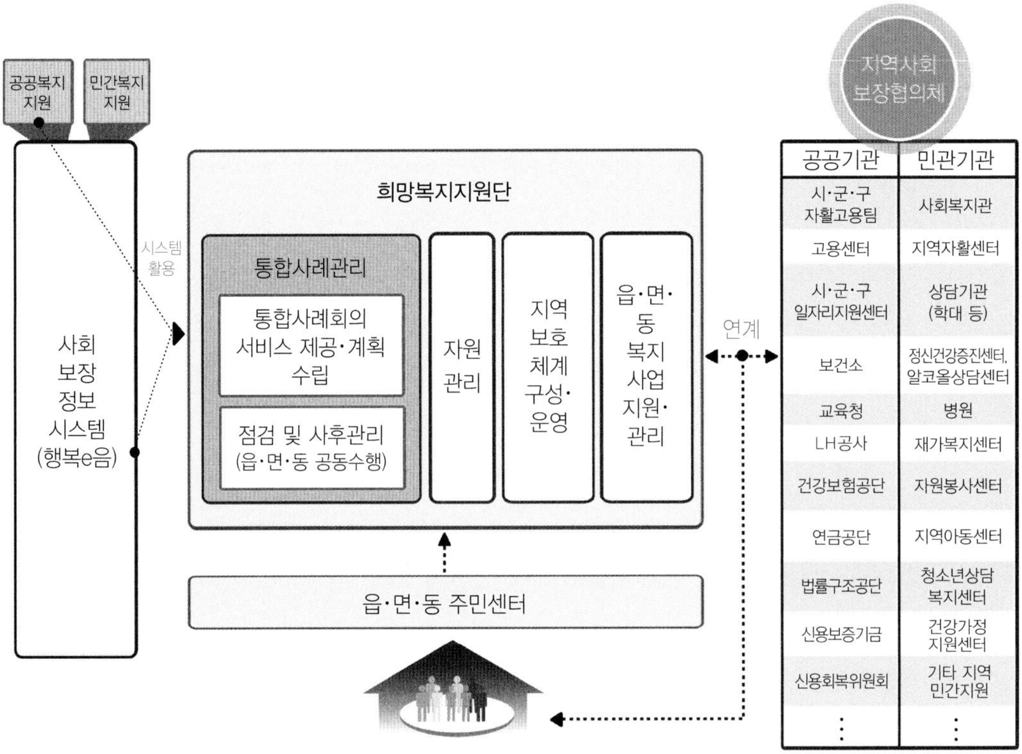

[그림 5-1] 희망복지지원단의 업무수행 체계도

희망복지지원단의 통합사례관리 절차는 [그림 5-2]와 같이 대상자 접수, 욕구조사, 사례회의, 대상자 구분 선정, 서비스 제공, 계획 수립, 서비스 제공 및 점검, 종결, 사후관리 등 총 8단계로 구성되어 있다.

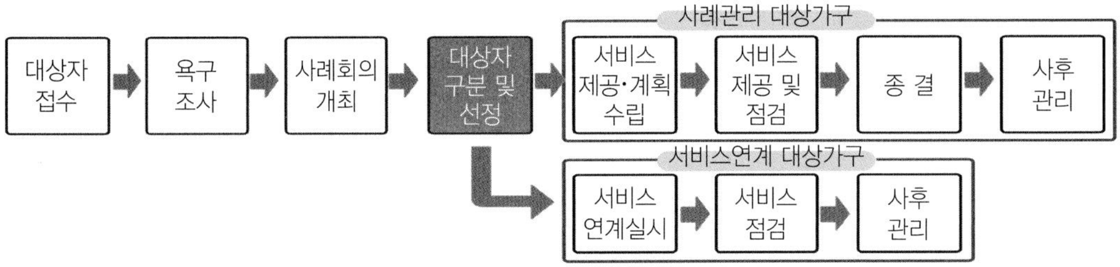

[그림 5-2] 희망복지지원단의 사례관리 수행과정

[그림 5-3]은 민관협력 통합사례관리 모형이다(김상곤, 2013). 민관협력 통합사례관리 운영체계는 다음과 같다.

첫째, 중앙정부 수준에서는 중앙통합사례관리지원단을 설치하고, 통합사례관리 관련 정책 수립 및 예산 확보, 교육과정 개발 및 실시, 모니터링 및 컨설팅 지원, 기능 조정을 위한 중앙통합사례관리운영협의회 구축 및 운영 등의 기능을 수행하도록 한다.

둘째, 광역통합사례관리지원센터를 설치하여 시·군·구의 희망복지지원단을 지원하는 기능을 수행하고, 정책 수립, 광역 수준 기능들 간의 통합 및 조정을 위한 광역통합사례관리운영협의회를 구축·운영하도록 한다.

셋째, 기초자치단체에 설치된 희망복지지원단에서는 지역사회 내 사례관리 기능을 통합 조정 및 지원하는 기능을 수행하도록 한다. 지역사회 내 생활권과 복지자원을 고려하여 통합사례관리 네트워크를 구축하고, 희망복지지원단에 배치된 공공사례관리 전문인력을 권역별로 배치하여 통합사례관리 및 통합사례관리의 네트워크를 지원하도록 한다.

넷째, 지역 수준에 각 지역사회의 생활권과 복지자원을 고려하여 통합사례관리 네트워크를 구축하되, 시·군·구 및 주민센터와 민간 사례관리기관이 잘 협력할 수 있는 수평적이고 안정적인 민관협력적인 구조를 구축하도록 한다. 권역 통합사례관리의 원활한 작동을 위하여 권역담당 공공 사례관리자 중 1인이 간사의 역할을 수행한다.

다섯째, 현재 읍·면·동으로 단일화되어 있는 사례관리 클라이언트의 발굴 경로를 희망복지지원단, 읍·면·동, 통합사례관리 네트워크팀 등으로 다원화하고 사례관리 현황은 희망복지지원단이 통합·관리하도록 한다.

여섯째, 사례관리에서 중개와 연계를 활성화하기 위하여 지역사회 자원 조직화와 개발방안을 강구하도록 한다.

일곱째, 사례관리의 전문적 실천을 강화하고 사례관리자의 소진을 예방하기 위하여 교육훈련과 수퍼비전체계가 필요하다.

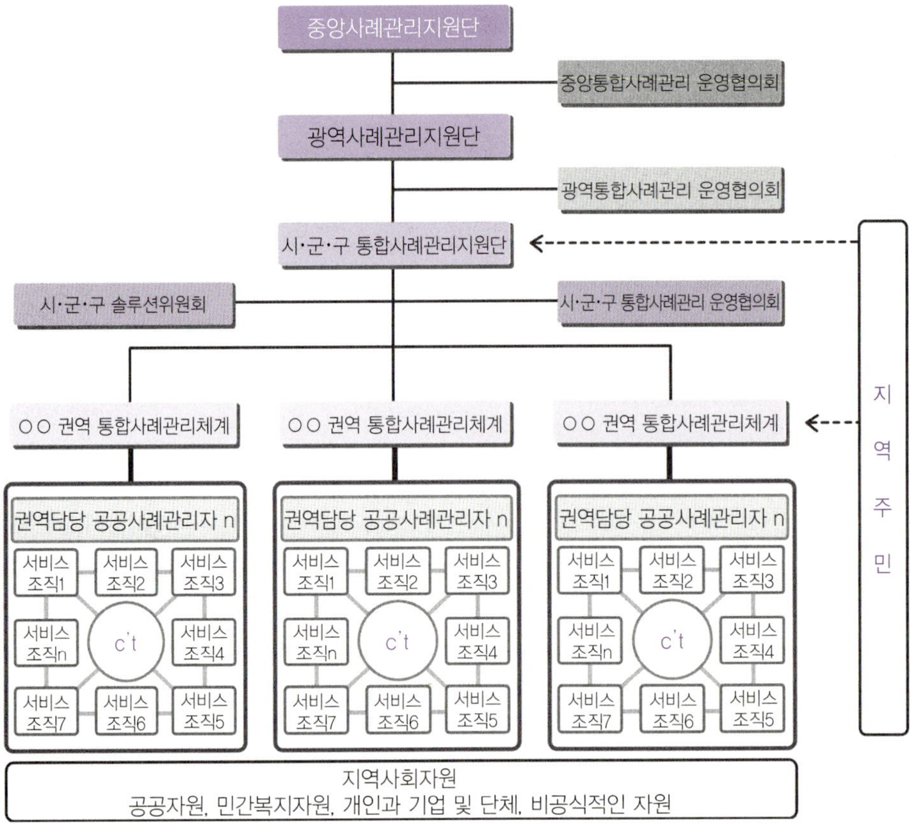

[그림 5-3] 민관협력 통합사례관리 운영체계

case management

생각해 볼 문제들

01 사례관리의 구성요소별 각 하위요소에 대해 설명해 보라.

02 사례관리의 구성요소 중 사례관리자의 자격요건에 대해 설명해 보라.

03 사례관리의 운영체계를 설명하고, 실제로 현장에 적용된 사례를 제시해 보라.

P·A·R·T 02

사례관리의 과정론

CHAPTER 06

초기과정

사례관리를 전개해 나가는 과정에 대해서는 학자에 따라 다양한 견해가 있지만, 내용에 있어서는 유사한 활동들을 수행함을 알 수 있다. Moxley(1989)는 사정(assessment), 서비스의 계획(service planning), 실행(implement), 점검(monitoring), 검토와 평가(review and evaluation)의 5단계로 이루어진다고 하였다. Rothman(1991)은 기관에의 접근, 인테이크, 사정과 목표수립, 개입계획, 자원확인과 목록 만들기, 클라이언트 연결, 점검과 재사정, 결과평가의 6단계 과정이 순환적으로 이루어진다고 제시하고 있다. 장인협 등(2001)은 인테이크, 사정, 계획수립, 실행, 점검 및 재평가, 평가 및 종결로 나누어 설명하고 있다.

본 장에서는 이들 과정들을 종합해서 크게 초기과정, 사정과정, 서비스 계획수립과정, 실행과정, 평가와 종결과정의 5단계로 나누어 살펴볼 것이다. 이때, 연결과 중재의 기능이 강조된다. 사례관리실천 과정은 일직선상에 놓인 과정이라기보다는 순환적인 과정이라고 할 수 있다. 예를 들어, 클라이언트에게 자원들을 연결하여 서비스가 진행되고 있는 과정 중에라도 클라이언트가 다른 욕구를 표현한다면 다시 개입계획을 수립하고 적절한 자원을 연결할 수 있다는 것이다.

따라서 본 장에서는 첫째, 사례발견, 둘째, 스크리닝, 셋째, 인테이크 등을 중심으로 사례관리의 초기과정을 개념적으로 살펴보고자 한다.

제 1 절 사례발견

초기과정은 사례를 발견하고 스크리닝을 통하여 클라이언트를 확인하고, 사정을 위해 자료를 수집하는 과정으로 사례발견(case finding)과 스크리닝(screening), 인테이크(intake)로 분류된다(서울시복지재단, 2009).

사례발견은 사회복지기관이나 재가복지센터에서 일반적으로 클라이언트를 발견하는 방법으로 다음과 같은 것들이 있다.

1. 공공기관에 의한 소개(발견)

- 매년 구청 또는 동주민센터에서 지역 내 수급권자 및 차상위계층, 결식아동 명단의 확보를 통하여 클라이언트를 발견하는 방법으로서, 구청과 동주민센터가 긴밀한 협조체계를 구축하여 매년 명단을 확보할 수 있도록 하여야 한다.
- 학교 및 교육청 등에서 결식·저소득 자녀에 대해 사회복지서비스를 지역사회복지관에 요청하는 경우로 학교 또는 교육청에 사회복지서비스가 필요한 학생을 지역사회복지관에 의뢰할 수 있도록 적극적인 홍보방법이 필요하다.
- 기타 공공기관에서 사회복지서비스를 지역사회복지관에 요청하는 경우도 포함된다.

사 례

많은 동주민센터에서 수급권자 등의 명단을 개인정보 보호 차원에서 주지 않는 경우가 있다. 이런 경우에는 동주민센터에 협조공문을 발송하여 명단을 요청하는 것이 바람직하며, 그럼에도 불구하고 협조가 잘 안 될 경우에는 관할 구청 사회복지 담당자에게 공문 및 협조를 요청하면 명단을 받을 수 있다. 만약 구청 사회복지 담당직원이 명단 협조를 거부할 경우에는 관할 구청 내 다른 복지관과 공동으로 협조를 요청할 필요가 있다.

2. 민간단체에 의한 소개(발견)

- 타 사회복지기관에서의 클라이언트 의뢰로 보통 사례의뢰서 양식에 의해 이루어진다. 마찬가지로 우리 기관에서 타 사회복지기관으로 클라이언트를 의뢰할 경우에도 사례의뢰서 양식에 의한다.
- 시민단체 및 임의단체를 통하여 클라이언트를 의뢰받는 것이 포함된다.
- 기관과 기관이 서로 클라이언트를 의뢰하고 의뢰받기 위해서 전제되어야 할 것은 기관에서 제공되고 있는 서비스에 대한 공유가 이루어져야 하는 것이다.

3. 대상자에 의한 소개

- 현재 기관에서 서비스를 제공받고 있는 클라이언트에 의해 소개되어지는 대상자로 이미 제공되어지는 서비스에 대해 클라이언트가 알고 있는 경우가 많다.
- 이러한 경우 클라이언트가 본인의 욕구와 관계없이 기관을 소개한 클라이언트가 받는 서비스를 제공받기를 원하는 경우가 있을 수 있으므로, 최초에 클라이언트를 확정할 때 개인의 욕구에 따라 제공되는 서비스가 다를 수 있음을 공지하여야 할 필요가 있다.

4. 지역주민에 의한 소개

- 이웃의 어려움은 이웃이 가장 잘 알 수 있기 때문에 이 방법을 적극 활용할 필요가 있다.
- 일반 지역주민들이 어려움을 겪고 있는 이웃에 대해 어떻게 서비스를 받아야 할지 잘 모르는 경우가 있기 때문에 반상회보 등을 통하여 재가복지사업을 적극 홍보할 필요가 있다.
- 지역사회복지관의 교육문화사업에 참여하는 지역주민들을 활용하여 클라이언트를 발굴하는 방법이 효율적일 수 있다. 따라서 이들이 지역사회복지관의

사업을 정확하게 이해할 수 있도록 기관에서는 정기적으로 사업설명회를 실시하여 이들로 하여금 지역사회복지관의 사업을 홍보할 수 있도록 하는 것이 바람직하다.

- 거의 모든 가정에 인터넷이 보급되어 있는 상황에서 홈페이지를 활용해 사업을 홍보하는 방법을 활용할 필요가 있다. 이때 일반인들이 이해하기 어려운 전문용어를 사용하지 않고 쉽게 이해할 수 있는 용어를 사용하는 것이 중요하며, 프로그램 및 서비스 이용방법에 대해 친절하게 안내해 주는 것이 필요하다.

5. 자발적 방문

- 클라이언트가 직접 기관을 방문하거나 전화로 서비스를 의뢰하는 것으로, 점차 늘어 가는 추세이다.
- 이러한 클라이언트의 경우에 매우 적극적으로 자신의 욕구를 표출하기 때문에 문제해결이 용이할 수 있으나, 간혹 너무 과도하거나 무리한 서비스 욕구를 표출하는 경우도 많아 경험이 많은 사회복지사가 면담하는 것이 바람직하다.

6. 아웃리치(outreach)

- 서비스 정보에 대한 접근이 어려운 에이즈환자나 치매노인 및 가족 등 사회적인 낙인으로 인해 노출을 꺼리는 대상자, 서비스의 존재 여부를 알지 못하거나 정보에서 소외된 주민 등이 아웃리치의 대상이 된다.
- 지역사회에 잠재되어 있는 대상자들을 발굴하기 위해 가정방문, 관찰, 외부정보 등을 통해 잠재적인 클라이언트에게 다가가야 한다(장인협 외, 2001).
- 동주민센터, 교회, 성당, 사찰, 노인정 등지에 리플릿이나 광고문을 배포하여 지역사회 주민들이 필요한 정보에 쉽게 접근할 수 있도록 한다.

사 례

가족복지사업이나 교육문화사업 등 다른 프로그램에 참여하고 있는 주민들과의 상담과정에서(교육문화사업에 참여하고 있는 아동의 잦은 결석이나 학습능력 부족 등의 문제로 프로그램관리 차원에서 상담 중 보호자들의 취업, 의료 등의 문제가 확인되는 경우) 사례관리의 필요성이 확인되거나, 기관 내 다른 사업담당자들과의 업무협의 과정 또는 추천에 의한 경우 등이 있을 수 있다. 또한 기관의 필요에 의해 지역주민이나 특정대상별 사회조사의 상담과정에서 사례관리의 필요성이 확인되는 경우도 있다. 실제 복지관의 사업에 참여하고 있는 주민들 중에도 사례관리가 필요한 주민이 많이 존재하고 있다는 것을 인식하고, 이들과의 상담과 관계형성의 과정에서 외형적인 모습과 반응 못지않게 숨겨진 내면에 대한 파악에도 노력할 필요가 있다.

사례발견 주요 TIP

Summary

✓사례발견은 공공기관에 의한 발견, 민간기관에 의한 발견, 대상자에 의한 발견, 지역주민에 의한 발견, 자발적 방문, 아웃리치 등이 있다.

✓공공기관 및 타 민간기관에서의 사례를 의뢰받을 경우에는 사례의뢰서를 받는 것이 좋다.

✓대상자 및 지역주민에 의한 사례 의뢰는 의뢰자가 간단한 사례의뢰서를 작성하도록 하는 것이 좋다.

✓자발적 방문에 의한 경우에는 초기만남에서 스크리닝을 실시하여 그 결과를 방문자에게 알려 준다.

사례관리기관의 역할

✓사례발견 및 의뢰에 대한 담당 직원을 정한다. 담당 직원은 최소 3년 이상의 경력자가 맡도록 한다.

✓공공기관과 유기적인 관계를 맺어 사례관리 대상자에 대한 정보공유 및 협조관계를 유지하도록 한다.

✓사례 접수와 관련한 일련의 행정적 절차와 양식을 마련하고, 이를 기록할 수 있도록 한다.

✓서비스제공 대상 기준에 대한 안내지 및 홍보 리플릿 등을 만들어 지역사회에 홍보하고, 홈페이지를 활용하여 적극 홍보한다.

✓사례관리자가 지역사회 내 각종 위원회 및 비공식 단체활동(지역협의체, 새마을부녀

회, 조기축구회 등)에 적극 참여할 수 있도록 배려하고 예산을 확보한다.

사례관리자의 역할

✓매년 초 공공기관으로부터 저소득주민에 대한 정보를 파악하여 현재 기관에 등록되어 있는 대상자 및 이전 의뢰 대상자 명부와 대조하여 새롭게 클라이언트의 욕구를 확인할 대상자를 분류한다.

✓담당지역 동주민센터 사회복지 담당 직원과의 연계를 통해 대상자 의뢰 시스템을 구축하고, 대상자 의뢰 방법 및 의뢰양식 등을 공유한다. 이때 공공서비스와 민간서비스가 서로보완 관계에 있음을 공유하고 협력하여야 한다.

✓사례 접수 시 클라이언트의 주 호소문제 및 욕구를 파악한다.

✓지역사회 내 각종 위원회 및 비공식 단체의 활동에 적극적으로 참여하고 사례발굴을 위해 적극 사업을 홍보한다.

실천사례

✓지역 내 민간네트워크(재가복지 실무자모임 등) 등에 참여하여 타 민간 기관과의 정보교류 및 서비스 조정(중복)을 실시하고 있다.

✓지역복지협의체에 참여하여 공공기관과 민간기관과의 정보교류 및 공동 사례관리를 실시하고 있다.

✓구청 및 동주민센터 사회복지 담당 공무원과 민간기관 실무자와 공동으로 워크숍 또는 체육대회를 통한 관계를 유지하고 있다.

✓지역 내 새마을부녀회, 아파트 단지 내 부녀회의 모임 참여 및 공동 행사 진행을 통해 관계를 유지하고 사업을 적극적으로 홍보하고 있다.

✓기관 및 지역 내 복지정보 안내 책자를 제작하여 동주민센터 및 각종 민간단체에 비치하여 지역주민들이 복지정보를 쉽게 접할 수 있도록 하고 있다.

✓자치구에서 사회복지 박람회를 실시하여 지역주민들에게 적극적으로 복지정보를 제공하고 사업을 홍보하고 있다.

✓공공기관에서 대상자를 의뢰할 때 정해진 양식에 의해 공식적으로 사례를 의뢰하도록 하고 있다.

✓자치구의 사례관리기관에서 네트워크를 통해 공동으로 사례관리를 실시한다.

제2절 스크리닝

스크리닝(screening)은 클라이언트가 사례관리 서비스를 받을 적절한 자격이 있는지, 서비스 이용에 해당되는 적절한 특성을 가지고 있는지, 적극적으로 참여할 의지가 있는지를 파악하는 것으로 기관 프로그램에 대한 일종의 문지기로서 작용한다. 원조 여부의 결정은 스크리닝 절차를 통해 최대한 빠른 시일 내에 이루어져야 하며, 최대한 3일을 넘기지 않는 것이 바람직하다(장인협 외, 2001). 현재 우리나라에는 스크리닝에 대한 기준이 거의 없는 실정으로서, 사회복지사의 주관이나 가치관에 따라 인테이크(intake)의 기회조차도 가지지 못하는 클라이언트가 발생할 수도 있다. 스크리닝 기준 작성은 각 기관의 자원 및 절차, 주변 환경 등의 실정에 따라 적절한 기준을 마련하는 것이 중요하다. 스크리닝의 기준은 담당 사회복지사가 기준을 근거로 사례관리 대상자의 자격요건을 심사하는 데 어려움이 없도록 구체적이어야 하며, 각 분류 대상별 기준이 명확하게 제시되어야 한다.

스크리닝을 통해 다음과 같은 대상자로 구분된다.

1. 잠재적 사례관리 대상자

의뢰된 클라이언트 중에서 기관의 스크리닝 기준에 적합하여, 인테이크를 통하여 사정이 필요한 클라이언트이다. 이러한 클라이언트에 대해서 사회복지사는 가정방문 및 상담 등을 통해 인테이크를 실시하고, 사정자료를 수집·정리하여 사정을 할 수 있도록 한다.

2. 의뢰 대상자

의뢰된 클라이언트가 가지고 있는 문제에 대해 기관이 가지고 있는 자원이나 시스템으로 개입이 어렵거나, 가지고 있는 문제는 심각하지만 클라이언트의 주변 환경이 문제를 해결할 능력을 보유하고 있을 경우에는 클라이언트의 현 상황과 문제의 정도 및 종류에 따라 외부의 다른 기관으로 의뢰한다.

3. 정보제공 대상자

의뢰된 클라이언트가 문제 및 욕구를 가지고 이를 해결할 의지와 능력을 가지고 있으나 방법을 잘 알고 있지 못할 경우에는 단순히 클라이언트에게 필요한 정보만을 제공한다.

4. 서비스 제외 대상자

의뢰된 클라이언트가 스크리닝 기준에 적합하지 않거나 적합하더라도 클라이언트가 서비스를 거절할 경우에는 인테이크를 실시하지 않는다. 단, 후자의 경우에는 별도의 목록을 만들어 관리하는 것이 바람직하다.

사 례

초등학생과 미취학 자녀들 둔 장애여성이 추천되어 방문하여 상담한 결과, 본인은 자신이 무능력하고 도움을 받아야 한다는 낙인감(자존감)으로 본인이 절실하게 느끼고 있는 자녀들의 교육문제도 거절하였다. 이 경우, 인근지역의 다른 대상자를 상담하면서 몇 차례 인사를 나누는 정도로 계속하여 방문하였고, 우선 시급한 자녀 교육의 문제로 차츰 대화를 나누었으며, 첫 방문 이후 3개월쯤 되어 자녀의 의사에 따라 프로그램에 한번 참여하기를 권유하였으며 몇 차례 참석한 자녀의 긍정적인 변화를 보면서 본인이 대상자로서 참여를 결정하게 되었다.

스크리닝 주요 TIP

Summary

✓사례를 발견하면 사례를 임시 등록하고 스크리닝을 통하여 잠재적 사례관리 대상자, 의뢰 대상자, 정보제공 대상자, 서비스 제외 대상자로 분류한다.

✓잠재적 사례관리 대상자는 인테이크 일정과 계획을 수립하도록 한다.
✓의뢰 대상자는 의뢰서를 작성하여 클라이언트가 적절한 서비스를 받을 수 있는 기관으로 보내고 담당자와 연락을 취해 클라이언트가 용이하게 서비스를 받을 수 있도록 조치한다.
✓정보제공자에게 제공한 정보를 기록한다.
✓서비스 제외 대상자에 대해서는 제외 사유에 대해 클라이언트가 납득할 수 있도록 설명이 되어야 한다.
✓스크리닝의 결과는 최대 3일 이내에 클라이언트에게 전달하여야 한다.
✓모든 스크리닝 과정에 대해 기록으로 관리한다.

사례관리기관의 역할

✓스크리닝 기준을 마련하고, 스크리닝 과정에서 사례관리자의 역할을 명시한다(스크리닝 과정에서 잠재적 사례관리 대상자가 아닌 클라이언트가 납득할 만한 기준을 가지고 있어야 한다).
✓스크리닝 과정기록에 대한 양식을 준비하고 이를 기록할 수 있도록 교육한다.
✓다양한 사회복지 정보를 확보하여 사례관리자가 안내할 수 있도록 한다.
✓서비스를 의뢰할 수 있는 다양한 기관의 정보와 목록을 가지고 있어야 한다.

사례관리자의 역할

✓기관의 스크리닝 기준을 명확히 알고 있어야 한다.
✓제외 대상자의 안내에 있어 클라이언트가 오해하거나 잘못 이해하지 않도록 한다.
✓스크리닝에 대한 기록을 철저히 한다.
✓잠재적 사례관리자에 대해 클라이언트와 면담 일정과 자료수집 계획을 수립하여야 한다. 자료수집은 최대 14일 이내에 이루어지는 것이 바람직하다. 따라서 스크리닝 판정 이후 7일 이내에 면담 일정을 잡는 것이 바람직하다.

실천사례

✓사례관리기관에 인테이크 전담 인력을 지정하고, 기관의 전면(접점-기관에서 이용자가 가장 쉽게 접할 수 있는 위치)에 배치하여 방문한 클라이언트에 대한 안내 및 접수를 담당하고 있다.
✓인테이크 담당 직원이 안내데스크에 배치되지는 않았지만 접수면접상담을 전담하는 직원을 지정하여 스크리닝을 담당하게 하고 있다.
✓스크리닝 기준을 만들어 전체 직원이 공유하고 있어, 누구든지 기관을 방문한 대상자에게 스크리닝이 가능하도록 하고 있다.

✓스크리닝부터 개입까지의 절차 및 소요기간을 정하여 업무에 활용하고 있다.
✓사회복지 관련 기관의 정보 및 자료를 소책자로 만들어 정보제공 대상자들에게 필요한 정보를 안내하고 있다.

제3절 인테이크

1. 개념 및 주요 과업

인테이크(intake)란 사례관리자가 클라이언트와 그 가족의 문제와 욕구를 확인하여 사례관리 대상자로서의 요건을 갖추었는지 여부를 판단하는 과정이다(한국장애인개발원, 2013).

- 인테이크 단계에서 달성되어야 할 주요 과업은 다음과 같다.
- 사례관리 및 사례관리자에 대한 소개, 사례관리의 목적 설명
- 제공 가능한 서비스에 대한 개괄적인 설명
- 클라이언트의 욕구 확인
- 클라이언트와 사례관리자 간의 상호 기대 확인
- 사례관리활동에 대한 합의
- 사례관리자의 개입에 대한 클라이언트의 부정적인 감정에 대한 적절한 처리
- 긴급한 욕구에 대한 정보 제공
- 참여유도

인테이크 단계에서의 사례관리자 직무는 다음과 같다.

- 서비스에 대한 클라이언트의 기대 확인
- 의뢰된 자료를 통해 클라이언트의 배경 검토
- 필요한 특별한 의학적 검사가 있는지 검토

- 클라이언트와 사례관리자의 역할과 책임에 대한 논의
- 클라이언트와 사례관리자 간의 대화 내용에 대한 비밀보장원칙 설명
- 클라이언트가 사례관리 과정에서의 권리와 책임을 이해하고 있는지 확인
- 유용한 재활 및 자립생활 관련 권리 설명
- 다양한 지역사회 자원서비스와 한계를 클라이언트 가족에게 설명
- 클라이언트와 사례관리자가 상호 기대와 관계의 특징을 명확하게 인식하도록 함
- 클라이언트에게 지역사회서비스, 레크리에이션, 교통 등의 정보를 제공

2. 내용 및 실행방법

1) 인테이크 면접

아웃리치(outreach)를 통한 사례발굴, 의뢰(referral), 이용자의 자발적인 방문 등의 다양한 경로를 통해 사례관리자와 클라이언트의 첫 만남이 이루어지는 단계이다. 이는 인테이크 면접을 통해 구체화된다. 인테이크 면접은 사례관리 과정 전반에 영향을 미치므로 긍정적인 관계의 기초를 다지는 방식으로 진행하는 것이 중요하다.

특히 일상적인 삶에서 여러 가지 어려움을 겪고 있으면서도 어떻게 해결해야 할지, 본인이 필요로 하는 서비스가 어디에 있는지를 알지 못하는 클라이언트 및 그 가족들을 발굴하기 위해서는 적극적인 홍보가 필요하다.

인테이크 면접은 클라이언트 및 그 가족이 직접 기관을 방문하거나 사례관리자의 가정방문을 통해서 이루어지게 된다. 이와 같이 만남을 통해 면접이 이루어지기 전에는 전화를 통해 사전에 접촉을 하게 되는 경우가 일반적이다. 그러나 전화를 통해 너무 많은 정보를 주고받다 보면 의사소통이 불명확하게 이루어질 수 있기 때문에 대면 인터뷰 전에 사전적인 준비작업 정도로만 활용하는 것이 좋다.

(1) 신뢰관계 형성

인테이크 과정에서는 특히 사례관리자와 이용자 간의 신뢰형성이 매우 중요하

며, 이것의 출발은 첫인상에서부터 출발한다는 점을 명심할 필요가 있다. 양자 간의 신뢰관계는 향후 사례관리 과정을 진행해 나가면서 필요한 협력관계 수립과 유지에 매우 중요한 밑거름이 된다.

(2) 의사소통기술

인테이크 면접을 위해서는 사례관리자의 의사소통기술, 즉 면접기술이 매우 중요하다. 클라이언트와 그 가족에 대한 사례관리에서는 장애로 인해 의사소통상의 어려움을 겪는 경우가 종종 발생한다. 이용자의 장애는 효과적인 의사소통에 방해요소로 작용할 뿐만 아니라 긴밀한 상호작용을 유지해 나가는 데에도 부정적으로 작용할 수 있으므로, 사례관리자는 장애특성과 관련한 의사소통기술과 방법에 익숙해져 있을 필요가 있다(백은령, 2012).

2) 욕구확인

인테이크 단계에서의 욕구확인은 클라이언트 및 그 가족이 사례관리 대상자로서의 요건을 갖추었는지 여부를 판단하는 수준 정도에서 이루어지는 것으로, 본격적인 욕구확인은 사정단계에서 수행하도록 한다.

클라이언트나 가족이 호소하는 문제가 사례관리자를 찾아온 이유가 될 수도 있지만, 실제 문제는 그들이 문제라고 인식하고 표현하는 것과는 다른 문제일 수도 있다. 예를 들어, 발달장애자녀를 양육하고 있는 어머니가 양육스트레스 때문에 사례관리자를 찾아왔다고는 하지만, 문제의 본질은 발달장애자녀를 낳기 이전부터 가지고 있던 남편과의 부부관계일 수도 있다.

인테이크 단계에서의 욕구확인은 짧은 시간 내에 이루어질 수밖에 없기 때문에 사례관리자의 직관이나 추정에 의존할 수밖에 없게 되는 것이 일반적이다. 그럼에도 불구하고 사례관리자는 가능한 한 문제를 정확하게 파악하려고 노력해야 하며, 실제적인 문제가 무엇인지를 보다 면밀하게 파악해 나가야 하고 우선순위도 결정해야 한다. 이처럼 구체적인 증거에 기반한 본격적인 사정은 사정단계에서 좀 더 면밀하게 이루어져야 한다.

3) 정보제공

인테이크 단계에서의 정보제공은 사례관리자와 기관이 사례관리를 통해 어떤 서비스가 제공될 수 있을지에 대한 정보를 제공함으로써 클라이언트 및 그 가족이 서비스를 선택할 수 있도록 하는 것과 이용자가 정보를 활용하여 본인들의 욕구를 스스로 해결하도록 하는 데 목적이 있다. 이를 위해서는 정보의 정확성과 구체성이 중요하다.

4) 사례관리에 대한 합의와 참여유도

클라이언트 및 그 가족의 욕구확인 후에는 사례관리 대상자로 선정할 것인지 여부를 결정해야 한다. 사례관리기관의 입장에서는 인테이크 대상자가 사례관리 대상자로 요건을 갖추고 있는지 여부를 결정해야 하는데 이때 클라이언트 및 그 가족의 참여와 선택이 최대한 존중되어야 한다.

사례관리기관의 정책이나 기능이 클라이언트 및 그 가족의 욕구에 부합되지 않을 수도 있지만 기관이 대상자로 선정하지 않을 수도 있는데, 이때 기관의 편의 때문에 이용자를 기피해서는 안 된다. 클라이언트 및 그 가족들은 다른 기관에서도 거절의 경험이 있을 수 있기 때문에 이를 세심하게 배려하는 것이 중요하다.

사례관리자는 클라이언트 및 그 가족을 사례관리 과정에 적극적으로 참여시키기 위해 최선의 노력을 기울여야 한다. 가족에 초점을 두다 보면 가족이 클라이언트의 권리를 침해하는 것을 방관하게 되는 경우도 있을 수 있다. 이러한 경우 클라이언트의 입장에서 가족이 간과하고 있거나 의도적으로 침해하고 있는 부분에 대해 직면할 수도 있다. 이러한 직면은 사례관리자와 대상자 간의 신뢰가 기본이 되기 때문에, 초기에서부터는 어렵고 관계가 어느 정도 형성된 이후에 다루는 것이 더 적절할 수 있다.

실천지침

- ✽ 편안함을 주는 인사와 대화
- ✽ 클라이언트 및 그 가족의 문제상황에 대해 진실된 관심 보이기

✽ 기관과 사례관리자에 대한 클라이언트 및 그 가족의 기대 경청하기
✽ 클라이언트 및 그 가족이 기관 및 사례관리자, 서비스에 대해 가질 두려움과 오해를 이해하고 공감하기
✽ 사례관리자와 기관이 할 수 있는 것과 할 수 없는 것에 대해 설명하기
✽ 서비스의 자격요건, 이용절차, 비용 등에 대해 자세하게 설명하기
✽ 사례관리자와 대화하고 기관의 도움을 받는 것에 대한 클라이언트 및 그 가족의 양가감정을 다루기
✽ 사례관리 여부 혹은 의뢰에 대해 결정하기
✽ 현존문제의 긴급함, 비상상황에 주목하기
✽ 사례관리과정에서 클라이언트 및 그 가족과 사례관리자의 책임 설명하기
✽ 문제사정 및 장·단기표 설정, 효과적 개입유형의 결정을 위해 발달장애인 가족이 정보제공을 해야 하는 필요성 설명하기
✽ 가족이 정보제공을 해야 하는 필요성 설명하기
✽ 비밀보장의 원칙을 설명하기
✽ 인테이크 면접과 관련된 기관의 서류를 작성하기
✽ 만남의 횟수 합의하기
✽ 다음 만남의 빈도, 장소, 시간에 대해 합의하기

서울시복지재단(2010)은 2010년에 종합사회복지관, 노인복지관, 장애인복지관에 근무하는 사례관리자를 대상으로 사례관리 서비스 표준화 작업을 위한 설문을 수행하여, 사례관리 표준지침을 만들었다. 인테이크에 대한 사례관리 표준지침은 다음과 같다.

〈표 6-1〉 사례관리 표준지침: 인테이크

구분	활동	세부활동
인테이크	등록	적격성과 서비스 제공 동의에 기초해 신청자를 기관 클라이언트로 등록한다.
	초기상담 및 관계형성	① 기초접수 및 기초상담을 통해 클라이언트가 원하는(요구하는) 서비스의 내용을 파악하고 이에 대해 심사(스크린)한다. ② 본 기관으로 오게 된 의뢰 경로를 파악한다.

구분	활동	세부활동
		③ 파악된 기본정보를 바탕으로 타 기관과의 중복사례인지, 기본정보 내용이 맞는지 등을 확인하기 위하여 해당 관련 타 기관과 접촉한다. ④ 클라이언트가 자신의 문제나 필요한 서비스에 대해 자유롭게 이야기하도록 분위기를 조성한다. ⑤ 인테이크 과정에 클라이언트 및 관련자(가족, 친척 등)를 참여시킨다. ⑥ 기관방문이 어려운 클라이언트의 경우 방문상담을 한다. ⑦ 기관에 대한 신뢰감을 갖도록 사업 및 기관, 서비스 목적에 대하여 소개하고 설명하며, 필요하면 기관 라운딩을 한다. ⑧ 서비스 이용에 관한 기초정보를 제공한다. ⑨ 긴급상황일 경우 필요한 조치를 취한다. ⑩ 기관의 서비스에 적합하지 않을 경우 다른 기관으로 의뢰한다.
	사례회의	사례관리 개입에 적합한 대상자인지를 선정하는 사례회의를 진행한다.
	수퍼비전	인테이크 과정에 대하여 동료 또는 상급자로부터 정기적으로 수퍼비전(개별 혹은 집단수퍼비전)을 받는다.
	문서작성	① 기록에 대한 클라이언트의 동의를 구한다. ② 인테이크지를 작성한다.

출처: 한국장애인개발원(2013).

case management

생각해 볼 문제들

01 사례발견에서 클라이언트를 발견하는 방법을 설명해 보라.

02 스크리닝에서 사례관리자의 역할을 설명해 보라.

03 인테이크에서의 사례관리자 직무를 설명해 보라.

Intake Sheet

▎접수일시: ______년 ___월 ___일 ▎접수자 : ____________(인)

대 상	□노인 □장애인 □아동 ■청소년 □성인 □기타				
성 명		주민등록번호		생 일	
주 소		전화번호		비상연락	
결혼상태	■미혼 □기혼 □별거( ) □이혼( ) □사별( )				

가족 및 동거사항	성명	관계	연령	결혼	동거여부	직업	연락처	기타

대상자 분류 (복수가능)	□수급권자(생활보호) ■저소득가정 □실직가정 □모자·부자가정 □소년소녀가장 □기타			
주요문제	■경제문제 □건강문제 □주택문제 □수발문제 □정신건강 □이동문제 □가족문제 □자녀문제 □대인관계 □법률문제 □학교문제 □이성문제 □사회지원 □시설입소 □기 타			
경제상태	월소득	총 40만 원(아르바이트)	직 업	무
	소득원	□연금 □정부보조 □저축 □자녀보호 □임금 ■기타(모친의 공공근로 60만 원)		
건강상태	건강정도	■양호 □보통 □허약	만성질환	■무 □유
장애유형	□지체( ) □시각 □청각 □언어 □정신지체 □정신질환 □내부장애( ) □기 타			
주거상황	□자가 ■전세(만 원) □월세 □무료임대 □기 타 ( ) ▸ 구조: □방 3칸 ■부엌(공동/단독) ■화장실(외부공동/단독) □거실(유/무) ▸ 난방: □기름 ■가스(LNG/LPG) □연탄 □기타( )			

필요 서비스 (◈-c't 욕구 ♣-w'er 견해)	가사	정서	의료	자립지원	이동	결연후원	교육	기타
	□세탁, 청소	□말벗	□병간호	□취업알선	□외출동행	■결연후원	□사회교육	□영정사진
	□반찬	□정서지지	□병원동행	□부업연결	□행정업무	□물품후원	□학습지도	□도배
	□간식	□안부전화	□투약관리	□기능훈련	□금융업무	□의형제		□이미용
	□부엌일	□생일상	□물리치료	□창업욕구	□등록대행	□의부모		□목욕
	□수리	□나누미	□한방진료					□보장구
	□도시락		□방문검진					□행사참여
	□경로식당		□혈압체크					

대상자 판정	■우선 □차선 □보류 종결 □기타
Screening	
사례관리 대상자 선정사유(w'er 견해)	

CHAPTER 07

사정과정

사정이란 클라이언트와 그 가족의 문제를 이해하고 해결하는 데 필요한 자료를 수집하여, 이를 기초로 그들의 문제와 원인을 분석하고 추론하는 과정으로, 이 단계의 주요과업은 자료수집과 사정이라 할 수 있다. 이러한 작업은 사례관리의 전반적인 과정에서 지속적으로 이루어지지만, 특히 이 단계에서 집중적으로 이루어지며, 이를 토대로 사례관리 계획을 수립한다. 따라서 본 장에서는 첫째, 사정의 특성, 둘째, 사정의 영역, 셋째, 사정도구 등을 중심으로 사례관리의 사정과정을 개념적으로 살펴보고자 한다.

제1절 사정의 특성

사정(assessment)은 클라이언트의 건강, 사회 심리적 기능, 인지 능력, 재정, 환경, 사회적 지지, 욕구 등을 사정도구를 통해 구체화하는 과정이다. 사정의 주요 목적은 클라이언트가 원하지만 가지지 못한 욕구가 무엇인지, 그리고 클라이언트의 능력부족 때문에 충족되지 못한 욕구는 무엇인지에 대해 사례관리자가 찾아내는 데 있다. 사정을 토대로 사례관리자는 욕구 충족을 위한 클라이언트의 능력을 증가시키고, 어떻게 욕구를 충족시킬지에 대해 또는 욕구 수정의 여부에 대한 계획을 세우게 된다. 여기서 중요한 것은 사정이 사례관리의 첫 단계로 끝나는 것이 아니라 사례관리자가 사례를 다루는 동안 지속적으로 이루어지는 과정이라는 점이다.

1. 사정의 목적

사정의 목적은 어떤 요인들이 클라이언트와 그 가족에게 영향을 미치는지, 이들의 상황을 변화시키기 위해서는 어떤 자원들이 필요한지, 변화과정에서 나타날 문제에는 어떤 것들이 있는지, 어떤 변화들을 평가지표로 삼아야 할지 등에 대한 사정을 하기 위해서 필요한 정보를 모으는 것이다(Rothman & Sager, 1998).

2. 사정의 관점

사정은 가능한 포괄적이고 총체적인 관점에서 실시해야 한다. 클라이언트와 그 가족의 다양한 문제와 욕구, 약점·강점뿐만 아니라 가용한 자원에 대해서도 확인하도록 한다. 클라이언트와 그 가족에 대한 사정에서 유용한 관점으로는 생태체계적 관점, 강점 관점, 생애주기 관점, 가족지원 관점 등을 들 수 있는데, 이러한 관점들은 각기 독립적이라기보다는 상호 유기적인 관계를 갖고 있다. 이러한 관점은 안경의 렌즈에 비유할 수 있는데 사례관리자가 포괄적인 사정을 하기 위해서는 여러 가지 안경을 동시에 쓰고 클라이언트와 그 가족을 바라볼 필요가 있다. 유용한 사정을 하기 위해서는 충분한 시간과 적절한 사정도구를 사용하는 것이 도움이 된다.

1) 생태체계적 관점

클라이언트와 그 가족을 사정하는 데 있어서 준거틀이 될 수 있는 관점은 다양하지만, 사정단계에서는 생태체계적인 관점이 유용하다. 이 관점에서는 문제를 개인의 욕구와 환경 간의 불균형에 의해 발생하는 것으로 간주한다. 즉, 클라이언트와 그 가족이 경험하는 스트레스는 증가하는 욕구에 비해 환경이 이러한 욕구를 채워 줄 수 있는 능력이 없거나(서비스 제공 가능성 부족) 개인과 환경 사이를 조절해 주는 기능이 떨어지게 됨에 따라 발생한다고 본다. 클라이언트와 그 가족의 대처능력이 적절하지 않을 수도 있지만, 이를 심화시킬 수 있는 사회환경 체계, 사회구성원들의 인식과 상호작용을 통해 결정된다고 본다. 따라서 사례관리자는 클라이언트와 그 가족에 대한 직접적인 개입(상담, 교육, 훈련 등)을 함과 동시에 그들의 욕구를 해결하기 위해 가족구성원, 인간관계 체계 내에 있는 구성원에 대한 개입을 해야 할 뿐만 아니라 욕구 해결에 필요한 자원개발, 연계 등의 개입을 해야 한다는 입장을 취한다.

2) 강점 관점

클라이언트와 그 가족의 문제나 약점보다는 장점, 능력, 잠재력, 자원과 열망에 초점을 두는 관점이다.

3) 생애주기 관점

클라이언트와 그 가족도 아동, 청소년, 성인기, 노년기로 향하는 단계적 변화과정을 경험하게 되며, 각 단계마다 독특한 욕구와 과업이 있다는 관점이다.

3. 주요과업 및 실행방법

1) 자료수집

자료수집은 사정을 위해 필요한 정보를 수집하는 것을 의미하며, 이용자의 욕구와 강점 파악뿐만 아니라 개입계획 수립에 필요한 정보들을 모으는 데 중점을 둔다.

(1) 자료수집의 방법

자료수집을 위해서는 면접, 관찰, 검사 등이 일반적으로 많이 사용되는 방법이다.

► 면접

면접이란 생각과 느낌을 교환하면서 언어적·비언어적인 의사소통을 해나가는 목적지향적인 대화를 의미한다. 이러한 면접은 크게 정보를 얻기 위한 면접, 사정을 위한 면접, 치료를 위한 면접 등으로 구분할 수 있다. 사정단계에서는 정보를 얻기 위한 면접이 주로 이루어진다. 면접의 대상과 장소는 다양하게 행해질 수 있는데 클라이언트와 그 가족, 주변인들, 의뢰기관 담당자 등이 대상이 될 수 있고 장소는 융통성 있게 선택할 수 있으며 사례관리자가 근무하는 기관뿐만 아니라 가정이나 학교, 회사 등에서도 실시할 수 있는데 가능한 한 면접에 방해를 받지 않는 장소와 상황을 택할 필요가 있다.

► 관찰

관찰은 비언어적인 형태의 자료를 수집할 때 유용한 방법이다. 관찰을 통해 사례관리자는 클라이언트와 그 가족의 정보를 자연스럽게 수집할 수 있다. 관찰은 수집하고자 하는 정보의 종류에 따라 자연스런 관찰과 구조화된 관찰로 구분할 수 있다. 면접상황에서는 대부분 가족구성원이나 혹은 구성원들 간의 역동성을 자연스럽게 관찰하는 것이 가능하다.

► 검사

클라이언트와 그 가족의 심리·정서적 상태(지능, 성격, 대처행동의 유형, 자아개념, 불안이나 우울의 정도 등), 신체건강 상태 등을 심리검사도구나 의료적 검사를 통해 파악할 수 있다.

(2) 자료수집의 내용

자료수집의 내용은 사정 내용에 따라 달라지는데 일반적으로 클라이언트와 그 가족의 생활력, 인간관계, 경제문제, 건강·정서적 상태, 현재 어려움에 처한 문제 내용 등에 대한 사실을 수집한다.

자료수집의 내용

- ✓인테이크 면접에서는 무엇이 문제인가에 초점을 두었다면 사정을 위한 자료수집 단계에서는 문제에 영향을 미친 요인과 문제를 지속시키거나 악화시키는 요인에 대한 정보를 개인력과 환경적 측면에서 찾아본다.
- ✓클라이언트와 그 가족의 개인력을 파악한다. 그들이 살아온 역사로 여기에는 영유아기, 학령기, 청소년기, 성인기, 노년기 등 인간의 생활주기에 따른 인간관계, 생활사건, 발달장애인의 감정 등이 포함된다.
- ✓가족력을 수집한다. 원가족의 가족상황과 가족관계, 현재의 가족구성 등이 포함된다.
- ✓클라이언트와 그 가족의 기능을 파악한다. 지적 기능, 정서적 기능, 신체적 기능, 행동적 기능, 대인관계, 업무능력, 문제해결능력 등이 포함된다.
- ✓클라이언트와 그 가족의 자원을 파악한다. 현재 이용하고 있는 서비스, 활용가능한 자원 등이 포함된다.
- ✓클라이언트와 가족 한계, 동기, 장점을 파악한다. 문제를 해결하는 데 있어 클라이언트 개인 혹은 클라이언트를 둘러싼 환경 속에 있는 한계, 장점, 동기 등에 대한 정보를 포함한다.

2) 사정

사정이란 수집된 자료들을 분석하고 추론하는 과정을 의미한다. 생태 체계적인 측면에서 클라이언트와 그 가족과 그들이 관련된 체계 전반에 대해 포괄적인 사정을 진행해야 한다. 즉, 클라이언트와 그 가족을 그들의 환경과 관련해서 이해하는 것으로, 클라이언트와 그 가족의 욕구와 상황을 이해하고, 이를 바탕으로 그들과 환경 혹은 양자를 유지·개선·변화시키기 위해 무엇을 해야 하는가를 계획하기 위한 기초단계이자 활동을 의미한다.

(1) 사정의 내용

사정단계에서 살펴보아야 할 내용은 다음과 같이 5가지 영역으로 나누어 볼 수 있다.

- 클라이언트와 그 가족의 문제 규명
- 클라이언트와 그 가족의 욕구를 이해하기 위해 필요한 정보로서 개인에 대한 사정

- 체계로서의 클라이언트와 그 가족에 대한 사정
- 클라이언트와 그 가족의 사회적 환경에 대한 사정
- 클라이언트와 그 가족의 강점에 대한 사정

Appleby, Colon & Hamilton(2001)은 장애를 가진 클라이언트에 대한 사정을 할 때 포함해야 할 요소들을 다음과 같이 제시하고 있다. 이는 사례관리자에게 유용한 준거틀을 제공해 줄 수 있을 것이다.

- 특정 장애조건의 특성
- 장애 발생 시 연령
- 개인의 특성과 성격
- 개인의 가족 특성
- 개인이 속한 환경의 특성
- 사회경제적인 상태
- 인종적인 집단
- 문화와 사회적인 상호작용

(2) 사정을 위한 자료수집의 내용

사정은 클라이언트와 그 가족의 욕구와 독립적인 능력뿐만 아니라 비공식적 지지망과 지지의 정도, 공식적 지역사회 자원에 대한 분석까지도 포함해야 하며, 이를 위해서는 다양한 경로를 통해 충분한 자료가 수집될 필요가 있다.

〈표 7-1〉 사정을 위한 자요수집의 내용

사정 내용	클라이언트와 그 가족의 욕구	클라이언트와 그 가족의 독립적인 기능, 능력 및 강점	클라이언트와 그 가족의 비공식적 지지망	공식적 지역사회 자원체계
사정 단위	1. 소득 2. 주택 3. 고용·직업 4. 건강 5. 정신건강 6. 사회활동 7. 여가활동 8. 일상활동 9. 이동수단 10. 법률 11. 교육	1. 신체적 기능 2. 인지적 기능 3. 정서적 기능 4. 행동적 기능	1. 사회적 관계망의 구조 2. 사회적 관계망의 상호작용 3. 도구적 지지 4. 물질적 지지 5. 사회적 지지	1. 자원목록 2. 유용성 3. 적합성 4. 적절성 5. 수용성 6. 접근성

(3) 강점 사정

문제 중심의 사정보다는 강점 사정이 클라이언트와 그 가족의 임파워먼트, 잠재능력 개발, 자신감과 책임감을 향상시키는 데 도움이 된다. 대부분의 클라이언트와 그 가족은 클라이언트가 문제를 가지게 되면서부터 타인들의 시선을 받거나 양육과정에서 좌절과 소외의 경험으로 인해서 자존감이 낮아지고 습관화된 무력감에 빠져 있을 수 있다. 이러한 상황에서 클라이언트와 그 가족의 문제만을 찾기보다는 가족이 가지고 있는 잠재력과 장점을 찾는 것이 문제해결에 더 유용할 수 있다.

(4) 자원 사정

자원이란 클라이언트와 그 가족을 위한 사례관리 목표 달성에 필요한 수단을 총체적으로 일컫는다. 자원의 범주에는 제도, 돈, 사람 등이 포함되는데 이외에도 창의적이고 포괄적인 개념과 방법으로 자원을 개발, 확대해야 한다. Ballew & Mink(1996)는 자원의 소재에 따라 내적 자원과 외적 자원으로 구분하고 자원제공 주체의 성격에 따라 공식 자원과 비공식 자원으로 구분하여 설명하고 있다. 내적 자원은 흔히 개인의 강점이나 가족의 특성들을 말하며 외적 자원은 공식 지원과 비공식 지원, 공공자원과 민간자원, 사적 관계와 자연적 관계로 설명할 수 있다.

(5) 가계도

가계도는 2~3세대에 걸친 가족구성원과 관계를 일목요연하게 정리할 수 있는 도식으로 가족의 주요한 사건들, 가족구성원의 출생과 상실, 의사소통과 관계유형, 그리고 직업 등의 정보를 제공할 수 있으며 사례기록을 함축적으로 할 수 있게 해준다는 장점이 있다.

(6) 생태도

생태도는 사회환경적 맥락 내에서 개인이나 가족의 위치를 나타낸 것으로 가족 및 가족구성원과 환경 간의 상호작용을 그림으로 표현할 수 있는 도식이다. 생태도는 클라이언트와 그 가족이 상호작용하는 외부 환경체계들을 분명하게 해주고 환경체계들 간의 관계의 질, 지지와 자원의 흐름까지 파악할 수 있는 장점이 있다.

생태도는 클라이언트와 그 가족에게 유용한 자원과 스트레스가 되는 자원, 부족한 자원 등에 대한 정보를 제공해 줄 수 있기 때문에 환경체계로부터 스트레스를 경험하고 있는 가족의 문제를 사정할 때 유용하다.

제2절 사정의 영역

사례관리의 질은 사례관리자와 클라이언트의 접촉 강조에 의해 좌우되므로, 일반 사회복지실천에서와 마찬가지로 관계는 매우 중요한 역할을 하게 된다. 따라서 사정 단계에서부터 클라이언트와 관계형성을 잘 해 나가야 한다. 개별적인 사정은 모든 인간 서비스 활동과 동일 하지만 사례관리에서는 클라이언트의 다양한 욕구를 충족시키기 위한 지역사회의 자원 개발 및 활용이 강조된다. 일반적으로 사례관리에서 이루어지는 사정의 영역은 다음과 같다(Rothman & Sager, 1998).

- 클라이언트의 능력과 대인서비스 욕구에 대한 사정: 교육 정도와 취업경험, 사회활동 정도, 문제해결 능력과 의사결정 능력, 개인적 자질과 성격, 물리적-재정적 자원소유, 문제해결에 대한 동기와 의지
- 클라이언트의 사회적 망과 이러한 망 구성원들이 클라이언트의 욕구에 부응하는 능력에 대한 사정: 비공식적 원조자들을 찾아내야 함은 물론 클라이언트들이 관계하고 있는 사회적 지지체계에 대한 사정이 이루어져야 한다. 또한 사회적 망 구성원들이 클라이언트에게 도움을 줄 수 있을 정도로 동기화되어 있는지를 파악해야 한다. 사회적 망에 대한 사정은 사례관리실천에서 매우 중요한 영역으로 간주된다.
- 대인서비스 제공자에 대한 사정과 이들이 클라이언트의 욕구에 부응하는가에 대한 사정: 클라이언트의 욕구와 자원 제공자의 요구가 일치하는지를 파악하는 것이 중요하다. 만일 일치하지 않는다면 일치시킬 수 있는 방법들을 사정한다.

사정 시에는 1차적 보호의 제공자에 대한 사정이 동시에 이루어져야 한다. 특히, 1차적 보호의 제공자가 직장을 갖고 있거나 아동을 양육해야 할 환경에 있다면 이들의 부양 부담에 대해 파악하여야 한다.

〈표 7-2〉 사정의 다양한 측면

구분	내용
신체적	진단, 아픈 날, 복용하는 약물, 병원과 의사의 이용, 고통과 불편함, 자가보고 건강 상태, 시력 재측정, 치과적 보조장치, 인공 보조장치 사용도, 발 건강
정서적	심리적 진단, 감정적 상태(불안, 우울, 고독), 긍정적 정신건강(흥미, 미래 지향), 자살위험, 알코올과 약물 남용(처방된 약물 포함)
환경	집 안의 편리함, 안전, 이웃, 가게와 서비스에 대한 접근도: 안전, 건강, 사회, 레크리에이션 서비스에 대한 지역사회의 제공 가능성
제공받는 서비스	공적 자원의 도움(형태, 빈도), 가족과 친구의 도움, 서비스 만족도, 서비스 안정성
자기보호능력	ADL목욕, 빗질, 옷 갈아입기, 음식 먹여 주기, 이동 화장실 가기, 걷기 절제, IADL요리, 청소, 세탁, 운전, 쓰기, 읽기, 전화 걸기, 약 복용, 돈 관리
인지적	지각, 기억, 판단, 추리, 지능
사회적	고용(급여-자원봉사), 활동-취미, 집단참여, 종교활동, 관계(가족관계 구성, 접촉, 신뢰, 원조자), 자원(수입, 기타 수입, 자산)
지지체계의 부양 부담	신체적, 정서적, 사회적

서울시복지재단(2010)이 제시한 사례관리 표준지침에서 사정에 대한 지침은 〈표 7-3〉과 같다.

〈표 7-3〉 사례관리 표준지침: 사정

구분	활동	세부활동
사정	주요문제 및 상황파악	① 클라이언트의 신체적(영양상태 포함)/정신적 건강상태를 파악한다. ② 클라이언트의 일상생활동작 기능을 파악한다. ③ 클라이언트의 인지적 기능을 파악한다. ④ 클라이언트의 심리사회문화적 상황과 기능 정도를 파악한다. ⑤ 클라이언트의 경제상황을 파악한다. ⑥ 클라이언트의 주거상황을 파악한다. ⑦ 클라이언트의 강점 및 한계점을 사정한다.

구분	활동	세부활동
		⑧ 클라이언트의 가치, 선호, 대인관계 스타일을 파악한다. ⑨ 클라이언트의 비공식적 자원(가족사항 및 가족관계, 친구, 소속집단)의 종류와 만족 정도를 파악한다. ⑩ 클라이언트가 이용하고 있는 공식적 자원의 종류와 만족 정도를 파악한다.
	욕구 파악	① 클라이언트 및 가족의 욕구를 파악한다. ② 클라이언트 및 가족으로부터 파악된 욕구의 우선순위를 정한다.
	자료수집 방법	① 클라이언트를 사정할 때, 클라이언트 주변의 중요한 가족이나 친지, 친구, 이웃들을 만난다. ② 사정에 관한 정보를 모으기 위해 클라이언트에게 서비스를 제공했었던 다른 서비스 제공자와 접촉해야 한다.
	사례회의	① 클라이언트의 사정 내용이 적합한지, 좀 더 필요한 사정 내용이 있는지 등에 대한 사례회의를 진행한다. ② 클라이언트의 욕구 및 문제영역에 적합한 사례관리 담당자를 선정한다. ③ 다른 기관으로 의뢰가 필요한지 사정한다.
	수퍼비전	사정내용 및 과정에 대하여 동료 또는 상급자로부터 정기적으로 수퍼비전(개별 혹은 집단수퍼비전)을 받는다.
	사례관리 확정과 계약	① 사례관리서비스 계약 및 해약 기준에 대해 안내한다. ② 클라이언트로부터 사례관리서비스 제공 동의를 받는다. ③ 클라이언트가 미성년자일 경우 혹은 인지능력이 부족한 경우, 부모 및 후견인의 동의를 받는다. ④ 사례관리 제공 동의서를 작성한다.
	문서작성	클라이언트에 대한 사정 내용을 기록한다.

출처: 한국장애인개발원(2013).

사정단계에서 고려해야 할 주요 실천기법과 지침을 제시하면 다음과 같다(백은령, 2012).

- 이중적 관점: 개인과 환경 사이의 상호작용의 영향을 분석한다.
- 가계도와 생태도: 가족과 상호작용적 자료를 그래프로 나타낸다.
- 사회적 지지의 사정: 사회적 지지를 구할 수 있는 사람들을 확인한다.
- 생활력표: 삶의 주요사건이나 시기별로 주요문제의 전개를 그래프로 표현한다.
- 생활주기표: 가족 내 구성원의 발달단계를 그래프로 나타낸다.

- 가족생활주기: 가족생활주기의 다양한 단계의 발달과제와 변화를 확인한다.
- 클라이언트의 강점 확인: 개인과 가족의 강점을 확인한다.
- 대처전략과 자아방어: 어려운 상황에 대한 반응을 예측하기 위해 클라이언트가 보통 사용하는 대처방법과 방어기제를 확인한다.
- 클라이언트의 역할수행을 사정하기: 역할 관련 행동을 수행하는 데서 클라이언트가 느끼는 어려움의 특성을 파악한다.
- 클라이언트의 자아개념을 사정하기: 클라이언트 자신에 대한 인식과 사고를 이해한다.
- 가족역동성과 가족기능수행: 가족상호작용의 특성과 구조를 확인한다. 행동적 상호작용에 대한 관찰과 분석을 보다 정확히 한다.
- 직접 만든 자료수집 도구: 특정 실천현장에서 클라이언트에게 사용할 설문지, 체크리스트, 설정사례나 여러 가지 형태의 자료수집 도구를 만든다.
- 심리학적 검사의 의뢰: 클라이언트 기능수행을 사정하는 데 심리학적 검사를 적절히 사용한다.

제3절 사정도구

1. 가족 차원의 사정도구

가족사정은 가족의 욕구와 문제를 파악하고 가족의 강점과 자원을 활용함으로서, 가족의 목표를 달성할 수 있도록 지원하기 위함이다. 그러므로 가족체계를 구성하는 사람들의 상호작용적 특성과 그 구조를 알아보는 것은 클라이언트의 문제의 본질을 알 수 있고, 이 문제와 관련된 체계 및 이들 체계와의 상호관계를 볼 수 있으며, 문제의 해결을 위해 이용 가능한 자원을 확보하며 문제를 해결하려는 클라이언트의 동기를 볼 수 있다는 점에서 중요하다.

Assessment Sheet

<table>
<tr><th colspan="2">구분</th><th colspan="3">내용기술</th></tr>
<tr><td colspan="2">c't의 생활사</td><td colspan="3"></td></tr>
<tr><td colspan="2">c't의 욕구 내용 및 문제점 파악</td><td colspan="3"></td></tr>
<tr><td colspan="2">c't의 강점 및 능력파악</td><td colspan="3"></td></tr>
<tr><td colspan="2">비공식적 지지망의 능력사정 (가족·이웃)</td><td colspan="3"></td></tr>
<tr><td colspan="2">공식적 지지망의 능력사정 (학교·직장)</td><td colspan="3"></td></tr>
<tr><td rowspan="3">기타</td><td>대상자 선정일시</td><td></td><td>서비스 개시일</td><td></td></tr>
<tr><td>서비스 지급내용</td><td colspan="3"></td></tr>
<tr><td>비고</td><td colspan="3"></td></tr>
</table>

1) 가족사정의 4가지 차원

(1) 가족이 제시하는 문제

- 가족은 문제 혹은 욕구를 무엇으로 보는가?
- 누가 이런 욕구 혹은 문제를 인식하는가?
- 다양한 가족원은 문제를 어떻게 규정하며, 가족원들 간에 생각의 차이가 있는가?
- 가족을 둘러싼 환경체계들은 가족의 문제를 무엇으로 규정하는가?

(2) 생태학적 사정

- 가계수입, 음식, 거주지의 안전 등 가족의 기본적 욕구는 충족되고 있는가?
- 거주지역의 안전, 교육 및 보건의료자원, 교통과 통신에 대한 접근 등은 어떠한가?
- 이웃이나 친구, 지역사회와 의미 있는 상호교류를 하며, 적응적 균형을 이루는가?
- 가족원과 환경체계들 간의 경계는 어떠한가?
- 환경체계들과의 관계에서 개별성원들 간의 차이가 있는가?

(3) 세대 간 사정

- 가계도 분석을 통해 드러난 가장 중요한 가족 유형은 무엇인가?
- 사고나 죽음, 별거 같은 주요 상실을 경험했는가?
- 확대가족과의 관계는 어떠한가?
- 여러 세대를 거치면서 반복되어 내려오는 가족의 유형이나 관계, 문제 등은 무엇인가?
- 해결되지 않은 세대 간 가족문제가 있는가?

(4) 가족 내부에 대한 사정

- 가족구조와 기능, 의사소통, 가치, 신념체계는 무엇인가?
- 가족 내 하위체계들이 각각 적절한 기능을 수행하고 있는가?
- 가족 외부와의 경계는 어떠한가? 개방적인가 폐쇄적인가?
- 가족성원 간 경계는 밀착되었는가 혹은 경직되었는가?

- 가족 의사소통을 지배하는 규칙들이 있는가?
- 의사소통은 명확한가? 등

2) 가계도(family genograms)

(1) 개념과 특징

가계도는 특정기간 동안의 클라이언트 가족의 역사와 그 과정에서의 주된 사건을 한눈에 볼 수 있게 해주는 사정도구이다. 가족계보를 중심으로 그 가족의 2~3세대 이상에 관한 정보를 보여 주는 것으로서 결혼이나 별거, 이혼, 질병, 사망 등 중요한 생활사건이나 인종, 민족, 종교, 직업 등 인구 사회학적 특성이 표시되어 있다.

가계도는 사회복지사와 가족성원들이 세대 간 맥락에서 정서, 행동상의 문제행동 패턴을 검토하는 데 유용하다. 또한 가계도는 가족 내에서 반복되는 정서적·행동적 패턴을 확인하고 이해할 수 있으며, 각 세대의 가족에 대한 중요한 정보를 얻을 수 있다.

가계도는 과거의 결혼관계, 편부모의 가족부양 기간, 부모의 이혼 및 재혼 등에 대한 상세한 정보를 제공하며, 가계도를 통해 가족의 문제와 문제에 기여하는 중요 요인 및 가족의 패턴을 알 수 있다. 또한 가계도는 가족 내 역동이나 여러 세대에 걸쳐 발전된 가족역할, 유형, 관계 등을 알아볼 수 있다. 클라이언트와 사회복지사가 가계도를 같이 그려 봄으로써 가족을 하나의 단위로 보는 기회를 제공한다.

가계도는 적어도 3세대 이상의 가족성원과 그들의 관계와 관련된 정보를 상징(symbol)을 사용하여 기록하는 도표이다. 이러한 가계도를 활용함으로써 원조자는 가족구조를 포함한 복잡한 현재 가족유형의 전체적 형상을 파악할 수 있으며, 제시된 문제의 진화과정과 가족맥락(family context) 사이의 관련성 그리고 주요 타인의 영향력에 대한 정보를 파악할 수 있으며, 가족구조, 관계 그리고 기능적 측면을 수직적으로 그리고 수평적으로 평가할 수 있게 된다.

(2) 가계도 작성법

- 보통 여성은 원으로, 남성은 네모로 표시한다.
- 네모나 원의 이중 테두리는 개인 클라이언트를 표시한다.
- 동일세대의 가족구성원은 수평선으로 그린다. 즉, 수평선은 결혼이나 관습법적 관계를 표시한다.
- 결혼하여 생긴 자녀는 부모의 수평선 바로 밑에 수직선으로 연결한다.
- 수직선은 결혼 및 자녀를 나타내는 다른 원과 사각형에까지 연장해서 그린다.
- 자녀는 연장자부터 연소자로 나이 순서에 따라 왼쪽에서 오른쪽으로 나열한다.
- 각 개인은 현재 그 가정에서 살고 있는지, 생존자인지와 무관하게 가계도 상에서 명확히 필요한 지점에 표시되어야 한다.
- 가족구성원의 이름과 연령은 네모나 원 안에 표기한다. 바깥쪽에 중요한 정보들을 문자로 기록한다. 예) '입원', '학교중퇴'
- 가족구성원이 사망하였다면 사망연도, 사망연령, 사망원인을 기록한다.
- 사망, 이혼 및 재혼 등과 같은 중대한 사건을 표시하고 재발된 행동양식을 나타내기 위한 다른 기호 또는 문자 해설을 포함한다.
- 가족성원이 가계도 그리는 것에 거부감을 보일 경우 이를 존중해 주어야 한다.

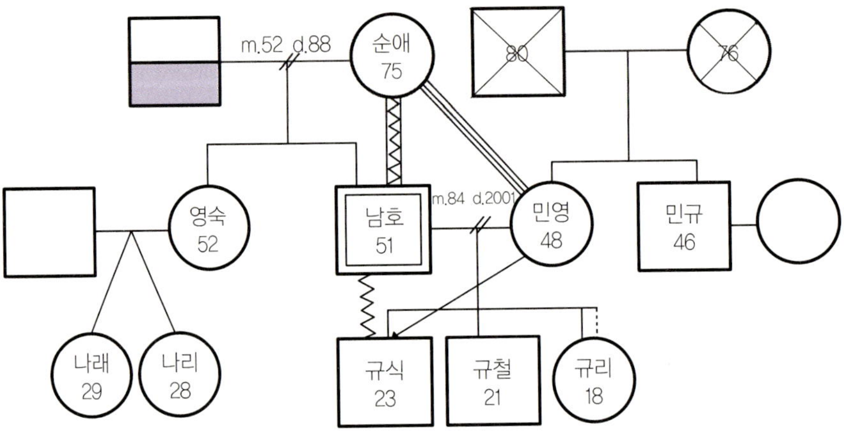

[그림 7-1] 가계도의 예

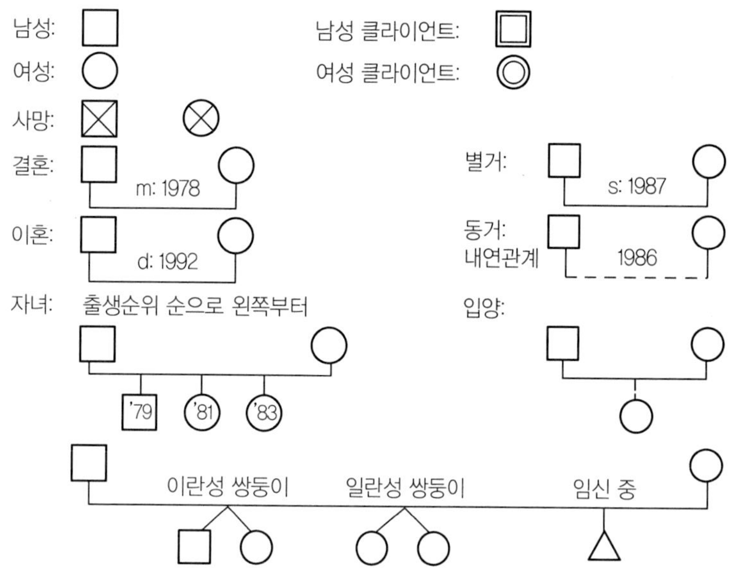

[그림 7-2-1] 가계도에 사용되는 심볼

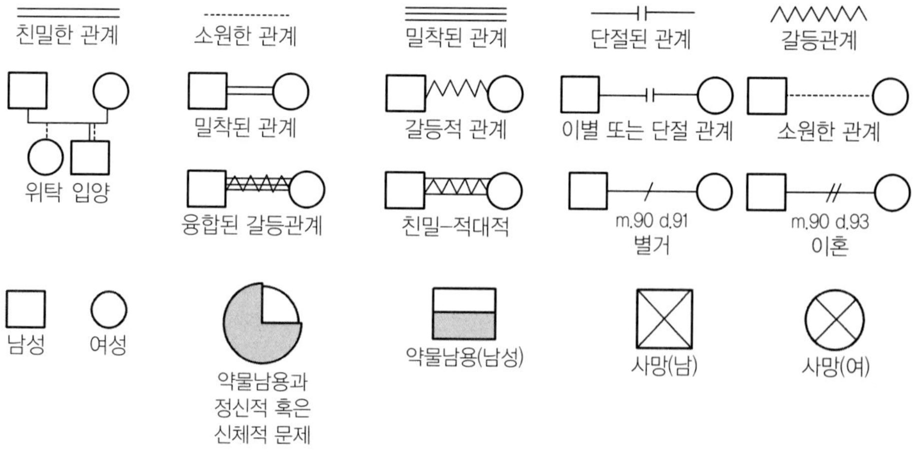

[그림 7-2-2] 가계도에 사용되는 심볼

상기 [그림 7-1]을 해석하면 다음과 같다.

- 클라이언트인 남호는 현재 51세이다. 그는 민영과 1984년에 결혼하여 2001년에 이혼했다. 남호의 아버지는 알코올 중독자로서 어머니인 순애와 1988년에 이혼했다. 남호는 어머니와 처음에는 친밀했으나 적대적으로 변화된 상태로 살고 있다. 반면 남호의 아내인 민영은 시어머니인 순애와 매우 가깝게 지내고 있다. 클라이언트인 남호와 민영 사이에는 2남 1녀가 있는데, 그중 딸 규리는 입양하였다. 클라이언트인 남호는 큰아들인 규식과 사이가 좋지 않으며, 아내인 민영은 큰아들에게 사랑을 주지만 일방적으로 사랑해 주는 관계에 있다. [그림 7-1]에서 병력에 대한 내용은 알 수 없다.

3) 생태도(ecomap)

(1) 개념과 특징

생태도는 사회환경적 맥락 내에서 개인이나 가족의 위치를 나타낸 것으로 가족 및 가족구성원과 환경 간의 상호작용을 그림으로 표현할 수 있는 도식이다. 생태도는 클라이언트와 가족이 상호작용하는 외부 환경체계들을 분명하게 해주고 환경체계들 간의 관계의 질, 지지와 자원의 흐름까지 파악할 수 있는 장점이 있다. 또한 생태도는 클라이언트와 가족에게 유용한 자원과 스트레스가 되는 자원, 부족한 자원 등에 대한 정보를 제공해 줄 수 있기 때문에 환경체계로부터 스트레스를 경험하고 있는 가족의 문제를 사정할 때 유용하다(한국장애인개발원, 2013).

생태도는 다음과 같은 특징이 있다.

- 생태도는 클라이언트 및 클라이언트와 관련된 사람, 직접적으로 관련된 사회복지관과 환경의 영향 및 그 상호작용의 변화를 묘사하는 것이다.
- 가족의 주요환경이라고 간주되는 체계를 그려서 가족체계의 요구와 자원 간의 균형을 보여 준다.
- 클라이언트를 둘러싼 각 체계와 가족성원 간 관계의 성격뿐만 아니라 환경에서 가족에게로 자원이 어떻게 흐르는지 표시된다.
- 클라이언트 가족에게 유용한 자원이나 환경이 무엇인지, 이들 체계와 가족은

어떤 관계를 맺고 있는지에 대한 정보를 얻을 수 있다.

- 환경 속의 인간에 초점을 두기 때문에 클라이언트를 생태학적 관점에서 이해하는 데 도움이 된다.
- 개입초기에 가족을 사정하는 도구로 활용할 뿐 아니라 변화를 확인하는 도구로 반복해서 사용할 수 있는데 이를 연속생태지도라고 한다.

(2) 생태도 작성법

가계도에서 활용한 기호를 활용하여 작성한다. 원을 그리고, 그 안에 현재 어려움을 겪고 있는 클라이언트나 가족의 가계도를 그린 후, 각 구성원들이 관계를 맺고 있는 외부의 사회체계들을 각각 원으로 그려 넣는다. 그다음 가족이 상호작용하고 있는 의미 있는 체계들과의 관계를 선으로 표시하게 된다. 또한 각 체계 간의 관계의 질과 자원의 흐름을 특정기호를 사용하여 표시한다. 이렇게 완성된 생태도는 가족과 환경체계 간의 관계에 대한 전체적 조망과 함께 개입에 필요한 정보를 간략하게 한눈에 파악할 수 있도록 해준다(백은령 2012).

다음 [그림 7-3]은 생태도의 예이다. 가운데 큰 원은 클라이언트의 원가족이다. 원가족은 나를 중심으로 위와 아래 3대를 표현하는 것이 일반적이다. 남편 마이크와 아내 반은 2세의 딸 에린과 62세의 어머니 루스와 함께 살고 있다. 마이크의 누나인 메리는 마이크와 반이 직장 생활을 하는 동안 에린과 루스를 돌보고 있는데, 조카인 에린에게는 사랑을 듬뿍 주지만, 루스와는 사이가 매우 좋지 않다. 루스는 사망한 남편의 연금으로 생활력이 있으며, 친구나 다른 아들과는 관계가 그리 좋지 못하다. 마이크는 전 부인 리즈와 이혼하고 슬하에 브라이언이란 아들을 두고 있고, 브라이언은 현재 주립대학에 다닌다. 새로운 부인인 반과의 사이에서 태어난 에린이 2세인 것으로 봐서 이혼한 지 몇 년 안 된 것으로 보여진다. 반 또한 짐과 이혼하고 마이크랑 결혼하였으며, 지금은 전 남편과 연락이 없는 소원한 상태이다. 아내 반은 교인인데 마이크는 교회를 다니지 않는다.

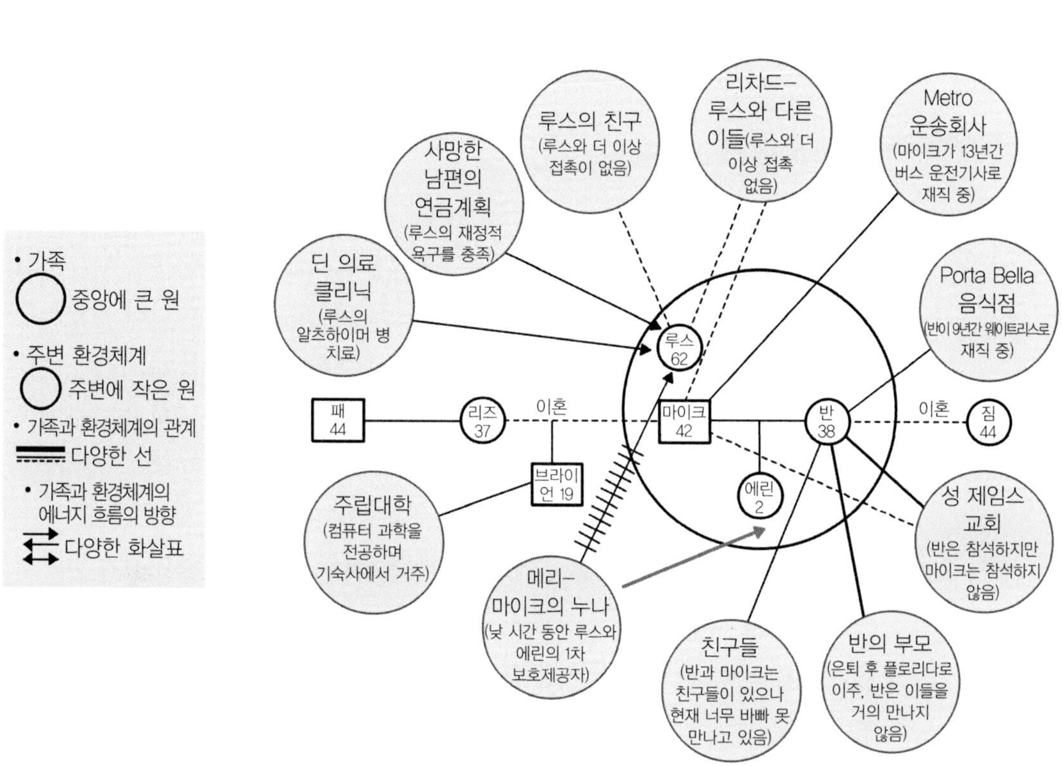

[그림 7–3] 생태도의 예

4) 생활력도표

생활력도표는 클라이언트의 생애 동안 발생한 사건이나 문제의 발전과정을 사정하는 데 쓰이는 사정도구이다. 생활력도표는 가족구성원 삶의 중요한 사건을 시계열적으로 나열하고, 생태도나 가계도처럼 원이나 선을 이용하는 것이 아니라 표를 이용하며, 가족의 다양한 시기의 자료를 조직화하여 표현한다.

〈표 7–4〉 생활력도표의 예

연 도	나 이	장 소	가 족	주요 사건	문제
1971	1	○○시	본인	미숙아로 태어남	황달이 심함
1982	12	○○시	본인	어머니 가출	초등학교 중단
1999	29	○○시	본인	결혼	남편실직
2003	33	○○시	첫째아이	교통사고	장기입원

2. 집단 차원의 사정도구

1) 집단 차원 사정의 특징

집단사회복지실천 상황 혹은 클라이언트가 집단체계인 경우, 사회복지사는 집단 자체에 대한 사정과 집단에 속한 개별 성원, 그리고 집단환경에 대한 사정을 실시한다. 이때의 사정은 어떤 특별한 단계에서만 수행되는 것이 아니라 개입과정 전반에 걸쳐 이루어지기 때문에 집단을 사정하는 경우에도 집단을 준비하는 준비단계에서부터 집단이 종료될 때까지 사정은 지속된다. 또한 집단의 발달단계마다 사정의 초점이 조금씩 달라진다.

- 초기단계: 집단 및 성원의 기능 수행에 대한 체계적 사정
- 중기단계: 초기의 사정 내용에 대한 타당성을 검토하여 그 성공 여부에 기반하여 개입계획 수정
- 말기단계: 집단 및 성원의 기능 달성 정도를 사정, 추가적인 개입이 필요한 영역에 주목

2) 집단 성원을 사정하는 데 활용되는 방법

- 성원의 자기관찰: 자기모니터, 도표, 기록지나 일지
- 사회복지사의 관찰: 자연스럽고 일상적인 상황 관찰
  역할극, 소시오드라마, 사이코드라마
  모의 검증(simulation test)
- 외부전문가의 보고: 집단 외부의 사람들에 의한 보고서나 정보
- 표준화된 사정도구: 우울증 진단 척도, 자존감 척도, 부모-자녀관계 측정 척도, 스트레스 척도 등 표준화된 척도

3) 집단 전체의 기능에 대한 사정

(1) 의사소통과 상호작용 유형

- 성원들이 의사소통과 상호작용을 어떻게 하는지 사정한다.

- 집단 초기단계에 형성되는 이러한 유형을 사정함으로써 사회복지사 잠재적인 문제를 예측하고, 성원 간 의사소통을 촉진시키며, 집단의 목표나 개별 성원의 목표성취를 도와주는 중요한 정보를 알게 된다.

(2) 응집력

집단 초기단계에서 성원들의 다양한 이유로 집단이나 성원 상호 간 매력이나 끌리는 집단 매력을 측정하는 도구로는 소시오그램이 있는데 소시오그램을 활용하면 하위집단이 형성되어 있는지도 알 수 있다.

(3) 사회적 통제와 집단문화

사회적 통제는 일반적으로 규범이나 역할, 지위, 위계 등과 관련되는데, 이는 집단에 영향을 미칠 수 있으므로 사정이 필요하다. 또한 집단의 규범이나 문화 등은 사회복지사가 성원 개인이나 상호작용 등을 관찰해서도 파악할 수 있다.

(4) 소시오그램(사회도, sociogram)

소시오그램은 상징을 사용해서 집단 내 성원 간의 상호작용을 표현한 그림으로서, 집단성원 간의 개인적 수용과 거부, 집단 내의 대인관계를 평가하기 위한 사정도구이다. 소시오그램은 집단성원 간 선호도와 무관심, 배척하는 정도와 유형을 파악할 수 있으며 하위집단 형성 여부를 알 수 있으며, 집단 내에서 성원들 간의 질적인 관계를 파악하기 위한 도구로 집단성원들의 수용-거부 과정을 평가하는 방법으로 사용된다. 또한 소시오그램은 다양한 시점에서 작성된 집단의 소시오그램을 비교해 보면 집단성원들 간의 안정성과 변화를 살펴볼 수 있다.

소시오그램을 통해서 알 수 있는 정보로는 다음과 같은 것들이 있다.

- 집단성원의 성별, 성원 간의 친화력과 반감 유형과 방향(일방적인지 쌍방향인지)
- 하위집단 형성 여부, 소외된 성원 여부, 삼각관계 형성 여부 등
- 결속의 강도(친밀한 성원끼리는 가깝게, 소원한 성원은 멀게 그림)

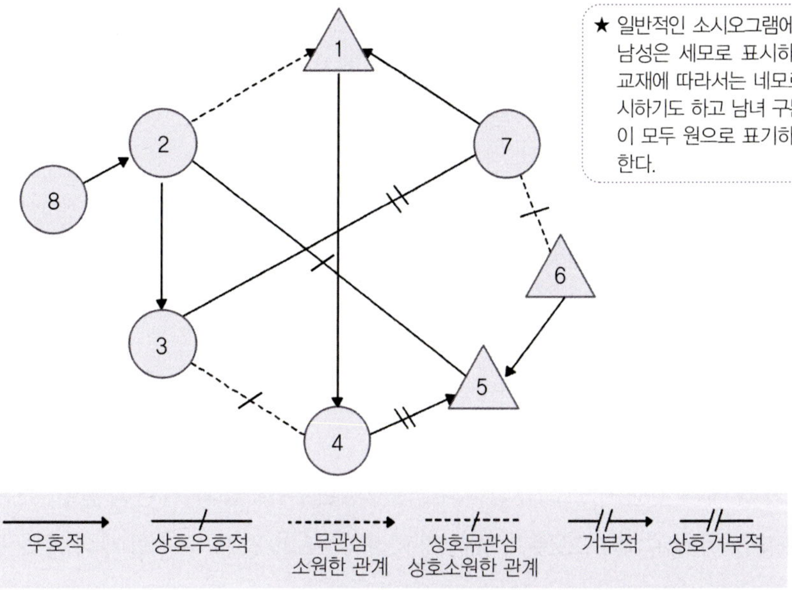

★ 일반적인 소시오그램에서는 남성은 세모로 표시하지만 교재에 따라서는 네모로 표시하기도 하고 남녀 구분 없이 모두 원으로 표기하기도 한다.

[그림 7-4] 소시오그램의 예

1번 남성은 2번 여성과는 소원한 관계에 있는 반면, 4번 여성에게는 우호적인 관계에 있으며, 7번 여성으로부터 우호적인 관계에 있다. 2번 여성은 1번 남성에게 소원한 관계에 있는 반면, 8번 여성으로부터 우호적인 관계에 있으며, 3번 여성에게 우호적인 관계를 보이고, 5번 남성과는 상호 우호적인 관계에 있다. 3번 여성은 7번 여성과는 상호 거부적인 관계에 있으며, 4번 여성과는 상호 소원한 관계에 있다. 계속 이와 같이 사회적 관계성과 변화를 추적할 수 있는 점이 소시오그램의 특징이다.

case management

생각해 볼 문제들

01 사정단계에서 살펴보아야 할 내용을 5가지 영역으로 구분하여 설명해 보라.

02 사정의 다양한 측면을 설명해 보라.

03 자신을 중심으로 가계도와 생태도를 그려 본 후 팀별로 토의해 보라.

CHAPTER 08

/

계획과정

계획수립은 사례관리자가 사정단계에서 파악한 내용을 기초로 클라이언트와 가족의 욕구를 해결하기 위한 실천과정과 방법을 구체화하는 단계이다. 이때 수립된 목표와 개입계획에 대해 클라이언트 및 가족과 상호 합의하는 것이 매우 중요하다. 자칫 사례관리자가 독단적이거나 주도적으로 목표와 개입계획을 수립한다면 그들의 참여가 소극적으로 될 수 있기 때문이다. 사례관리자가 중요하게 생각하는 목표와 개입계획에 그들이 동의하지 않을 경우 그들이 납득할 만한 정보와 근거를 가지고 공을 들여 설득하는 작업이 이루어져야 한다. 따라서 본 장에서는 첫째, 계획수립의 개념, 둘째, 계획수립방법, 셋째, 계획수립을 위한 실천기법과 지침 등을 중심으로 사례관리의 계획과정을 개념적으로 살펴보고자 한다.

제 1 절 계획수립의 개념

계획은 클라이언트의 욕구 충족을 위한 목적을 발전시키는 과정이며, 목적을 성취하기 위해 서비스를 구체화하는 과정이다. 계획은 사례관리자의 전문적 판단과 실천적 경험으로 세워지게 되며, 욕구사정이 이루어진 후 특정한 서비스의 목표를 세우게 되면서 이루어진다. 대개의 경우 목표는 장기와 단기로 나누어 세우게 되며, 장기목표는 단기목표의 달성하에 희망하는 상태를 나타내게 된다. 단기목표는 클라이언트의 현재 욕구 충족이나 위기상황을 해결하기 위한 직접적인 목표가 된다. 클라이언트와 사례관리자는 장기목표 또는 단기목표 어디에 초점을 둘 것인가를 결정해야 한다. 대개의 경우 클라이언트는 빨리 문제상황에서 벗어나기를 원하기 때문에 단기목표에 초점을 두게 되는 경우가 많지만, 실제로 클라이언트의 문제는 단기목표로 끝나지 않는 경우도 많다. 사례관리자는 단기·장기목표의 달성을 위해 시간과 노력을 어떻게 배분해야 하는지에 대한 면밀한 검토가 필요하며, 때에 따라서는 목표를 수정해야 하는 경우도 생긴다. 특히, 사례관리에서 강조되는 것은 한 전문가에 의한 독점적인 서비스가 아니라 여러 전문가에 의한 협력을 통한 자원 및 서비스의 연결에 있다.

목표를 계획하고 수립하기 위해 주의해야 할 점을 살펴보면 다음과 같다.

첫째, 목표는 명료하게 세워야 한다. 목표가 명확하지 못하면, 클라이언트의 진전 상황을 보고할 수 있는 근거가 없어지게 된다.

둘째, 실현 가능한 목표를 세워야 한다. 서비스 제공시간, 서비스의 종류, 양, 횟수 등에 대해 구체적으로 설정해 주는 것이 필요하다. 목표를 세울 때 자주 범하기 쉬운 실수 가운데 하나가 바로 사례관리자와 클라이언트의 능력을 과대평가하는 것이다. 이로 인해 실현 가능한 목표를 설정하기보다는 달성할 수 없는 범위의 목표를 세우는 경우가 있다. 따라서 사례관리자와 클라이언트의 능력을 감안하여 그들이 달성 가능한 범위에서 현실적인 목표를 세우는 것이 중요하다.

셋째, 클라이언트와 목표에 대한 동의가 이루어져야 한다. 사례관리실천 활동의 목표는 전문가에 의한 일방적인 결정보다는 클라이언트의 능력을 배양하고, 클라이언트로 하여금 스스로의 문제를 해결하게 하는 데 있다. 이러한 맥락에서 보면 클라이언트와 어떤 수준에서 문제가 해결되기를 원하는지에 대한 합의가 필요하다.

제2절 계획수립방법

클라이언트와 가족의 욕구를 반영하여 명확화·구체화하여 목표를 수립하고 단기간 해결되기 어려운 요구사항은 장기적인 목표로 전환하고 이를 위해 단기적으로 달성해야 할 목표설정과 실행 가능한 실천계획을 수립할 수 있도록 지원한다.

1. 목표설정

효과적인 개입이 이루어지기 위해서는 명확한 목표가 설정되는 것이 중요하다. 목표는 가능한 한 측정 가능한 형태로 기술되어야 하며 긍정적인 용어를 사용하여 기술한다. 목표설정 시 사례관리자는 클라이언트와 가족구성원이 꿈꾸는 자신의 삶의 모습이나, 자신의 미래 등에 대해서 질문하여 보다 큰 그림에서 그것을 이루기 위해 본인이 지금 할 수 있는 것과 해야 하는 것, 사례관리자가 도와주기를 바라는 것을 구체화해 나가는 것이 좋다.

〈표 8-1〉 목표설정의 예

예	명료하지 않은 목표	명료한 목표
노인의 고독감이 문제일 때	A 클라이언트의 고독감을 줄인다. - 이 목표는 추상적이다.	A 클라이언트에게 말벗서비스를 통해 날마다 접촉을 제공한다. - 이 목표에는 시간과 서비스의 횟수가 포함되어 있다.
아동의 학교 결석이 문제일 때	B 클라이언트의 학교 출석을 높인다. - 이 목표는 추상적이다.	B 클라이언트에게 10회에 걸친 상담을 통해 적어도 2개월 동안 일주일에 4일 이상은 학교에 출석하게 한다. - 이 목표에는 시간과 서비스의 횟수가 포함되어 있다.

2. 개입계획 수립

수립한 목표를 달성하기 위해 구체적으로 누가, 무엇을, 어떻게 할 것인가를 구체화하는 과정이다. 개입계획 수립 시, 지켜야 할 원칙은 다음과 같다(김찬우, 2006).

- 개입계획은 전 단계의 사정결과에 충실해야 한다. 사정의 목표 중 하나가 욕구의 명확화였다면, 계획은 서비스 전달과 욕구를 연결하는 과정이다. 따라서 사정결과에 의한 욕구에 부합되는 개입계획을 세워야 한다.
- 개입계획 수립과정에 클라이언트 및 그 가족의 참여가 전제되어야 한다. 이러한 참여가 없다면, 서비스 제공자나 행정상의 편의에 의해 계획이 수립되어 관료적인 행위로 인식하기가 쉽다.
- 수립된 계획은 변화될 수 있다. 클라이언트와 가족의 욕구변화나 재사정 이후 계획은 변화될 수 있다.
- 계획에 포함된 서비스는 공적인 영역뿐만 아니라 비공식적 자원의 활용에 대한 것까지 포함되어야 한다. 욕구사정에서 나타난 비공식 자원과의 적절한 연결을 대상자의 특성에 맞추어 설정함으로써 공식적 자원의 공백(gap)을 메울 수 있다. 예를 들어, 클라이언트와 가족이 시설입소를 원하지 않을 경우, 위기상황에 지원을 받을 수 있는 단기시설서비스에 대해 명시한다.
- 계획에는 반드시 재정적인 문제가 명확하게 규정되어야 한다. 재정지원에는 본인부담에 관한 부분도 명시되어야 한다.
- 모든 계획은 문서화하여 대상자의 동의를 통해 계약을 맺는 형태로 되어야 한다. 여기에는 기간과 작성자가 명시되어야 하며 관련자의 동의가 전제되어야 한다.

3. 계약

계약이란 목표와 개입계획에 대해 클라이언트와 가족이 사례관리자와 상호합의하고, 이를 명시적으로 확인하는 과정을 의미한다. 계약의 내용에는 문제의 정의, 달성될 목표, 이용자와 사례관리자의 역할, 만남의 빈도와 횟수, 비용, 개입기법, 평가방법 등을 포함한다. 계약은 서면과 구두로 할 수 있으나, 구두의 경우도 사례관리자가 기록을 남겨 두어야 한다(백은령, 2012).

〈표 8-2〉 계획수립의 예

구 분		서비스 계획		개입 내용		
욕구	문제점	계획 내용	목표 횟수	목적 또는 주체	수행 내용	실시 횟수
1차적 욕구: 발가락 통증해소 및 염증 치료에 대한 욕구	문제1: 왼쪽 3번째 발가락 봉와직염으로 인한 통증 및 괴사	병원입원 진료		염증완화	‣ 2차병원에서의 입원치료: 인근 2차 의료기관에서 입원치료를 통해 상체의 치료 및 통증 경감을 시행함 ‣ 3차병원에서의 입원치료: 2차병원에서 호전이 없을 경우 3차 의료기관으로 전원하여 입원치료 시행	1일 3회 12일간
		외래 진료에서의 상처 치료 및 통증경감	일 1회	상처 완화	상처 치료로 상처를 완화시킨다.	1일 1회 및 1일 3회 투약
				통증 경감	병원에서 처방받은 복용약을 지속적으로 투여함으로써 통증을 경감시킨다.	
2차적 욕구: 가족에 대한 그리움	문제1: 가족의 정기적인 안부 연락 미흡	가족들과의 정기적인 안부 연락 유도	주 2회	가족에 대한 걱정 및 그리움 해소	딸과 정기적인 전화통화 및 시동생의 규칙적인 면회를 통해 가족에 대한 걱정 및 그리움을 해소한다.	주 2회 이상 전화 연락 및 면회
3차적 욕구: 걷고 싶다는 욕구	문제1: 기력 약화와 시력 저하로 인한 거동이 어려워짐	정기적인 걷기 운동 유도 및 근력 강화 운동 실시	주 3회	스스로 거동 가능하기 위한 재활치료	재활치료를 이용한 다리 근력강화 운동으로 다리 힘을 키운다.	주3회
			1일 2회		생활실에서의 정기적인 걷기 운동을 통해 스스로 걸을 수 있도록 유도한다.	1일 2회

Planning Sheet

문제·욕구 (우선순위)	결과목표	서 비 스					비고
		형태	제공자	횟수	시간·양	비용	

제3절 계획수립을 위한 실천기법과 지침

계획수립 단계에서 고려해야 할 주요 실천기법과 지침을 제시하면 다음과 같다(한국장애인개발원, 2013).

- 목표는 클라이언트와 가족이 추구하는 바람직한 결과와 관련되어야만 한다.
- 목표는 명백하고 측정 가능한 용어로 정의되어야 한다.
- 목표는 실행 가능한 것이어야 한다. 달성하지 못한 목표설정은 클라이언트와 가족의 용기를 잃게 하고, 반복적인 좌절감을 느끼게 할 수 있다. 그러므로 목표를 설정할 때 사례관리자는 목표를 달성할 수 있는 클라이언트와 가족의 능력과 목표달성에 영향을 미치는 환경적 압력 이 두 가지를 기본적으로 고려해야 한다.
- 목표는 사례관리자의 기술과 지식에 상응해야만 한다.
- 목표는 가능할 때마다 성장을 강조하는 긍정적인 용어로 진술해야만 한다.
- 목표는 기관의 기능과 일치하여야 한다.

목표설정 시, 목표달성척도(Goal Attainment Scale: GAS)를 사용할 수 있는데, 이 척도는 1960년대 정신보건 분야에서 시작된 접근법으로 뇌손상환자, 노인환자, 지체장애 유아 등과 같은 여러 집단을 대상으로 사용되어 왔다. 이 접근법은 최근에는 사회복지 서비스 기관에서 그다지 자주 사용되지는 않지만, 그 개념은 현재에도 여전히 적용할 수 있는 것임이 여러 연구를 통해 입증되고 있다. 사례관리자는 클라이언트에게 제공될 목표의 우선순위를 정하고 클라이언트의 문제에 개입하게 되는데, 그 우선순위에 따라 가중치를 달리할 수 있다(윤관현, 1985).

다음의 〈표 8-3〉은 클라이언트에 대해 3가지 개입목표를 수립하였다. 구체적으로, 건강 문제, 심리적 고독감 극복, 재정적 지원이라는 목표를 세웠다면, 이 3가지 개입목표 전체를 1로 하여 각각의 목표에 점수를 부여한다. 이때, 똑같이 0.33이라는 점수를 주는 것이 아니라, 각 목표별로 중요도에 따라 가중치를 부여한다.

즉, 목표 가운데 가장 시급한 것이 건강문제라고 하면 건강문제는 0.5, 다음이 재정적 문제라면 0.3, 다음이 심리적 고독이라면 0.2를 부여하는 것이다. 전체의 합은 1이 되어야 한다. 이렇게 세워진 목표달성 수준을 왼쪽 줄에 있는 것처럼 0에서 1점으로 평가한다. 예를 들어, 목표 1이 건강문제라면 어느 수준까지를 기대 정도의 향상이라고 평가할 것인지, 각 평가의 수준에 대해 클라이언트와 사례관리자가 합의해야 한다. 전체적인 목표달성 수준은 표 가장 아래쪽에 나와 있는 것과 같은 산출방법에 의해 점수를 계산한다. 계산 결과 0.72가 나왔다면 72%를 달성한 셈이 된다.

〈표 8-3〉 목표달성척도

목표달성 수준 \ 목표	목표 1: (가중치 점수:)	목표 2: (가중치 점수:)	목표3: (가중치 점수:)
최적의 향상(1.0)			
기대 이상으로 향상(0.75)			
기대 정도로 향상(0.5)			
기대 이하의 향상(0.25)			
전혀 성과 없음(0.00)			

전체 목표달성 수준 =
(목표1 가중치 × 목표달성 수준) + (목표2 가중치 × 목표달성 수준) + (목표3 가중치 × 목표달성 수준)

따라서, 이러한 척도를 사용하면 목표가 구체적으로 어느 정도 달성되었는지를 판단하는 데 좋은 정보를 제공해 준다. GAS 접근법에서는 치료의 진척도를 측정하기 위해 치료자와 클라이언트가 조작 가능한 목표에 대해 정기적으로 관심을 가지고 언급하는 것이 중요하다. 개입기간 동안, 특히 종결에 가까워질수록 원하는 목표달성에 대한 진척도가 지속적으로 모니터링되어야 한다.

그러나 이러한 방법을 사용하는 것에 대한 단점도 파악해야 할 것이다. 이 척도의 단점은 다음과 같다(윤관현, 1985).

첫째, 사용자의 주관에 따라 많은 차이가 나타날 수 있다. 어떤 사회복지사는 클라이언트의 목표가 몸무게를 줄이는 것보다 자아 존중감을 향상시키는 것이 더 중요하다고 할 것이고, 어떤 사회복지사는 몸무게를 먼저 줄여야만 자아존중감도 향상된다고 생각할 것이다.

둘째, 실천가가 긍정적이냐 혹은 부정적이냐에 따라 목표달성 정도에 따라 차이가 나타날 수 있다. 예를 들어, 매우 긍정적인 사회복지사는 클라이언트의 목표달성 수치를 높게 잡을 것이고, 만약 이것이 달성되지 않는다면 달성률은 낮아질 수 있다. 반면에 부정적인 관점을 가지고 있는 사회복지사라면 클라이언트의 목표달성 정도를 낮게 잡을 것이고, 만약 이것이 달성된다면 서비스달성 정도는 높아질 것이다.

이러한 단점에도 불구하고 이 척도가 사회복지실천, 즉 사례관리현장에서 사용될 수 있는 이유는 사례관리의 목표달성 정도를 가시적으로 제시해 줄 수 있다는 장점이 있기 때문이다. 다음은 GAS를 적용한 사례이다.

① 사례 개요

사례	로버타, 여성, 26세, 고졸, 무직
주요 문제 및 욕구	- 자신이 불행하다고 느끼며 스스로를 혐오함 - 친구나 다른 사람들과 만나지 못하게 하는 위압적인 아버지와 함께 살고 있음 - 체중 감량에 지속적으로 실패 - 자신의 아파트에서 혼자 살기를 원함
사회복지사가 보는 문제	- 홀로 살아가는 방법을 확보하지 못함 - 체중 감량 실패
클라이언트의 강점	- 동기부여가 되어 있음

② GAS를 사용한 목표

목표 / 목표달성 수준	목표1 경제적 독립(0.6)	목표2 체중 감량(0.4)
최적의 향상(1.0)	최소 생계비 이상의 급여와 부가 급부가 보장되는 전업직 취업	101~150파운드 감량
기대 이상으로 향상(0.75)	최소 생계비 이상의 급여가 보장되는 전업직 취업	76~100파운드 감량

목표달성 수준 \ 목표	목표1 경제적 독립(0.6)	목표2 체중 감량(0.4)
기대 정도로 향상(0.5)	최소 생계비 수준의 급여가 보장되는 전업직 취업	35~75파운드 감량
기대 이하의 성과(0.25)	임시적 취업	34파운드 이하 감량
전혀 성과 없음(0.00)	취업 실패, 아버지와의 계속적 동거	체중 증가
전체 목표 달성 수준 = (0.6 × 0.5) + (0.4 × 0.5) = 0.5		

③ 결과

6주 후에 로버타는 경제적 독립(기대 정도로 향상)이라는 목표를 달성하였다. 그녀는 패스트푸드 음식점에서 일하게 되었고, 자신의 아파트에서 살게 되었다. 게다가 체중 감량 프로그램을 시작하였고, 65파운드를 감량하였다. 로버타는 훨씬 행복하다고 했고, 대학에 진학하는 것을 고려하였다. 이 사례의 사례관리 목표 달성 정도는 50%다.

〈표 8-4〉 사례관리 표준지침: 계획

구분	활동	세부활동
서비스 계획	서비스 계획수립	① 달성하고자 하는 서비스 목표에 대하여 우선순위를 결정한다. ② 서비스 계획을 세울 때는 클라이언트가 달성할 수 있는 변화목표를 측정 가능하게 구체적으로 기술한다. ③ 서비스 계획을 세울 때는 각각 하나하나의 서비스마다 서비스 양이나 지속기간을 구체적으로 기술한다. ④ 서비스 계획에는 클라이언트를 도울 수 있는 지역사회 내의 비공식적 서비스 자원(가족, 친족, 친구 등)을 포함시킨다. ⑤ 서비스 계획에는 클라이언트를 의뢰할 수 있는 공식서비스 기관(국가 및 공공기관)을 포함시킨다. ⑥ 클라이언트의 욕구에 적합한 기관 내 서비스를 파악한다. ⑦ 클라이언트에게 적합한 서비스를 주기 위해 다른 기관에 의해 제공될 수 있는 서비스가 있는지 알아본다. ⑧ 클라이언트, 사례관리자, 비공식·공식 지원체계가 수행해야 할 과업을 명확히 기술한다. ⑨ 서비스 계획을 세울 때는 클라이언트의 개별적 욕구를 반영해야 한다. ⑩ 클라이언트 또는 가족과 함께 협의하여 서비스 계획을 세운다.

구분	활동	세부활동
		⑪ 클라이언트의 자기 결정권의 원칙을 존중한다. ⑫ 클라이언트나 가족의 잠재력과 자원획득능력을 향상시키기 위한 서비스 계획을 세운다. ⑬ 클라이언트가 지역사회에서 어떤 서비스를 이용할 것인가를 스스로 결정할 수 있도록 돕는다.
	서비스 기관사정	① 클라이언트를 의뢰할 기관의 서비스 질을 사정한다. ② 계획수립 시 필요하다고 판단된 서비스를 사례관리기관이 제공할 수 있는 여력이 있는지, 장애물은 없는지 파악한다. ③ 클라이언트에게 현실적인 기대를 주기 위해, 기관의 정책과 자격기준 및 클라이언트가 기대할 수 있는 서비스 수준을 설명한다.
	서비스 제공동의	클라이언트로부터 서비스 제공동의서를 받는다.
	사례회의	설정된 사례관리계획이 적절한지를 검토하는 사례회의를 진행한다.
	수퍼비전	계획수립에 대하여 동료 또는 상급자로부터 정기적으로 수퍼비전(개별 혹은 집단수퍼비전)을 받는다.
	문서작성	서비스 계획 기록지를 활용하여 서비스 목표 및 계획을 작성한다.

출처: 한국장애인개발원(2013).

생각해 볼 문제들

01 목표를 계획하고 수립하기 위해 주의해야 할 점을 설명해 보라.

02 명료한 목표와 명료하지 않은 목표를 각각 수립해 보라.

03 계획수립단계에서 고려해야 할 주요 실천기법과 지침을 설명하고 팀별로 토의해 보라.

CHAPTER 09

실행과정

실행과정은 이전단계에서 수립한 개입계획을 실행하는 단계이다. 상호합의에 의해 설정한 목표를 달성하기 위한 방법 내지는 수단을 개입 혹은 실행이라고 한다. 실행과정은 사례관리가 본격적으로 이루어지는 단계라고 할 수 있는데, 사례관리자가 개입계획을 실행하기 위해서는 직접적인 실천기술과 간접적인 실천기술을 필요로 한다. 따라서 본 장에서는 첫째, 실행의 개념, 둘째, 직접개입과 간접개입, 셋째, 서비스 점검 등을 중심으로 사례관리의 실행과정을 개념적으로 살펴보고자 한다.

제1절 실행의 개념

실행이란 이미 세워진 개별화된 서비스 계획에 따라 개입이 이루어지는 것을 말한다. 개입(intervention)은 클라이언트의 사회적 망, 혹은 대인 서비스 수혜자 중 어느 하나를 변화시키기 위해 고안된 개입을 전달하는 데 집중하는 과정이다. 즉, 클라이언트에게 필요하고 유용한 서비스를 연결하며, 개입을 통하여 서비스의 획득과 활용에서의 장애를 극복하고 적절하게 서비스를 배열하고 정리하는 과정이다. 개입은 클라이언트와 사회복지사가 계약서에 서명을 하는 순간부터 시작된다(김융일·조흥식·김연옥, 1995).

사례관리자는 다음의 두 가지 유형의 개입을 이용한다.

첫째, 직접적 개입으로 클라이언트 자신이 서비스에 접근하고 이용할 수 있는 능력과 기술을 향상시키도록 사례관리자가 사용하는 개입기술을 의미한다. 직접적 개입으로는 클라이언트에게 자기표현의 기술을 가르치거나 자기옹호의 기술을 가르치는 것 그리고 위기기간 동안 개입하는 것 등이 있다.

둘째, 간접적 개입으로 사례관리자가 클라이언트를 대신해 체계의 수행이나 행동을 변화시키려고 할 때 사용하는 방법이다. 예를 들면, 대인서비스 제공자와 클라이언트를 연결하는 것, 서비스들을 중개하는 것, 클라이언트의 욕구가 충족될 수 있도록 클라이언트를 옹호하는 것, 사회적 지원을 증가시키는 것 등이 있다.

1. 계약

계약은 클라이언트의 문제를 해결하기 위한 구체적 서비스 계획에 대해 사례관리기관과 클라이언트가 구두 약속, 또는 서면 계약서를 작성하는 것이다. 계약에는 어떤 서비스를 제공할 것이고, 누가 제공할 것이며 어떻게 제공할 것인지를 명확히 하고, 목표달성을 위해 클라이언트가 어떤 노력을 해야 하는지를 명시한다.

계약은 목적을 분명히 함으로써 클라이언트와 사회복지사 간의 갈등을 줄일 수 있으며, 우선순위를 정하고 역할과 책임을 설명하고, 측정과정에 합의된 방법을 제공할 수 있다.

사회복지현장에서의 계약은 모든 사례관리 대상자와 서면으로 체결함을 원칙으로 하여야 한다. 그리고 계약서 작성 시, 기관의 인적·물적 자원의 정도를 고려하여 서비스 제공이 가능한 범위 내에서 클라이언트의 욕구에 부응하여 계약한다. 과도한 서비스 계약은 클라이언트에게 약속을 지키지 못하거나 자원개발을 위하여 대부분의 시간을 보낼 수 있다.

2. 서비스 계약서

클라이언트에게 서비스제공 및 개입을 위해 계약서를 작성하여야 한다. 계약서에는 다음의 내용이 포함되어야 한다(서울시복지재단, 2009).

- 서비스 종류
  - 서비스의 조정 및 중단에 대한 내용: 중간점검 과정이나 평가 시에 서비스의 조정이 있을 수 있다는 내용 등과 서비스의 중복이나 중단의사가 있을 시, 명확하게 의사표현을 할 수 있도록 한다.
  - 서비스 이용자의 의무 및 계약: 클라이언트의 의무사항을 명시하고 서비스 계약기간을 명시한다. 이는 클라이언트가 긴급한 어려움이 있을 때, 기관에서 신속히 대응할 수 있도록 하기 위함이다.

사례관리기관의 역할은 다음과 같다.

- 사례관리기관에서는 서비스 계약서의 양식과 활용원칙에 대해 결정하여야 한다.
- 서비스계약을 클라이언트와 어떤 절차에 의해 진행할 것인지, 시기는 언제로 할 것인지 등을 결정하여야 하며, 계약 시 사례관리자의 역할과 범위도 명확하게 정해 놓아야 한다.
- 사례관리기관의 총괄 수퍼바이저는 서비스 계약서 작성을 확인하고 지도하여야 한다.

사례관리자의 역할은 다음과 같다.

- 사례관리자는 최초 서비스 제공 이전에 클라이언트에게 사례회의 결과 및 서비스 제공내용을 꼼꼼하게 설명하고, 기관의 역할과 클라이언트의 역할에 대해 설명하여야 한다.
- 서비스 계약서를 작성해야 되는 이유를 클라이언트가 이해할 수 있도록 설명해야 할 의무가 있다.
- 서비스 계약서는 서비스계획 수립 후 1주일 이내에 작성될 수 있어야 한다.

- 위기 상황으로 서비스 제공 및 개입이 시급한 클라이언트에 대해서는 사례회의 후 바로 서비스 제공 및 개입을 먼저하고, 서비스 계획 및 서비스 계약서 작성은 이후에 실시하는 융통성도 필요하다.

제2절 직접개입과 간접개입

클라이언트 및 그 가족의 서비스에 대한 접근성과 역량을 강화하기 위한 직접개입에는 교육, 지지 및 격려, 위기개입, 동기화 등이 있으며, 자원체계의 연계·중개와 옹호하는 것 등이 개입단계에서 이루어지는 사례관리활동이다.

사례관리자는 클라이언트 및 그 가족이 스스로 자기효능감을 가질 수 있도록 지속적인 지지와 격려를 해야 하고, 어떤 역할을 어떻게 수행해 나갈 것인지를 계획하고 자신을 둘러싼 환경의 다양한 사회망과 전문가망을 이용할 수 있도록 임파워먼트하고, 그들의 환경이 자원으로서 기능할 수 있도록 개발하고 연계하는 기능을 수행하게 된다. 사례관리자는 클라이언트 및 그 가족과 사회적 네트워크나 대인서비스 제공자의 업무 혹은 서비스 수행방법에 변화를 가져오기 위해 계획된 두 가지 유형의 개입실천을 한다.

1. 직접개입

직접개입은 사례관리자가 스스로 변화의 매개도구가 되어 클라이언트 및 그 가족에게 직접적으로 서비스를 제공하는 것을 말한다. 클라이언트 및 그 가족이 복합적인 문제상황에 장기간 노출됨으로 인해 겪고 있는 심리적·정서적 어려움을 해결할 수 있도록 지원하는 것으로, 사례관리자의 상담가로서의 역할이 크게 부각되는데, 사례관리자는 클라이언트 및 그 가족이 본인들 삶의 변화를 위해 활동할 수 있는 힘과 의지를 가지고 활동할 수 있도록 지지하고 격려하는 것과 더불어 취약한 자기표현 기술을 가르치는 것 등의 구체적인 활동을 포함한다.

클라이언트가 장애인인 경우, 장애로 인한 사회적인 편견과 각종 자원에의 접근성의 제한 등으로 인해 좌절을 경험하거나 장애 자체의 특성으로 심리적 동기가 약할 수 있다. 이 경우 사례관리자는 장애인과 가족의 심리·정서적 문제해결에 관심을 가지고 계획된 목표를 달성해 가는 과정에서 적절하게 개입하는 것이 필요하다. 또한 클라이언트 및 그 가족이, 장애가 자신들만의 문제이므로 어떤 어려움을 겪더라도 스스로 감당해야 한다는 의식에서 벗어나 이것이 사회의 문제이며, 사회가 함께 장애인과 가족의 부담을 나누어 가져야 한다는 의식의 전환이 일어날 수 있도록 임파워먼트하는 데 역점을 둘 필요가 있다.

2. 간접개입

간접개입은 사례관리자가 클라이언트 및 그 가족을 대신해서 체계의 수행이나 행동을 변화시키려고 할 때 이용되는 것으로, 직접서비스 제공자와 클라이언트 및 그 가족을 연결하는 것, 서비스들을 연계하는 것, 클라이언트 및 그 가족을 옹호하는 것, 사회적 지원이나 혜택을 확대시키는 활동들이 포함된다.

클라이언트가 발달장애인인 경우, 그들은 특히 자기주장이나 옹호능력의 제한으로 인해 사회적으로 가치 절하되는 대표적인 대상으로, 이와 같은 사회적 편견과 고정관념으로 인해 사회활동이나 직업생활 등에서 배제되거나 차별을 받게 되는 경우가 많다. 또한 지역사회 내에서 자신의 욕구를 충족하기 위해 가능한 자원을 찾기 어려울 뿐만 아니라 자신의 욕구를 충족하기 위해 스스로 옹호하는 것이 어려운 경우가 대부분이다. 발달장애인이 장애로 인해 원활하게 의사소통이 이루어지기 어려운 경우 사례관리자는 장애인이 속한 기관, 지역사회 프로그램이나 기관 등에 대해 옹호활동을 전개해야 한다. 발달장애는 당사자뿐만 아니라 가족구성원과 가족 전체의 삶에도 영향을 미쳐서 여러 가지 제한을 경험하게 만든다. 따라서 사례관리자는 장애인 당사자뿐만 아니라 가족의 입장을 대변하기 위한 다양한 활동을 전개해야 한다(한국장애인개발원, 2013).

〈표 9-1〉 사례관리 표준지침: 실행

구분	활동	세부활동
서비스 실행	직접 서비스 제공	① 사례관리자가 직접 서비스를 제공한다(상담, 교육, 지도, 각종 프로그램 제공 등). ② 사회적 지지망(가족, 친척, 친구, 동료 등 비공식적 지지망)을 넓힐 수 있도록 클라이언트를 돕는다. ③ 클라이언트나 가족, 타 서비스 제공자에게 독려와 지지를 제공한다. ④ 클라이언트가 여러 서비스 제공기관과의 약속을 책임감 있게 지킬 수 있도록 돕는다. ⑤ 클라이언트의 가족 및 클라이언트를 방문하는 비공식적 사람들을 파악하여 협력체계를 만들고, 필요할 때 도움을 구한다. ⑥ 클라이언트가 필요로 하는 일상 및 사회생활에 대한 방법을 교육한다(가사일 등). ⑦ 다양한 서식 작성 등 행정적 도움이 필요한 경우 클라이언트를 돕는다.
	자원연계 및 조정	① 클라이언트와 그 가족이 적절한 서비스와 지역사회자원을 이용할 수 있도록 연결해 준다. ② 서비스 이용에 필요한 사항을 클라이언트에게 설명한다. ③ 클라이언트 의뢰 시, 타 기관이 클라이언트에게 요구하는 서식이나 준비사항을 챙긴다. ④ 클라이언트가 지역사회서비스에 접근할 수 있도록 필요한 정보를 제공한다. ⑤ 클라이언트가 스스로 자원을 탐색하고 활용할 수 있도록 돕는다. ⑥ 거동이 불편하거나 인지능력이 부족한 경우 또는 미성년자이거나 서비스 제공과정이 원활하지 않은 경우, 필요하다면 클라이언트와 동행한다. ⑦ 클라이언트가 서비스나 정보를 적절하게 제공받기 위하여 스스로의 목소리를 낼 수 있도록 지지한다. ⑧ 서비스와의 연계가 확실히 이루어지도록 하기 위해 의뢰기관 직원에게 클라이언트를 소개한다. ⑨ 기관과 연계할 필요가 있을 때, 시·군·구청에게 행정조치나 협조를 요청한다. ⑩ 다양하거나 중복된 서비스에 대하여 타 서비스 제공기관들과 조정한다. ⑪ 클라이언트와 연결되어 있는 타 사회복지사들이나 전문가들과 긴밀한 관계를 유지한다. ⑫ 클라이언트에 대한 이해 및 정보가 부족한 기관에게 클라이언트의 입장에서 설명한다.

구분	활동	세부활동
	자원발굴 및 동원	① 클라이언트에게 적합한 서비스를 주기 위하여 다른 기관의 자원을 파악한다. ② 클라이언트에게 서비스를 제공할 수 있는 기관의 목록을 작성한다. ③ 서비스 목록표를 끊임없이 업데이트한다. ④ 클라이언트에게 필요한 서비스라면 새롭게 개발한다.
	사례회의	① 클라이언트를 의뢰할 기관 또는 의뢰하였던 기관의 전문가를 사례회의에 참여시킨다. ② 주 사례관리자가 사례관리 과정을 수행할 때 나타나는 어려움이 있는지 파악한다. ③ 서비스 제공기관과 연계활동이 원활한지, 장애가 있다면 무엇이며, 어떻게 장애를 극복할 것인지를 논의한다.
	문서작성	① 클라이언트를 타 기관으로 연계할 때, 서비스 의뢰서를 작성한다. ② 클라이언트와 관련된 기록(예: 상담 등)이나 서류를 빠지지 않고 작성한다.

출처: 한국장애인개발원(2013).

제3절 서비스 점검

1. 서비스 점검의 개념

서비스 점검, 즉 모니터링은 서비스가 클라이언트의 현재 욕구를 충족시키기에 적절한 것인지를 점검하기 위해 사례관리자가 클라이언트, 클라이언트의 가족, 다른 서비스 제공자와 규칙적으로 만남을 유지하는 과정을 의미한다. 이 영역은 전통적인 사회복지에서는 덜 중요하게 생각되었지만 사례관리에서는 중요한 과정으로 고려하며, 사례관리자가 지속적으로 수행해야 할 임무 중의 하나이다. 그러나 사례관리의 대상이 되는 복합적 문제를 가진 인구집단의 경우, 특히 장기간의 보호를 요하게 될 경우 기능의 쇠퇴가 날로 심각해지고, 어려움이 지속될 가능성이 크기 때문에 지속적인 관찰이 요구된다. 따라서 모니터링은 치료의 제공보다는 치료를 촉진시킬 수 있는 지지적인 역할을 수행하는 것과 관련된다.

모니터링은 클라이언트와 지속적인 접촉을 요구한다. 아울러 클라이언트는 서비스 약속을 잘 지키고 있는지, 시간적으로 적절하게 서비스가 주어지고 있는지에 대해 사례관리자가 확인하는 과정이다. 모니터링은 서비스의 질을 점검하는 일임과 동시에 보호계획의 수정, 클라이언트의 반응, 사례 종결 등과 같은 일에 대해 사례관리자가 평가하도록 하는 일이다. 서비스에 대한 모니터링은 사례관리자가 필요하다면 개입을 시작하게 하고, 다음 개입에 대해 미리 준비할 수 있도록 하는 역할을 한다. 클라이언트와의 접촉은 대면접촉을 통해 할 수도 있으며, 전화에 의해서도 가능하다. 또한 사례관리에 있어서 모니터링은 반드시 사례관리자에 의해서만 진행되는 것이 아니라 클라이언트와도 직접적인 관계가 있다. 이것은 클라이언트와의 피드백이 중요한 모니터링의 내용이 되기도 하기 때문이다.

사례관리에서 모니터링을 위해 할 수 있는 것은 다음의 3가지가 있다.

첫째, 다양한 자료원에서 정보 획득

둘째, 클라이언트의 내면적인 부분과 외면적인 부분에 대한 모니터링이 동시에 이루어져야 한다.

셋째, 클라이언트에 대한 서비스 전달의 질, 시간, 적절성 등을 모니터링

이러한 사항을 모니터링하기 위해 서비스 로그를 사용하면 편리하다. 모니터링 단계에서 사례관리자가 할 수 있는 질문은 다음과 같다.

- 클라이언트의 상황이 변화하고 있는가?
- 의뢰는 여전히 적절한가?
- 희망하는 결과를 달성하였는가?
- 보호 계획은 수정되어야 하는가?
- 사례는 종결되어야 하는가?
- 만약 희망하는 결과가 달성되지 않았다면 희망하는 결과를 향한 진전은 있는가?

2. 실천을 위한 실행과 모니터링의 실제

사례관리실천에서 클라이언트에 대한 성공적인 모니터링은 기록 관리의 정기적인 점검이 좌우한다고 해도 과언이 아닐 것이다. 모니터링을 위한 기록 관리는 정기적인 검진을 통해 이루어지는데, 이때 점검에 대한 기록은 공식적인 기록 양식을 사용하여 시행할 수 있다. 공식적인 기록은 척도, 질문지, 체크리스트 등을 통해 진행할 수 있으며, 필요하다면 기관이나 사례관리자가 자체적으로 정기적인 간격으로 체크할 수 있도록 양식을 개발할 수도 있다.

모니터링에 대한 초점은 클라이언트, 비공식적 지원망, 공식적 지원망에 있는데, 클라이언트의 경우 정기적인 접촉을 통해 변화상황을 모니터링한다. 클라이언트의 가족, 친구, 이웃, 교회 또는 클라이언트를 위한 보호계획에서 함께 일하는 사람들로 구성된 비공식적 지지체계에 대한 모니터링은 전화, 방문, 공식적 접촉 등을 통해 진행할 수 있다. 또한 도움의 행위에 대한 빈도에 대해서도 평가할 수 있도록 기록하게 하는 것도 좋은 방법이다. 다음으로 공식적 지원망은 서비스 계획 속에 있는 의사, 간호사, 심리치료사, 법률가 등 다른 전문가들을 포함하게 되는데, 이러한 전문가들의 공식적이고 수량화된 모니터링은 신뢰성을 높여 주게 된다.

〈표 9-2〉는 서비스 제공자가 서비스를 제공하면서, 서비스 지원 정도, 협력기관의 협력 정도, 클라이언트의 만족도 등을 점검할 수 있는 양식이다. 이 양식은 클라이언트와 접촉한 날짜와 서비스 내용을 기록함은 물론 더 필요로 하는 서비스까지 기록하도록 하였다. 또한 실제 사례관리 프로그램에서 사례관리자가 모니터링을 위해 불필요한 기록을 하지 않고 꼭 필요한 기록을 통해 모니터링을 할 수 있도록 되어 있으며, 이 양식은 서비스가 제공되는 횟수가 늘어남에 따라 더 칸을 늘려서 기록할 수 있다.

〈표 9-2〉 사례관리 모니터링 양식 예

<table>
<tr><th colspan="8">클라이언트명</th></tr>
<tr><th colspan="5">서비스 진행(서비스 제공자용)</th><th colspan="3">서비스 점검(주요 사례관리자용)</th></tr>
<tr><th>서비스명</th><th>기관/서비스 담당자</th><th>서비스 제공 일시</th><th>처리 내용</th><th>더 필요한 서비스</th><th>서비스 지원 정도</th><th>지원기관 서비스 제공자 협력 정도</th><th>클라이언트 만족도</th></tr>
<tr><td></td><td></td><td>○월
○일
○시
~
○시
까지</td><td></td><td></td><td>- 예정보다 잘 진행되지 않고 있다.
- 예정대로 진행되고 있다.
- 예정보다 더 지원되고 있다.</td><td>- 전혀 협력이 없다
- 협력이 없다.
- 협력하고 있다.
- 매우 협력적이다.</td><td>- 매우 불만족스럽다.
- 불만족스럽다.
- 매우만족스럽다.</td></tr>
</table>

〈표 9-3〉 사례관리 표준지침: 서비스 점검

<table>
<tr><th>구분</th><th>활동</th><th>세부활동</th></tr>
<tr><td>점검
(=모니터링)</td><td>클라이언트 모니터링</td><td>① 사례관리자가 직접 서비스를 제공한다(상담, 교육, 지도, 각종 프로그램 제공 등).
② 클라이언트의 상태가 향상되고 있는지 점검한다.
③ 제공되는 서비스의 양과 질의 적절성, 서비스 만족도, 클라이언트의 욕구 충족 정도를 점검한다.
④ 추가서비스 및 종결된 서비스가 있는지 점검한다.
⑤ 서비스의 갭이나 중복이 있는지 점검한다.
⑥ 가정방문 또는 지역사회에서 클라이언트를 모니터링한다.
⑦ 클라이언트에게 전화를 걸어 모니터링한다.
⑧ 클라이언트를 기관으로 내방하게 하여 모니터링한다.
⑨ 클라이언트의 서비스 이용을 방해하는 장애물(예: 클라이언트 동기부족, 저항, 클라이언트의 진전 없는 상태, 타 기관의 비협조, 업무량 과다 등)이 있는지 점검한다.
⑩ 사례관리 점검 단계에서 클라이언트의 능력 및 한계점에 대하여 지속적으로 사정한다.
⑪ 클라이언트의 욕구나 문제상황이 변하였는지를 점검하여, 필요한 경우 재사정한다.
⑫ 클라이언트 및 가족의 욕구 변화에 따라, 필요할 경우 서비스 계획을 변경 또는 수정한다.</td></tr>
</table>

구분	활동	세부활동
	서비스기관 모니터링	① 문제해결에 관한 정보를 공유하기 위해 다른 기관의 사례관리자와 만난다. ② 보호의 연속성(지속성)을 위해서 의뢰기관과 유기적으로 접촉한다(예: 회의 등). ③ 서비스 제공기관 간의 협력 정도가 적절한지 점검한다. ④ 서비스 제공자 간 혹은 클라이언트와 서비스 제공자 간 갈등이나 어려움이 있는지 점검하고 중재한다.
	사례회의	① 클라이언트의 변화나 서비스 제공 상황에 대하여 점검한다. ② 주 사례관리자의 변경이 필요한지 논의한다.
	수퍼비전	사례관리 수행과 점검과정에 대하여 동료 또는 상급자로부터 정기적으로 수퍼비전(개별 혹은 집단수퍼비전)을 받는다.
	문서작성	클라이언트와의 면접과 서비스 진행에 관한 점검 내용을 정기적으로 기록한다.

출처: 한국장애인개발원(2013).

case management

생각해 볼 문제들

01 서비스 계약 시, 사례관리기관의 역할과 사례관리자의 역할을 설명해 보라.

02 서비스 수행방법에 변화를 가져오기 위해 계획된 두 가지 유형의 개입 실천을 설명해 보라.

03 사례관리 표준지침의 실행지침을 설명하고 팀별로 토의해 보라.

CHAPTER 10

평가와 종결과정

평가와 종결과정은 사례관리의 효과를 제시할 수 있는 단계로 사례관리과정과 사례관리자의 활동이 클라이언트와 그 가족의 삶에 어떠한 변화를 가져왔는지를 판단하는 과정이다. 평가를 통해 사례관리의 지속 여부를 결정짓게 되므로 객관적이고 신중하게 이루어져야 한다. 따라서 본 장에서는 첫째, 평가, 둘째, 종결 등을 중심으로 사례관리의 평가와 종결과정을 개념적으로 살펴보고자 한다.

제1절 평 가

1. 평가의 개념

개입에 대한 평가는 계획수립에서 세웠던 목표가 어느 정도 달성되었는가에 대한 것이다. 따라서 사례관리자는 사례관리 과정에서 나타나는 세부 활동들에 대해 명확하게 기술해야 하며, 실천개입과 결과물과의 관계를 명확하게 해야 한다. 사례관리자는 사례관리 목표의 달성 정도를 확인하고, 클라이언트 및 그 가족의 호응도를 평가한다. 평가는 사례관리가 종결되기 직전에 행해질 수도 있고 일정 기간(6개월, 1년) 단위로 실행될 수도 있다. 사례관리자는 평가를 위한 면접 시, 사례관리 개입에 따른 클라이언트와 그 가족의 변화 정도를 평가한다. 평가를 위해서는 목표설정이 적절하게 되는 것이 무엇보다도 중요하다. 초기에 수립한 목표들을 확인하여 목표달성 정도를 평가한다(김찬우, 2006).

사례관리실천에서 평가는 크게 과정평가(process evaluation)와 결과평가(outcome evaluation), 클라이언트의 변화와 서비스 기관의 시스템에 대한 평가로 나눌 수 있다. 과정평가는 모니터링 단계에서 수집한 자료에 의해 평가하는 것이며, 결과평가는 최종적인 서비스 기관의 시스템에 대한 평가인데, 이러한 평가 역시 과정과 결과의 두 가지 측면에서 진행될 수 있다.

1) 과정평가

과정평가는 결과평가와는 달리 프로그램의 실제적인 진행에서 내부의 역할에 초점을 두고 프로그램의 강점과 약점을 이해하기 위한 시도로 이루어진다. 이 평가는 프로그램 모니터링에 관심을 두고, 프로그램의 수행에 대한 정보를 제공한다. 또한 과정평가는 변화를 위해 무엇이 필요한지를 배우는 것이며, 관리가 무엇인지 발견하고 변화를 위해 필요한 자원을 찾아내는 것이다.

과정평가는 주로 다음의 두 방법에 의해 이루어진다. 첫 번째 방법은 모델 프로그램을 찾아 그 프로그램에 준하여 평가하는 방법이다. 이때, 모델 프로그램은 잘 짜여지고, 성공적인 프로그램으로 알려진 것이어야 한다. 두 번째 방법은 전문가의 자문을 통해 평가하는 것이다. 프로그램이 진행되는 과정을 전문가에게 점검받는 과정이라 할 수 있다. 과정평가를 위한 자료수집은 주로 직원, 클라이언트의 면접, 기록 재검토, 진행 노트, 참여 관찰 등과 같은 2차적 현존 자료, 즉 프로그램 기록에 의존하는 경향이 있으므로 지속적인 기록이 중요하다. 과정평가에서 주로 사용되는 질문들은 프로그램을 모니터링하는 과정에서 일어날 수 있으므로, 프로그램 모니터링에 포함되는 클라이언트 수, 새롭게 등록한 클라이언트 수, 프로그램을 마친 클라이언트 수, 프로그램의 진행 횟수 등이 사용될 수 있다.

2) 결과평가

사례관리에서는 사례관리서비스가 결과적으로 클라이언트의 삶의 질을 개선하고 있는가가 가장 큰 관심사라 할 수 있다. 따라서 서비스 계획의 수행이 클라이언트의 복지와 기능화를 개선하고 있는가, 사회적 망 구성원들이 클라이언트를 지원하는 데 있어서 그들의 능력을 발전시키고 있는 정도는 어떠한가 등에 대해 평가하게 된다.

클라이언트의 측면에서 이루어지는 질문에 답하기 위해 사용할 수 있는 지표로는 클라이언트의 삶의 질에 대한 척도를 사용해 삶의 질의 개선 정도를 나타내 줄 수 있으며, 사용할 수 있는 자료들로는 클라이언트 파일, 클라이언트와 사례관리자 인터뷰 자료가 있다. 또한 클라이언트가 기관을 이용하는 이용률의 증감도와 법적으로 제공받을 수 있는 서비스 개수 중 어느 정도까지 서비스를 받고 있는지를 확인하는 것을 통하여 평가할 수 있다.

3) 클라이언트의 변화와 서비스 기관의 시스템에 대한 평가

사회적 망 구성원들이 클라이언트를 지원하는 데 있어서 그들의 능력이 향상되고 있는 정도를 나타내면 다음과 같다.

첫째, 클라이언트가 그들의 사회적 지지망들을 얼마나 효과적으로 또는 적절하게 활용하고 있는가에 대한 것으로, 서비스 연계망 분석을 위한 설문지, 회의록 등을 활용하여 평가할 수 있다.

둘째, 서비스 기관과 시스템에 대한 평가는 서비스 전달계획의 영향을 평가하는 것이다. 예를 들면, 대인서비스 제공자들이 유사한 클라이언트에게 도움을 제공하기 위해 그들의 능력을 개선하고 있는 정도는 어떠한가, 서비스 제공 기관들의 협력 시스템은 잘 가동되고 있는가, 사례관리자에 의한 서비스 계획이 계획대로 수행되었는가 등이다. 이를 평가하기 위해 사례관리자 특성과 수퍼비전 회의의 이용효과 등을 분석할 수 있다.

2. 실천을 위한 평가의 실제

실제로 평가를 활용할 수 있는 방안으로는 다음과 같은 것들을 제안할 수 있다.

1) 목표달성척도(Goal Attainment Scailing: GAS)를 활용한 성과평가

사례관리의 평가를 위해 가장 중요한 것은 목표가 있어야 한다는 것이다. 일반적으로 사례관리가 성공했다고 하기 어려운 이유는 목표가 달성 가능하지 않게 설정되었거나 클라이언트가 심리적 또는 생리적 문제를 가지고 있어 짧은 기간에 변화를 쉽게 측정할 수 없는 경우 때문이다. 목표달성척도에 의한 평가는 목표달성 계획을 세울 때, 이 목표가 효과적 또는 효율적으로 달성되었는가를 전제로 실시되는 평가이다.

목표달성 정도는 첫째, 클라이언트의 만족, 둘째, 클라이언트의 지식·기술·태도 분석, 셋째, 클라이언트 주변 사람들의 평가, 넷째, 변화된 클라이언트의 행동 관찰 등을 통해 평가할 수 있다. 목표달성척도에 대한 자세한 내용은 이전 장에서 다룬 '계획수립을 위한 실천기법과 지침'을 참조한다.

2) 과업성취 척도(Task Achievement Scaling: TAS)를 활용한 평가

이용자와 사례관리자가 개입과업을 완수한 정도를 평가하는 도구로 단순하고 유연한 평가도구이다. 특히 개입이 기초선의 설정이나 단일사례설계의 적용이 어려울 때 유용하다. 예를 들어, 이용자를 기관에 의뢰, 이용자를 위한 정보의 획득, 교통이나 주간보호서비스 제공, 주거서비스 제공 등과 같은 경우이다(남기철·변귀연·정선욱·조성희·최승희 역, 2010).

과업성취 척도 예시

과업	성취 정도	평가
의료급여 수급자 책정	계획대로 이루어짐	4
ㅇㅇ병원 사회복지팀을 통한 수술비 지원	자부담 수술비의 70% 지원 약속	3
누나들을 돌봐 줄 봉사자 확보	매일 방과후 4시간씩 방문해 줄 봉사자 확보	4

· 완전성취: 4 · 상당부분 성취: 3 · 부분 성취: 2 · 최소 성취: 1 · 전혀 진전없음: 0

↪ 과업이 3개이므로 12점(3개 x 4점) 만점에 성취 정도는 11점(4점+3점+4점)으로 91.7%(11/12 x 100)를 성취함.

3) 실험설계의 원리를 이용한 사전·사후 비교평가: 비동일 통제집단의 활용

비동일 통제집단을 활용한 사례관리 평가는 실험집단의 구성원과 가장 유사한 성격을 자기고 있다고 가정되는 집단을 임의로 선정하여, 실험집단과 비교집단을 비교하는 방법이다. 따라서 사례관리서비스가 이루어지기 전에 반드시 사전 검수를 체크해야 한다. 그리고 관리서비스가 종결된 시점에서 다시 변화 점수를 기록해야 한다. 이때, 주의해야 할 점은 지표결과 중 무엇에 중심을 두고 사전·사후 점수를 기록할 것인가이다. 또한 그 지표에 따라서 어떤 평가도구를 사용할지 선택해야 한다.

제2절 종 결

1. 종결의 개념

종결(termination)은 사례관리자와 클라이언트의 관계가 끝나게 됨을 의미한다. 이는 최근 '상황에 대한 자유 상태'라는 용어로 즐겨 사용되는데, 종결이 가지는 마지막에 대한 이미지를 탈피하기 위한 노력에서 비롯되었다고 할 수 있다. 사례 종결은 클라이언트에게 더 이상 서비스가 필요 없게 되었을 때 이루어지게 되는 것으로, 클라이언트의 상태가 개선되었음을 의미한다. 그러나 종결은 자원의 한계로 클라이언트의 조건을 더 이상 개선시키기 어려울 경우에도 발생한다. 또한 클라이언트와 사례관리자의 관계가 제대로 형성되지 못해 서로 간에 신뢰할 수 없는 경우가 나타나기도 한다. 이런 경우 사례관리자는 클라이언트에게 다른 사례관리자를 연결해 주기도 한다.

종결에 대한 결정은 사례관리자와 클라이언트 양자 간에 이루어지는데, 사례관리자가 종결을 위해 가장 먼저 해야 할 일은 사례에 대한 재사정을 실시하는 것이다. 클라이언트의 상황은 시간이 지남에 따라 바뀌기 때문에 서비스 종결을 위한 재사정은 필수적인 것이다. 종결 후에도 사례관리자는 다시 클라이언트를 도울 수 있다는 것을 알려 주어야 하며, 클라이언트는 다시 서비스 수혜에 대한 허가를 받을 권리가 있다. 많은 경우 사례관리자는 종결 후에도 3개월, 6개월, 1년 정도의 간격으로 서비스가 다시 필요한지에 대한 사후관리를 해야 한다. 따라서 사후관리를 할 것인지를 결정하는 것도 종결 단계에서 해야 할 과업이다. 특히, 사례관리 서비스를 제공받고 있는 클라이언트들은 장기간 서비스를 받는 경우가 많아 서비스에 의존할 수 있기 때문에, 사례관리자는 종결이 발생했을 때 클라이언트의 상황에 미칠 영향에 대해 충분히 고려해야 한다. 또한 사람과의 관계를 종결하는 것이므로 클라이언트가 받을 정신적인 분리 불안과 우울함에 대해서도 고려해야 한다. 이러한 심리적 원인으로 인해 클라이언트는 때로는 자신이 사례관리자에게서 전혀 도움을 받지 못했다고 불만을 제기하기도 하고, 자신이 가지고 있는 다른 문제를 제기하며 아직 종결이 일어나서는 안 된다는 점을 강조하기도 한다.

따라서 종결을 위한 전문가적 목표는 클라이언트가 다른 사람의 도움 없이도 살아갈 수 있도록 임파워먼트를 시키는 것이라는 점을 깨닫도록 해야 한다.

종결의 최종 과정은 클라이언트에 대한 모든 서류 정리를 완료하는 것이며, 다른 서비스 제공자들에게도 이를 알리는 것이다.

2. 실천을 위한 종결의 실제

종결을 하기 위해서는 클라이언트가 종결에 대해 미리 준비되어 있어야 한다. Ballew & Mink(1996)가 제시하는 클라이언트 종결에 대한 준비 측정지표는 다음과 같다.

첫째, 클라이언트가 혼자서도 문제를 해결할 수 있고, 결정을 내릴 수 있는 능력이 있는지 보여 줄 수 있어야 한다. 이것은 사례관리자의 도움 없이도 스스로에 대해 의뢰할 수 있으며, 또한 서비스 기관과 접촉할 수 있는 능력이 있음을 의미한다.

둘째, 사례관리자와의 파트너십에 대한 요구가 줄어들고 있는지의 표시로서, 그러한 행위가 나타나고 있는지를 확인해야 한다. 예를 들면, 더 자주 만날 것을 요구하는 것이 줄어들었는지, 전화 접촉이나 가정방문의 횟수가 줄어들었는지, 또는 주변의 중요한 도움 제공자와의 관계가 많이 개선되었거나 접촉이 늘어났는지 등의 지표를 살펴보면, 클라이언트가 종결할 준비가 되어 있는지를 확인할 수 있다.

셋째, 클라이언트가 사례관리 네트워크나 자원의 도움을 필요로 할 때 적절하고 효과적으로 사용할 수 있는가를 보아야 한다. 이것은 사례관리자의 도움 없이도 자신이 필요로 하는 서비스에 대해 요청을 하고 있는가를 통해 알 수 있다.

이상과 같은 지표로 볼 때 클라이언트가 종결한 준비가 되었다는 확신이 생기면 다음으로 사례관리자가 해야 할 일은 종결을 결정하기 위해 클라이언트의 현재 기능상태와 다른 보호체계와의 관련성 정도를 살펴보아야 하며, 종결을 위한 클라이언트의 진전 정도와 종결 후에 발생할 수 있는 위험요소에 대한 평가를 해야 한다. 종결 후에도 사례관리자는 강도 높은 사례관리체계는 아니지만 많은 수의 클라이언트를 약간은 느슨한 체계에서 보호해 주고 있는 기관과 접촉하여 완전 종결상태보다는 관리를 받을 수 있도록 조치해 주는 것이 필요하다. 또한 경우에 따라, 사례관리자는 가족 또는 친구 등과 같은 네트워크와 접촉하여 종결에 대한 설명을 하고, 클라이언트가 필요로 하면 이들이 도움을 제공할 수 있도록 조치를 취해야 한다.

종결을 위한 점검표

- 종결을 위한 명확한 기준이 있는가? 그리고 클라이언트와 그 가족은 이를 알고 있는가?
- 사례관리자의 경험은 종결을 위한 기준이 필요하다고 느끼는지 또는 변경되어야 한다고 생각하는지를 제시할 수 있는가?
- 종결을 위해 사례관리자는 어떤 절차를 클라이언트와 그 가족을 위해 준비해야 하는가?
- 클라이언트와 그 가족 또는 사례관리자에 의해 종결이 요구되었다면 사례관리자는 클라이언트와 그 가족에게 개인적으로 이것이 무엇을 의미하는지 탐색해 보았는가?
- 그리고 서비스에 대한 접근과 클라이언트와 그 가족의 기능에 미치는 종결의 영향력에 대해 고려해 보았는가?
- 종결이 요청되었을 때 서비스 기관은 종결을 모니터링하고 종결에 대해 재심사할 수 있는 절차가 마련되어 있는가?

출처: 정순둘(2005).

종결을 위해 클라이언트에 대한 재사정을 할 때 사용할 수 있는 다양한 종류의 도구들이 있다. 상황에 따라서는 사정단계에서 사용하였던 여러 가지 양식들을 사용할 수 있으며, 종결을 위한 새로운 양식을 만들어 사용할 수도 있다.

〈표 10-1〉 사례관리 표준지침: 평가

구분	활동	세부활동
평가	클라이언트 측면 평가	① 클라이언트 및 가족에게 서비스의 만족도를 평가한다. ② 클라이언트의 문제상황이 사례관리 과정 동안 얼마나 긍정적으로 변화하였는지를 평가한다. ③ 클라이언트의 비공식적 지지체계가 얼마나 향상되었는지를 평가한다.
	서비스 측면 평가	① 제공되었던 서비스의 양과 질, 제공과정이 적합했는지 평가한다. ② 사례관리자와 클라이언트의 관계가 적합했는지 평가한다.
	사례관리	평가를 통해 사례관리가 지속적으로 제공되어야 한다고 판단될 경우, 사정, 서비스 계획변경, 서비스 실시 등 필요한 단계로 이동한다.
	사례회의	클라이언트의 목표달성 정도 및 서비스 제공 정도에 대한 평가 내용이 적절한지를 검토하는 사례회의를 진행한다.
	문서작성	목표달성 정도 및 서비스 제공 정도에 대한 사례관리 평가서를 작성한다.
	수퍼비전	평가 및 종결과정에 대하여 동료 또는 상급자로부터 정기적으로 수퍼비전(개별 혹은 집단수퍼비전)을 받는다.

출처: 한국장애인개발원(2013).

종결 SHEET

<table>
<tr><td>클라이언트명</td><td colspan="2"></td><td>종결일</td><td></td></tr>
<tr><td>종결유형</td><td colspan="4">1. 결과 목표달성
2. 클라이언트 기능의 변화와 안정화
3. 수용시설에 입소
4. 클라이언트의 서비스 거부
5. 클라이언트의 사망
6. 클라이언트의 이사
7. 클라이언트의 비협조적 태도
8. 클라이언트의 서비스 거부
9. 타 기관의 의뢰</td></tr>
<tr><td>평가방법</td><td colspan="4">척도 사용( ), 대상자 면접( ), 기타( )</td></tr>
<tr><td>평가대상</td><td>평가 사항</td><td colspan="3">평가 내용 □최적의 향상 □기대향상
□기대이하 성과 □성과 전혀 없음</td></tr>
<tr><td>목표달성 정도</td><td>단기목표</td><td></td><td>장기목표</td><td></td></tr>
<tr><td rowspan="5">클라이언트</td><td>서비스 만족도</td><td colspan="3"></td></tr>
<tr><td>신체적 기능의 향상</td><td colspan="3"></td></tr>
<tr><td>정신적 기능의 향상</td><td colspan="3"></td></tr>
<tr><td>사회적 기능의 향상</td><td colspan="3"></td></tr>
<tr><td>생활수준의 향상</td><td colspan="3"></td></tr>
<tr><td rowspan="3">사례관리</td><td>서비스 제공자들의 협력 정도</td><td colspan="3"></td></tr>
<tr><td>자원 활용의 적절성</td><td colspan="3"></td></tr>
<tr><td>보호 계획의 적절성</td><td colspan="3"></td></tr>
<tr><td>서비스</td><td>서비스의 적절성</td><td colspan="3"></td></tr>
</table>

생각해 볼 문제들

01 사례관리실천에서 평가의 종류를 설명해 보라.

02 클라이언트 종결에 대한 준비 측정지표를 설명해 보라.

03 종결에 위한 점검표를 개별적으로 작성해 보고, 팀별로 토의해 보라.

P·A·R·T 03

사례관리의 실천론

CHAPTER 11

정신보건분야의 사례관리

전통적으로 만성정신장애인을 위한 접근법은 입원 및 약물치료가 주류를 이루었다. 정신장애인은 정신장애의 특성상 만성화되고 사회적 기능이 상실되며, 의존의 욕구가 강하고 스트레스에 민감하여, 다시 지역사회로 돌아가는 데 필요한 도움을 받지 못하고 무능력의 상태로 방치되는 경우가 많다. 그러나 약물치료의 발달과 정신장애인의 인권, 최소한의 규제를 받는 곳에서 치료받을 수 있는 권리에 대한 관심이 증가되면서, 탈시설화 이후 지역사회에서의 대안적 서비스로서 포괄적인 보호체계를 구축하고 적절한 치료와 서비스를 보장하기 위한 방안으로 사례관리가 등장하게 되었다. 이에 정신보건분야의 사례관리를 심층적으로 살펴보고자 한다. 따라서 본 장에서는 첫째, 정신보건분야의 사례관리의 개요, 둘째, 정신보건분야의 사례관리 과정, 셋째, 정신보건분야의 사례관리 실천사례를 중심으로 정신보건분야의 사례관리를 심층적으로 살펴보고자 한다.

제 1 절 정신보건분야의 사례관리의 개요

1. 정신보건분야의 사례관리 등장배경

사례관리의 역사는 정신보건분야에서 가장 오래된 역사를 가지고 있으며, 이후 타 영역 사례관리에 미친 영향도 상당하다(Halloway, 1991). 이후 서구에서는 1950

년대 이후 항정신성 약물의 급속한 발달로 탈시설화 운동이 전개되었고, 정신건강분야에서는 탈시설화의 역기능으로 퇴원한 정신질환자들이 지역사회에서 적응하지 못하고, 재발과 재입원의 반복을 거듭하는 문제들을 극복하기 위한 노력들을 꾸준히 해오는 동안 서비스 전달체계의 단편성·분산성·비접근성·중복의 문제를 해결하고 복합적인 서비스 욕구를 지닌 만성정신질환자에게 효과적인 서비스를 전달하기 위한 실천양식으로 사례관리(Case management)를 발전시켜 왔다. 정신적인 질병으로 인한 기능적 손상으로 사회적응의 어려움을 지닌 정신질환자들의 잠재력을 강화시키면서 그들이 속한 지역사회의 자원을 최대한 동원하고 조정, 연계를 통해 정신질환자의 지지적인 서비스 욕구를 충족시키는 사례관리는 지속적이고 포괄적인 서비스 제공을 보장하면서 만성정신질환자의 지역사회 복귀에 기여해 왔다.

그러나 우리나라에서는 아직도 정신질환자들을 입원 치료와 수용 위주로 대처하고 있고, 사후관리서비스 차원에서 실시되고 있는 낮 병원 프로그램 및 재사회화 프로그램들도 극소수에 지나지 않으며, 아직 초기단계로서 지역사회 차원의 개입보다는 집단활동 위주의 프로그램에 의존하고 있는 실정이다. 또한 지역사회정신보건센터와 같은 재활치료를 위한 시설 및 여건이 마련되지 않고 서비스 전문인력, 재원 등의 근본적인 문제가 해결되지 않은 현 상황에서, 기존의 정신의료서비스 기관이나 시설들과 실무자들이 의료 모델 위주의 치료접근에서 벗어나 만성정신질환자 개인에 대한 이해와 함께 지역사회를 기반으로 하는 서비스들을 마련해 나가고 지역사회의 자원체계를 파악하고, 이들의 중요성을 인식하여 조정하고 통합시켜 정신질환자가 자원체계의 지지 속에서 생활하도록 돕는 사례관리서비스의 적극적인 활용이 필요하다고 여겨진다.

정신보건은 입원치료에 역점을 두던 과거와는 달리 1차 예방으로서 정신건강 증진, 2차 예방인 조기발견과 조기치료, 그리고 3차 예방으로서 재활치료를 강조하고 있다(한국사례관리학회, 2012). 특히, 오랫동안 사회부적응을 경험한 만성정신질환자에게는 적극적인 지지, 각종 교육과 사회적응 훈련들이 필요하며, 환자가 보유한 잠재력을 발휘할 수 있도록 도와주어야 하고, 병으로 인해 갖게 된 한계점을 평가하여 각 환자에게 적절한 재활치료를 지속하는 것이 매우 중요하다.

사례관리는 재가 중심 영역, 정신보건 영역, 직업재활 영역, 노인복지 영역, 아동 및 가정복지 영역 등에서 포괄적이고 다양하게 적용되고 있다. 특히 만성정신질환자들의 재활치료에 있어 그 핵심요소로 인정되고 있는 사례관리는 이미 그 유용성이 입증되어 있고, 정신분열병 치료에 효과적이다(Kanter, 1991).

국내의 정신보건사업은 1983년 기도원 사건이 발생하기 전까지는 별다른 정책이 없었다고 해도 과언이 아니다. 이후 1984년에 보건복지부의 정신질환종합대책으로 정신장애인들을 위한 무허가시설을 양성화하고, 정신과전문의 촉탁제도의 도입을 통해 최소한의 치료를 실시하였으며, 최소한의 시설 및 인력기준을 맞추도록 하면서 정부의 지도감독을 받도록 하였다. 1987년 외국차관을 이용하여 정신병원 건립 이후 정신보건사업은 격리와 수용 중심의 정책이 자리를 잡게 되었으며, 1995년 정신보건법을 제정함으로써 정신보건사업이 본격화될 수 있는 법적 기반이 조성되었다.

민간영역에서의 사례관리 도입은 1986년 태화샘솟는집의 개원을 시작으로 1988년 연세대 의과대학의 강화도 정신보건시범사업으로 이어졌으며, 공공영역에서는 1994년 서대문 정신보건사업과 1995년 서울시 정신보건사업, 1996년 경기도 정신보건사업이 실시되었으며, 1998년부터는 보건복지부, 서울시, 그리고 경기도 등의 일부 지자체를 중심으로 정신보건사업이 본격적으로 이루어졌다(이기연, 2010).

중증정신질환자의 사회복귀와 재활을 위한 사업을 목적으로 시작된 정신보건센터는 1998년 서울, 강원, 울산 등을 중심으로 4개소의 모델형 정신보건센터를 시작으로, 2013년 기초형 189개소, 기본형 48개소로 확대·운영되었다. 2015년 기준으로 정신보건센터는 광역형과 기초형으로 구분되어 운영되는데, 광역 13개소, 기초 195개소가 설치·운영되고 있다(보건복지부, 2015b). 우리나라에서는 지역사회정신보건사업의 주요사업 내용 중 만성정신장애인 관리사업이 사례관리를 근간으로 하여 실시되었으며, 정신보건센터를 중심으로 지역사회에서 사례관리사업이 실시되고 있다.

정신보건센터의 핵심사업인 사례관리사업은 '등록회원 사례관리'라는 명칭하에 수행되고 있으며, 주요 수행방법 및 사업수행실적을 기록·관리하도록 기준을 제시하고 있다. 또한 등록관리 시에는 연령과 진단군의 기준을 제시하고 있으며, 대상자의 동의를 확보하고 사정평가의 절차, 시간기준을 제시한다. 한편 퇴소의 기준은 이사, 사망, 또는 본인의 희망으로 사례관리를 지속할 수 없을 경우로 제한하여, 사실상 종결 없는 지속적인 사례관리를 전제로 하고 있다(보건복지부, 2015b).

한편, 정신장애인의 지역사회 재활 및 사회복귀를 돕기 위해 일상생활 적응, 직업훈련 및 지역사회 내 주거시설 등 다양한 사회복귀 프로그램을 제공하는 사회복귀시설은 1995년에 정신보건법을 제정한 이후 법적 근거를 갖고 출발하였으며, 2013년 말 기준으로 전국 323개소의 시설로 확대되어 운영되고 있다(보건복지부, 2014b).

이와 같이 지역사회 내에서 정신질환자를 대상으로 사례관리를 지속적으로 실시하고 있는 정신보건센터와 사회복귀시설의 지속적인 증가가 예상되는 가운데, 두 유형이 지역사회 내에서 업무중복이 되지 않고, 시너지 효과를 낼 수 있도록 상호독립적이면서도 원할한 연계가 가능하도록 지속적인 노력을 해야 할 것이다.

2. 정신보건분야의 사례관리 필요성

최근 정신치료 약물의 개발과 정신질환에 대한 인식이 변화됨에 따라 병원 중심의 치료에서 지역사회 중심의 치료로 그 치료의 중심이 전환되고 있다는 것이 세계적인 흐름이지만, 한국의 정신보건영역에 있어서는 아직도 지역사회 중심의 접근방법보다는 병원이나 시설을 중심으로 하는 입원 및 수용 위주의 임상적·치료적 접근방법이 보편적으로 적용되고 있다(이기연, 2010). 즉, 정신질환자들에 대한 정신보건서비스 전달체계가 정책적으로 제대로 이루어지지 않은 상태에서 최근까지도 단순히 정신보건기관과 정신요양시설의 병상 수 증설에만 치중해 왔다고 하겠다. 이것은 정부의 정신보건에 대한 이해와 오리엔테이션이 정신질환이라는 문제를 단순히 약물치료나 정신치료에만 의존하여 해결하려는 의학적·

임상적 모델이었다는 것을 단적으로 증명한다고 하겠다.

그러나 앞에서 언급한 바와 같이 미국에서 탈시설화 운동이 본격적으로 일어나기 시작한 1960년대 초반 이후로 정신보건에 대한 세계적인 추세는 그동안 많은 연구와 실험을 거쳐 정신질환이라는 것이 결코 환자 주변의 사회적 환경을 외면한 단순히 정신의학적·임상적 치료 모델로는 해결될 수 없다는 신념을 가지고 지역사회를 중심으로 하는 정신사회재활서비스를 강조하는 지역사회정신보건 모델로 전환하게 되었다. 그래서 많은 환자를 장기간 정신병원에 수용하는 것을 지양하고 환자의 생활거점인 지역사회 내에서 다양한 재활치료를 통해 사회적 기능을 회복하고 사회에 복귀시키려는 움직임이 보편적인 정신보건 정책이자 실천방향이 되었던 것이다.

한국에서도 최근 들어 정신의학계와 정부에서 지역사회정신보건 모델에 대한 관심이 높아지고 있다. 그리고 1997년부터 시행된 정신보건법에는 이 모델의 활용에 대한 조항들이 구체적으로 명시되어 있다. 예를 들면, 일선 보건소에 정신질환자를 조기에 발견하여 상담, 치료를 하고 퇴원환자들은 지역사회 내에서 관리하는 1차 정신보건서비스기관으로서 역할을 부여하고 있으며(정신보건법 제13조), 그리고 사회복귀시설을 설치하여 환자들에게 다양한 재활서비스를 제공해 이들의 사회복귀를 도모하려 하고 있다(동법 제15조).

그러므로 이제 한국의 정신보건제도도 종래의 장기입원 중심의 전통적 모델에서 지역사회 중심의 정신보건서비스 모델로 전환을 시도하고 있는 시점에 와 있다고 하겠으며, 이에 따라 그동안 정신보건치료의 주된 역할을 담당해 오던 전문정신병원의 역할과 기능에 많은 변화가 있을 것으로 예견되며, 지역사회를 중심으로 환자의 사회복귀를 위한 다양한 서비스 프로그램들이 개발되어야 할 것이다.

이러한 지역사회정신보건을 위한 새로운 변화에는 무엇보다 지역정신보건제도의 원칙에 부응하는 만성정신장애인들을 위한 사회재활 프로그램의 활성화가 필요한데, 이러한 재활프로그램의 핵심에 사례관리서비스가 있다. 하지만 서비스의 포괄성과 지속성을 그 특징으로 하는 사례관리서비스가 지역정신보건사업의 핵심적인 서비스로 널리 인정되고 정착되기 위해서는 사례관리서비스 및 그

업무에 대한 명확한 개념정립이 우선적으로 필요하다. 현재 정부에서나 일부 전문가들은 정신보건센터나 사회복귀시설에서 제공하고 있는 사례관리서비스를 환자의 접촉방법에 따라 가정방문, 지역사회방문, 전화상담, 내소상담으로 지극히 단순하고도 초보적인 방법으로 규정하고 있다.

그러나 사례관리서비스는 이러한 업무 외에도 잠재된 클라이언트의 발견, 클라이언트의 진단 및 사회적 기능 사정, 적절한 서비스 계획의 수립, 충분하고도 포괄적이며 지속적인 서비스의 제공, 유관기관과의 협의하에 제공될 서비스의 연결과 조정, 클라이언트의 치료 및 기능회복에 대한 모니터링, 그리고 지역사회 내에서 클라이언트들을 위한 권익옹호활동 등 매우 다양하고 포괄적인 서비스가 포함되어 있어 사례관리서비스에 대한 보다 정확한 업무규정이 필요하다. 즉, 사례관리서비스는 그 기능과 역할에 따라 보다 세분화되고 정교한 업무 개발과 이에 대한 인식과 이해가 전문가집단에서 우선적으로 요구된다고 하겠다.

또한 사례관리서비스가 효과적으로 클라이언트들에게 제공되기 위해서는 무엇보다 전문인력에 대한 충분한 교육과 지속적인 교육 및 훈련이 제공되어야 할 것이다. 그렇게 될 때 비로소 사례관리서비스는 지역사회정신보건제도의 필수서비스로서 활성화되며, 클라이언트의 다양한 욕구에 적절히 대응하는 효과적인 서비스로서의 역할을 다할 수 있을 것이다.

3. 정신보건사례관리자의 역할 및 정신보건사례관리팀

1) 직접적 서비스 역할

〈표 11-1〉 정신보건사례관리자의 직접적 서비스 역할

역할	내용
이행자	implementer로서 사례관리자는 클라이언트를 위해 많은 방향 제시를 해야 한다. 이 역할은 주로 위기상황에서 클라이언트 혹은 기능이 매우 제한되어 스스로 문제극복이 어려울 때 제한적으로 사용한다.
교육자	교육과정은 ① 기술의 명확화, ② 모델화, ③ 역할 연습, ④ 환류, ⑤ 훈련이전의 단계를 거친다.

역할	내용
안내자, 협조자	이 역할 수행의 단계는 ① 클라이언트와 만나고, ② 서비스와 지원을 위한 결정에 함께하고, ③ 서비스 및 지원 전문가, 사회망 구성원과 계속 만나며, ④ 지원 전문가, 사회망 구성원을 위한 급부를 위해 만나게 된다.
진행자	자신이 스스로 도울 수 있는 기본적 능력을 갖추고 있을 때 클라이언트에게 도움이 될 수 있는 적절한 서비스 선택과정을 돕고 지지한다. 전체과정을 같이 할 수도 있고 전문지식을 전달할 수도 있다.
정보 전문가	이 역할을 위해서 사례관리자는 지역사회에서 클라이언트가 이용 가능한 대인서비스, 급부체계, 기회 등에 대한 전문적 지식이 필요하다.
지원자	직접서비스 역할 중 가장 최고점이며, 이때 클라이언트는 자기옹호를 충분히 할 수 있어야 한다. 이 역할을 위해 사례관리자는 ① 지식, ② 기술, ③ 자기분석 및 인식을 모두 갖추어야 한다.

2) 간접적 서비스 역할

〈표 11-2〉 정신보건사례관리자의 간접적 서비스 역할

역할	내용
중계	클라이언트 욕구를 위한 서비스 유무를 명백히 하고 기관을 선정하는 전략으로 효과적 중계 역할은 자원 목록이라는 전문지식에 달려 있다. 구체적으로 자원목록에는 ① 서비스에 대한 이용성, 적절성, 수용성, 접근성, ② 서비스를 위한 자격기준, ③ 과거 서비스의 질 평가, ④ 서비스 제공자의 능력, ⑤ 특수한 클라이언트를 위한 서비스, ⑥ 기관의 주요 서비스 등에 관한 지식이 포함된다.
연결	특정 기관의 서비스와 클라이언트를 연결하는 것으로 대표적 방법의 한 가지는 의뢰서비스다. 효과적 의뢰를 위한 기준은 ① 의뢰해야 할 욕구를 클라이언트 혹은 보호자에게 분명히 알린다. ② 의뢰를 통해 획득 가능한 변화를 분명히 알도록 한다. ③ 의뢰기관과는 클라이언트가 많이 관여토록 한다. ④ 의뢰기관 서비스에 대해 클라이언트와 함께 사정한다. ⑤ 클라이언트의 접근/비접근성 문제를 알아야 한다. ⑥ 필요시 사회망 구성원이 클라이언트와 같이 가도록 배치한다.
조정	상호적 기관망의 맥락에서 적합한 방법으로 서비스를 획득하는 노력으로 조정촉진을 위한 전략은 ① 클라이언트의 욕구를 강조한다. ② 조정노력을 한다. ③ 조정되어야 할 부분을 구체화한다. ④ 조정 시 이점을 밝힌다.
옹호	서비스 제공을 거부한 기관을 상대로 도움을 주도록 동기화하는 전략으로 옹호 전략 수행 시 수준은 ① 직접 담당자에게 항의하는 것, ② 특수한 지식을 활용하는 것, ③ 담당자의 상관에게 항의하는 것, ④ 공식적 민원신고를 이용하는 것, ⑤ 외부 권위에 항의하는 것, ⑥ 법적 대응을 하는 순서로 발전시켜 나간다.

역할	내용
조력	상호수준을 발전시키기 위해 원조자들에게 조력하는 것으로 이를 위한 사례관리활동은 사회망 구성원들을 위한 교육, 그들을 위한 이차적 지원(예: 스트레스 관리, 야유회 등), 대안적 지원체계의 확립 등을 마련하는 것이다.
협의	타 조직이나 기관의 변화와 혁신을 장려하는 전략으로 이를 수행하기 위해 사례관리자는 전문적 지식과 기술이 바탕이 되어야 한다. 협의를 위한 단계는 ① 지지에 대한 기관의 요청에 반응하는 것, ② 기관대표와 만나는 것, ③ 클라이언트의 욕구와 특성을 기관에 교육하는 것, ④ 서비스 전달상의 문제를 위한 접근법을 개발하는 것, ⑤ 실용적 대응방법 고안에 참여하는 것, ⑥ 실용적 대응이 이행되도록 기관을 지지하는 것이다.

3) 통합적 역할

〈표 11-3〉 정신보건사례관리자의 통합적 역할

역할	내용
상담가 (counselor)	상담가로서 사례관리자의 역할은 자신의 클라이언트를 이해하고 클라이언트가 자신을 위해 자원망을 개발하고 유지하기 위해서 알아야 할 것을 가르치는 것이다. 때로 그들은 새로운 지식과 기술이 필요하다. 또한 스스로에 대해 새로운 것을 배울 필요가 있다. 사례관리자는 자신의 행동에서 역기능적인 패턴을 발견하게 해주고 더 유용한 패턴을 개발시키게 해주는 클라이언트와의 신뢰관계를 개발하여야 한다.
조정자 (coordinator)	이 역할에서 사례관리자는 클라이언트의 문제와 타인으로부터 보조를 필요로 하는 욕구를 사정한다. 계획을 세우고 원조자들과의 효과적인 만남을 갖도록 돕는다. 필요시에 사례관리자는 또한 원조자들 사이의 갈등을 줄이기 위해 의사소통을 촉진시키고 자원망의 효율성을 증가시킨다.
옹호자 (advocator)	때로 필요한 자원이 부재하거나 특정 클라이언트로부터 철회되는 상황이 발생한다. 옹호자로서 사례관리자는 필요한 자원을 얻을 수 있도록 일한다. 또 다른 경우에는 사회가 클라이언트에게 지나치게 과한 것을 요구하는 상황도 발생한다. 이 경우 사례관리자는 그 요구를 moderate하거나 비용을 낮추어 요구를 충족시킬 수 있도록 옹호자로서의 역할을 한다.

4) 사례관리자의 전문성

사례관리자가 어떤 역할을 하느냐에 따라 사례관리자에게 요구되는 교육과 전문성의 정도가 달라진다. 사례관리자는 서비스를 동원하기 위해 다양한 사회체계와 관계를 맺고 체계 간의 연결을 하는 등의 역할을 해야 하기 때문에 기본적으로 조직에 관련된 지식과 기술을 가지고 있어야 한다.

정신질환자의 특성상, 가족 외 다른 타인과의 관계형성이 즉각적으로 이루어지지 않으므로 정신질환자와의 깊은 관계가 요구되는 치료적 개입은 사례관리자가 제공하는 것이 효과적이다. 따라서 사례관리자는 사회사업의 전문성을 바탕으로 한 다양한 개입방법과 기법을 습득하고 있어야 한다. 이에 사례관리자는 사회복지를 전공하고 정신보건복지에 대한 이해와 사례관리에 대한 기본적 지식과 기법을 지니고 있는 사회복지전문인이거나 이에 상응하는 수준의 교육과 배경을 지닌 전문가여야 할 것이다.

5) 사례관리팀

정신질환자의 사회생활을 보다 효율적으로 지원하기 위해서는 관련 직종의 전문가 등 팀에 의한 원조가 필수적이다. 이러한 관련 직종에 의한 원조팀을 구성하고 팀 구성원의 지식, 기능, 경험을 토대로 공통의 목표달성과 과업을 성취하기 위한 협동작업을 팀 접근이라고 한다.

팀 접근을 진행하는 데 있어서의 전제는 정신질환자의 생활 전체에 대해 사정을 하고, 사례관리자가 서비스 제공계획을 작성한 후에 각각 팀 구성원들의 독자적인 역할이나 기능이 요구된다. 사례관리자는 흔히 오케스트라의 지휘자에 비유되기도 하는데, 이것은 원조팀의 구성원 각자에게 자신의 특징을 발휘하게 하면서 동시에 전체적인 조화를 고려하여 팀을 이끌어 나가는 것을 목적으로 하고 있기 때문이다. 사례관리자는 다른 구성원에 대해 우위에 서는 것이 아니라 참가 구성원 간의 역할을 조정하는 것을 주요 업무로 한다.

6) 사례관리를 위한 지역연계망

포괄적이고 적극적인 지역사회보호를 목적으로 하는 사례관리자가 반드시 수행해야 할 과업 중의 하나가 지역사회 자원을 파악하고 그에 따른 목록을 작성하는 일이다. 사례관리를 원활하게 실시하기 위해서는 지역사회의 기관과 단체 간의 연계가 필수적이다. 따라서 사례관리는 비단 사례관리자가 소속된 기관의 서비스뿐만 아니라 지역사회의 다른 기관의 서비스가 필요하다고 판단하면 이를 연계하여 서비스가 제공되는 것을 점검하고 관리해야 한다.

사례관리를 원활하게 실시하기 위해서는 각 기관의 실무자들이 사례회의를 실시하여 처우곤란 사례에 대해 실무자 간 역할분담이나 연계체계를 확고히 해야 한다. 이 사례회의는 지역사회의 기관과 단체가 정신질환자 개개인의 정보를 공유하고 팀으로 사례관리를 실시하기 위한 것이다.

정신질환자의 사례관리 과정에서 발생할 우려가 있는 과제를 해결하기 위해서 다음과 같은 네 가지 요건이 포함되어야 한다(이기연, 2010).

첫째, 서비스나 지원을 필요로 하고 있는 정신질환자를 어떻게 발견하고 사례관리기관에 연결하는가의 메카니즘을 포함한 시스템이 있어야 한다.

둘째, 개별 정신질환자 클라이언트 혹은 가족의 욕구에 맞는 적절한 케어계획을 원활하게 실시할 수 있어야 한다.

셋째, 공식적·비공식적 사회자원을 통합해서 제공할 수 있는 구조를 가진 지역연계망이어야 한다.

넷째, 정실질환자와 가족을 원조해 나가는 과정에서 부딪치는 처우 곤란한 사례에 대해 새로운 서비스를 창조해 나가는 메카니즘을 가진 시스템이어야 한다.

제2절 정신보건분야의 사례관리 과정

정신보건분야의 사례관리 과정은 서비스가 필요한 정신장애인의 사례를 접수하는 데서 시작된다. 사례접수 후에는 정신장애인의 상황에 대해 사정하고 서비스 계획을 수립하며 서비스를 연결, 조정, 관리감독하고 서비스를 평가한다(이영호, 2015).

1. 사례접수

사례접수는 사례관리가 필요한 정신장애인을 확인하고, 서비스를 자발적으로 찾지 않는 잠재적인 정신장애인을 찾아 나서는 데서 출발한다. 정신장애인이 스스로 서비스를 요청하거나 의뢰를 통하여 사례가 발견된 경우 서비스 수혜적격성을 심사하고 등록을 통하여 사례로 접수한다.

2. 사례사정

사례사정은 정신장애인이 어떤 유형의 서비스를 필요로 하는지 평가하는 과정이다. 정신장애인의 복합적인 욕구와 문제, 현재의 기능 및 장점과 잠재능력, 공식적 지원체계 및 비공식적 지원체계의 원조능력 등에 관한 전반적인 자료를 수집하고 종합적으로 분석하는 것이 중요하다.

구체적으로는 다음에 대해 사정해야 한다. 첫째, 소득, 주책, 직업, 건강, 대인관계, 여가, 교통, 법률, 교육 등의 측면에서 정신장애인의 충족되지 않은 욕구가 무엇인지 파악한다. 둘째, 정신장애인의 신체적·인지적·정서적·행동적 기능수준이 어느 정도인지 분석한다. 셋째, 정신장애인이 현재 필요로 하며 실제로 전문적인 도움을 받을 수 있는 공식적 자원에는 어떠한 것들이 있는지 평가한다. 넷째, 정신장애인을 보호해 줄 수 있는 비공식적 지지체계가 어느 정도의 정서적·물질적 지원을 제공해 줄 수 있는지를 현실적으로 사정한다.

3. 서비스계획 수립

사정에 기초하여 정신장애인의 개별적인 서비스 욕구, 서비스 연결과 감독, 평가에 대해 계획하는 것이다. 이때 정신장애인과 정신장애인의 사회적 관계망이 서비스계획을 수립하는 과정에 참여하게 하면 정신장애인의 욕구를 최대한 반영한 서비스계획을 수립할 수 있다.

정신장애인에게 가장 적절한 개별적인 서비스계획을 수립하기 위해서는 다음의 과정을 거친다. 첫째, 정신장애인에 대한 사정을 바탕으로 서비스 실천목표를 공식화한다. 둘째, 정신장애인의 긴급한 욕구를 우선적으로 열거한 후 심각하고 해결 가능한 문제들을 연속적으로 연관시키는 방법을 통해 서비스 실천목표들 사이의 우선순위를 설정한다. 셋째, 서비스 실천목표를 성취할 방법, 즉 변화를 가져오기 위해 필요한 개입행동을 선택한다. 넷째, 정신장애인의 변화 정도를 평가하는 절차를 구체화한다.

4. 서비스 개입

개입의 지속성을 보장하기 위해서는 정신장애인과 밀접한 관계를 맺고 서비스 제공과 관련된 내용을 철저히 기록하여 서비스 조정 시 중요한 자료로 활용할 수 있어야 한다. 실제 서비스 조정 시에는 서비스 제공자와 정신장애인, 나아가 서비스 제공자들 사이의 의사소통을 촉진시키고 서비스 제공기관 상호 간의 조정업무를 담당해야 한다. 서비스 연결 및 조정은 정신장애인에게 필요한 서비스를 연결하고 서비스에 대해 개입함으로써 적절하게 서비스를 배열하고 정리하는 것이다.

서비스의 관리 감독은 정신장애인이 필요로 하는 서비스가 적절하게 제공되고 있는지를 점검하는 과정이다. 구체적으로 정신장애인에게 적절한 서비스가 제공되고 있는지, 정신장애인이 기대하는 서비스를 제공받고 있는지, 정신장애인에게 제공되는 서비스가 필요하고 적절한 것인지, 정신장애인 지지체계가 서비스 제공과 지지의 역할을 제대로 수행하고 옹호함으로써 정신장애인이 공식적 기관에서 제공하는 서비스를 받을 수 있게 대변할 수 있어야 한다.

5. 평가

정신장애인에게 제공된 서비스, 정신장애인의 변화 정도, 서비스계획, 서비스 활동 및 서비스체계의 효과성과 효율성을 종합적으로 판단하는 과정이다. 평가

결과는 정신장애인을 위한 서비스계획, 프로그램 및 서비스체계를 수정하는 중요한 지표로 활용된다. 평가 결과, 정신장애인에게 서비스가 더 이상 필요하지 않은 경우에는 사례관리 과정을 종결하게 된다. 사례가 종결되더라도 정신장애인이 필요로 할 경우에는 서비스에 접근할 수 있도록 의사소통의 통로를 지속적으로 유지하는 것이 중요하다.

제3절 정신보건분야의 사례관리 실천사례

1. 초기과정

1) 사례발견

인적사항					
성명	○○○	성 별	여	나 이	29세
주소	○○시	장애등록	없음	직업	없음
학력	대학 휴학	종 교	기독교	경제상태	중
결혼 여부	미혼	주거형태	전세	입원일	16.04.01
진단명	Bipolar I disorder manic episode, ĉ psychotic feature				
정보의 신뢰도: 상 / 정보의 제공자: 클라이언트, 어머니, 큰언니, 작은언니, 남동생					

2. 사정과정

1) 제시된 문제

(1) 클라이언트가 제시한 문제

- 약 복용이 힘들다고 함.
- 환청: 사람이 그럴싸한 말로 꼬드기려고 함. 하나님이 "항상 너를 지켜 줄게"라

고 말한다 함.

- 환시: 추한 모습이 보인다고 함. 하나님이 자주 보인다고 함.

(2) 의뢰인이 제시한 문제

- 공부 외의 일상생활은 전혀 하려고 하지 않음. 게으름.
- 과대망상: "교회 전도사와 내년 봄에 결혼할 거야"라고 자주 얘기함.
- 환청: 꼬드기는 말이 들린다고 함.
- 언니들에 대한 열등감(외모, 학력)
- 1~2주일씩 식사 안 하다가 폭식함.

2) 생리, 심리, 사회적 상태에 관한 기술

(1) 생리적 상태

160cm 정도의 키에 약 65kg 뚱뚱한 체구이며 어깨에 닿는 머리를 묶어서 단정한 편이고, 환의를 입고 있었으며, 슬리퍼를 신고 양말은 신지 않았음. 까무잡잡한 얼굴에 눈맞춤은 양호함. 목소리는 작은 편이며 속도는 빠른 편임.

(2) 심리적 상태

면접 당시 기분은 약간 들뜬 상태였음. 자신이 불편하다고 생각하는 것에 대해 정확히 말하였으며 질문에 대해서는 긍정적으로 대답함.

(3) 사회적 상태

병동의 규칙을 잘 지키고 있으며 환우들과 잘 어울리지 않고 혼자 성경책을 가지고 산책하는 경우가 많음.

(4) 의뢰과정 시 상태

입원하기 며칠 전부터 약을 먹지 않고 불안해 하는 모습을 보고 어머니와 남동생이 권유해 남동생과 함께 입원하러 왔으며 주치의가 개인력 조사와 가정방문 의뢰함.

3) 개인력 사정

- 클라이언트는 사업에 실패해 자포자기 상태에서 알코올 중독이 된 아버지와 가정을 책임져야 하는 어머니 사이에서 셋째 딸로 태어남. 집안에서는 아들을 바랐지만 딸이어서 조금 서운했다고 함. 어릴 때부터 통통하며 남자 같은 외모에 다재다능하여서 “아들로 태어났으면 정말 좋았을텐데…”라는 말을 들으며 자랐기 때문에 클라이언트도 “내가 남자로 태어났으면 얼마나 좋을까?”라는 생각을 하였고 ‘성기에 대한 수치심’이 생겼음. 클라이언트는 남근기에 이성의 부모인 아버지에게 애정을 갖게 되었고 동성의 부모인 어머니에게 질투와 경쟁적인 증오심을 갖게 되면서 아버지, 어머니와 엘렉트라 콤플렉스로 인한 삼각관계를 갖게 되었음. 아버지는 자신을 많이 닮은 클라이언트에게 남다른 사랑이 있고 기대를 갖고 있었음. 클라이언트도 이런 점을 알고 있었으며 더 많은 사랑과 관심을 받기를 기대하고 있었으며, 거의 매일 술을 마시고 신세한탄을 하고 어머니를 때리는 아버지에 대해 실망감과 좌절을 경험하였음. 아버지를 좋아하지만 이중적인 모습에 클라이언트는 힘들어 하며 종교에 더 의지하게 되었으며 아버지 뜻을 거스르지 않는 착한 딸이 되려고 공부도 더 열심히 했음.
- 클라이언트는 자라면서 언니들을 보며 “나도 언니들처럼 예쁘고 날씬했으면…” 하는 생각을 하며 질투를 하게 되었으며 자신의 남자 같은 외모에 열등감을 느꼈음. 초등학교 때부터 전교에서 1~2등을 하던 클라이언트는 법대를 가라던 아버지 기대와는 달리 ○○인문계 고교에 진학하여 서울대 영문과를 가고 싶어 하였음. 이때 아버지와 마찰이 생기면서 자아정체감과 주체성 확립이 힘들었을 것으로 사료됨. 또한 집안 사정으로 인하여 자신이 원치 않았던 학교에 진학하여 좌절을 하였을 것으로 생각됨. 무의식에 잠재되어 있는 아버지에 대한 애정이 고등학교 재학 중에 송○○화 교회의 교육전도사에게 투사된 것으로 보임.
- 발병 시 학업에 대한 스트레스와 진로에 대한 걱정으로 많이 불안하고 초조해 하였음. 또한 언니들은 대학에 진학하여 열등감을 느꼈을 것으로 사료됨.

4) 병력 사정

기간	병원	병명	증상
2000년(외래)	xxx병원	모름	학교진학과 진로 때문에 고민함. 불안, 초조
2005년(외래)	zzz종합병원	Bipolar Disorder	약 복용 중단, 불안, 초조
2007년(입원)	zzz종합병원	Bipolar Disorder	교회 부흥회 다녀온 후 말이 많아지고 불안해 하는 모습이 심해짐.
2010년(입원)	zzz종합병원	Bipolar Disorder	약 중단, 불안·초조, 환시 및 환청

5) 강점과 약점 사정

(1) 강점

- 병에 대한 지식 있음.
- 지지적 가족체계
- 발병 후에 대학 진학할 정도로 학업에 대한 의지가 강함.

(2) 약점

- 종교에 과도하게 심취
- 공부에 대한 기대치가 높음
- 게으름

6) 문제목록

(1) 생리적 문제

- 환시: "하나님이 보여요"
- 환청: "하나님이 내가 널 지켜 줄게", "누군가 그럴듯한 말로 꼬드기려 해요"
- 약 먹기가 힘들다고 함.

(2) 심리, 사회적 문제

- 인지 문제: 가족체계가 지지적이나 클라이언트가 왜곡해서 받아들임. '형부들

은 늑대, 승냥이 같은 놈들이에요. 언니들은 이혼해야 하는데 왜 같이 사는지 모르겠어요' 하는 인식

- 대인관계 및 사회활동: 교회활동 외에는 외부와의 연결이 없음.
- 종교 문제: 모든 일을 종교적으로만 생각하려 함.
- 학업 문제: 발병 전의 자신의 능력을 여전히 갖고 있다고 생각하며 스스로에 대한 기대치가 높음.

(3) 결핍된 자원: 친한 친구가 없음

7) 가계도

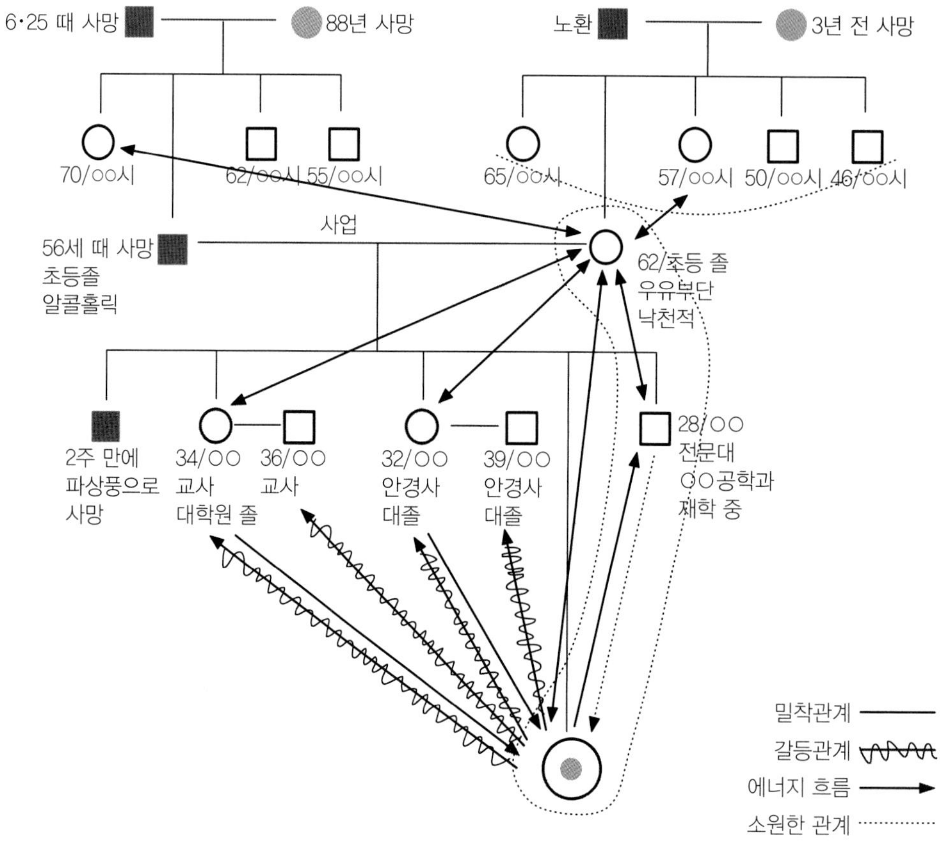

- 할아버지(6.25 전쟁 때 사망): 학식 있는 사람으로 6.25 전쟁 때 빨치산에게 끌려갔다가 도망 왔다고 함. 클라이언트는 유난히 할아버지의 과거 활동에 대한 자부심을 가지고 있고 주변사람들에게 자랑을 자주 함.
- 할머니(88년 사망): 무남독녀로 집에서 가정교사를 두고 공부할 정도로 부유한 집안에서 자랐음. 평소 인자한 성격으로 클라이언트와 형제들을 아꼈으며 클라이언트 또한 할머니를 많이 따랐다 함. 자신이 공부 잘하는 것도 할머니의 영향이 크다고 함. 그리고 가정교사를 두고 공부할 정도로 부유한 할머니 집안에 대해서 자부심을 갖고 있음.
- 아버지(56세 때 사망): 초등 졸, 클라이언트 발병 1년 후 사망, 엄격하고 무서운 성격, 체벌도 하였으며 억압적이었다고 함. 5, 6세 때 제사 축문을 쓸 정도로 영리하며 다재다능했다고 함. 운동과 노래를 좋아하고 잘했음. 공무원이었으나 '연좌제' 실시로 그만두게 됨. 그 후 강원도에서 목재업을 하였지만 부도가 났으며 하는 일마다 실패했다고 함. 클라이언트가 6살 때부터 집에 있으면서 거의 매일 막걸리를 마셨다고 함. 어머니를 구타했으며 자녀들을 앉혀 놓고 신세한탄을 했다고 함. 알콜홀릭으로 가족은 추정하며 한 번도 병원을 찾은 적은 없으며 갑자기 돌아가셨음.
- 어머니(62): ㅇㅇ거주, 초등 졸, 무직, 기독교, 우유부단하며 낙천적이며 편하게 살려고 함. 클라이언트가 6살 때부터 생계를 위해 일을 해야 했음. 외판업부터 안 해본 일이 없으며, 자식들이 무언가를 열심히 하려고 하면 최선을 다해 뒷바라지를 해주었으며 형제들을 공평하게 키우려고 노력하였음.
- 큰언니(34): ㅇㅇ거주, 대학원 졸, 기독교 중학교 국어교사, 예민 꼼꼼하며 완벽하려는 성격임, 클라이언트가 하고 싶어 하는 일에는 적극적으로 도와준다고 함. 주량은 세지만 아버지처럼 될까 봐 안 마시려고 함. 연애 결혼함.
- 큰 형부(36): ㅇㅇ거주 대졸, 기독교 교사, 활발하며 적극적인 성격, 클라이언트에게 잘하려 함.
- 작은언니(32): ㅇㅇ거주, 전문대 졸, 성격은 불같지만 뒤끝은 없다고 함. 남편과 연애 결혼했으며 안경점 운영하고 있음.

- 작은 형부(39): ㅇㅇ거주, 전문대 졸, 호탕한 성격
- 남동생(28): ㅇㅇ거주, 전문대 ㅇㅇ공학과 재학 중, 말수도 없고 순진하다고 함. 클라이언트 발병 전에는 친했지만 지금은 소원한 상태임.
- 클라이언트 부모 부부관계: 어머니가 23살 때 친정 사촌언니의 중매로 얼굴도 못 보고 결혼함. 아버지가 자상하며 호감 있는 외모를 가지고 있어서 좋았다고 함. 사이는 좋은 편이었으며 의사소통도 잘되었다고 함. 그러나 아버지가 공무원을 그만두게 되었고 계속된 사업실패로 거의 매일 술을 마시며 어머니를 때리고 자녀들을 고통스럽게 하자 부부 사이가 멀어지게 되었다고 함.
- 부모자녀 관계: 알콜홀릭으로 추정되는 아버지로 인해 자녀들은 많은 고통을 받았으며 어머니 또한 힘들었다고 얘기함, 종교적인 문제로 큰언니, 클라이언트 아버지는 잦은 언쟁을 벌였음. 아버지가 사망하였을 때 자녀들은 크게 슬퍼하지 않았다고 함. 현재 어머니를 잘 모시려고 노력하고 있으며 클라이언트만 아니면 큰언니가 모시고 살려고 함. 어머니 또한 자식들에게 정신적으로 의존하고 있는 상태임. 클라이언트가 다재다능하여 부모님의 기대를 많이 받고 자랐음. 알콜홀릭으로 추정되는 아버지의 밑에서 이중적인 모습을 보면서 성장함. 아버지에게 구타당하면서도 자식들을 키워 주신 어머니에 대해 불쌍하다고 얘기함.
- 형제자매 관계: 언니들과 남동생은 클라이언트의 질병에 대해 잘 알고 있는 상태이며 예후가 좋기만을 바라고 있음. 클라이언트가 하고자 하는 것은 모두 해주려고 하고 있으며 지지체계가 좋음. 클라이언트는 형제들에 대해 긍정적이기는 하나 언니들이 학력이 높으며 결혼했다는 것에 열등감을 갖고 있음.

8) 생태도

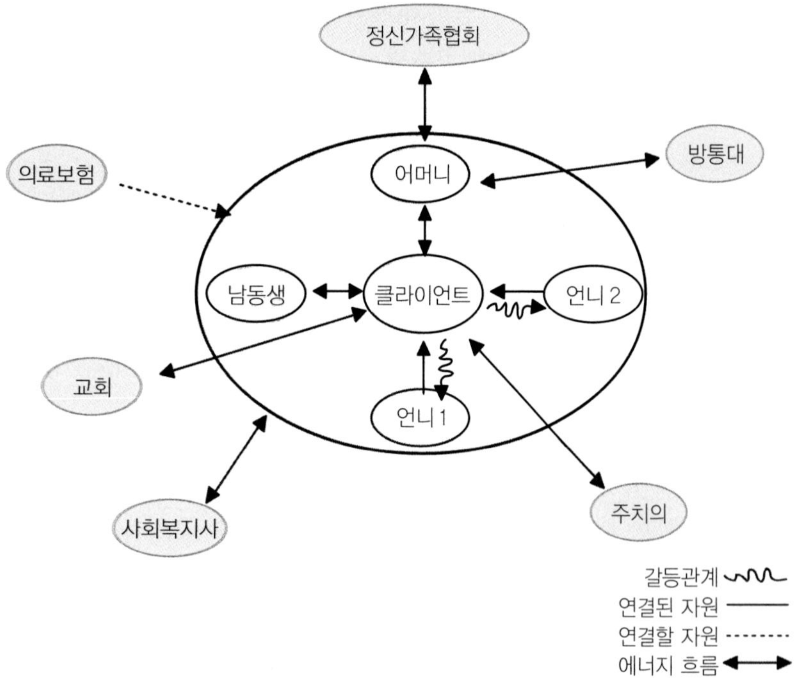

(1) 이용자원 체계

- 공식적 자원: 대한 정신보건가족협회 ㅇㅇ지부
- 비공식적 자원: 가족
- 사회적 자원: 주치의, 사회복지사, 의료보험, ㅇㅇ보건소 등

3. 계획과정

1) 계획수립 시 고려사항

- 클라이언트는 언니들이 결혼을 하고 대학을 졸업했다는 것에 대해 열등감을 가지고 있으며, 경제적 어려움도 없으며 행복하게 사는 모습을 보고 질투하여 형부들에 대한 감정이 좋지 않은 것으로 여김. 이런 관점에서 현재 갖고 있는

생각들을 바꿔 주도록 개입을 해야 할 것임.

- 발병 후 학업에 대한 능력이 떨어졌는데도 학교 수업에 뒤처지는 것을 받아들이지 못하고 있음.
- 현재 클라이언트 자신의 능력을 파악하도록 하여 각 단계를 거쳐 학업을 마칠 수 있도록 함.

2) 단기목표(퇴원 전)

목표	계획
자신의 능력에 대한 인식·자아존중감 향상	사회복지사가 주 2회 인지·행동 치료를 하여 잘못된 사고 양식을 수정하도록 함. (10 session)
가족에 대한 긍정적 인식	사회복지사가 주 2회 면담 시에 클라이언트가 가족에 대하여 갖고 있는 억눌린 감정을 표출하도록 하여 긍정적 인식을 갖도록 함.
의사소통과 대인관계 기술 습득	주 2회 사회기술 훈련을 통해 효과적인 의사소통과 대인관계 기술을 익히도록 함.
정신건강 교육	주 1회 정신건강 교육을 통하여 지속적으로 약을 복용하도록 함.

3) 장기목표(퇴원 후)

목표	계획
지속적인 외래치료	지속적으로 외래 치료를 받을 수 있도록 함. - 2주 1회 정도 전화할 수 있도록 하며 차츰 기간을 늘리도록 함.
새로운 지지체계 형성	대인관계를 형성할 수 있도록 하여 지지체계로 활용할 수 있도록 함. - ㅇㅇ대 복학하여 학습관을 통해 같은 과 학생들을 사귈 수 있도록 전화 상담 시에 얘기를 들어주기.
학업 성취	ㅇㅇ대에 복학하여 졸업하도록 2주 1회 전화상담을 통하여 지지.

4. 개입과정

1) session 1 (SOAP[2) 활용)

1. 날짜: 2011년 6월 12일 오전 10:30~11:30
2. 목표: 퇴원 후 클라이언트의 주거에 문제가 발생하여 어머니, 언니 1의 심리적인 부담을 파악하고 클라이언트를 위한 가족들의 정서적 지지의 필요성을 인식시킨다.
3. 피면담자: 어머니, 언니 1
4. 주요 내용 및 치료방법: 언니 1은 그동안 고생하신 어머니, 클라이언트와 함께 살고 싶어 하지만, 어머니는 클라이언트로 인해 언니 1이 힘들까 봐 계속해서 안 된다며 거절해 서로가 힘들어 하는 상태이다. 그러던 중 클라이언트의 퇴원이 갑작스럽게 일주일 후로 결정되어 심리적 부담이 가중되고 있다.

→ 어머니와 언니 1의 심리적인 부담을 파악하고 적극 지지, 격려하였다. 아울러 클라이언트에게 있어 정서적인 지지체계가 될 수 있도록 그 필요성과 중요성을 인식시키고 사회사업가와의 관계형성에 주력하였다.

S: 언니 1 – "더 이상 엄마와 ○○가 고생하며 사는 것을 못 보겠어요. 남편과도 얘기했는데 같이 사는 게 더 나을 것 같아요. 그런데 엄마는 내가 힘들 거라고 안 된다고 하세요."
어머니 – "큰사위도 있는데 어떻게 같이 살 수 있겠어요. ○○도 형부를 잘 따르면 모를까 ○○가 형부를 싫어하는데 어떻게 같이 살아요. 그리고 나 혼자 같이 사는 것도 힘든데 ○○까지 그럴 수 없어요."

O: 언니 1과 어머니가 자식으로서의 도리와 자식에게 미안한 마음 등으로 불편해 하는 모습을 보이며 클라이언트에 대해 부담스러워 하고 어떻게 해야 할지 고민, 걱정스러워 하는 모습이었다.

A: 언니 1과 어머니는 밀착된 관계를 유지하고 있으며 언니 1이 맏이라는 생각에 자신이 어머니와 클라이언트를 책임져야 한다는 생각과 죄책감으로 인해 아예 같이 살면서 돌보려는 생각이 많다. 그에 반해 어머니는 자식에게 피해를 주지 않으려는 생각을 갖고 있어 대립되는 양상을 보인다. 또한 클라이언트에 대한 부담감이 모두 많은 것으로 사료된다.

P: 언니 1과 어머니에게 거주에 대한 중재가 요구되어지며 클라이언트와의 개인상담 및 의견타진이 필요하다.

---

2) S(subjec't information): 클라이언트의 주관적 정보. 클라이언트의 자기보고에서 나오는 것으로 클라이언트가 상황을 어떻게 인식하고 느끼는가를 나타낸다.
O(objec'tive information): 객관적 정보 – 전문가의 직접적인 관찰, 임상적 실험, 체계적인 자료수집 등에서 얻어진다.
A(assessment): 사정 – 사정·견해·해석·분석한 내용. 주관적 정보 및 객관적 정보의 검토를 통해 추론된 전문가의 개념화와 결론을 말한다.
P(plan): 주관적·객관적 정보와 사정을 기반으로 설정한 계획.

2) session 2

1. 날짜: 2011년 6월 13일 오전 10:30~11:30
2. 목표: 클라이언트의 근황에 대해 들어주고 정서적 지지를 해주며 앞으로의 생활에 대한 계획 필요성에 대해 이야기 나눈다.
3. 피면담자: 클라이언트
4. 주요 내용 및 치료방법: 퇴원일은 다가오는데 언니 1과 어머니가 자신의 문제로 싸운다고 생각해 힘들어 하는 모습이며 죄의식이 많았다.

→ 클라이언트의 불안한 상태를 확인하고 안정될 수 있도록 지지적인 개별면담을 시행하였다. 언니 1과 어머니가 클라이언트에 대한 애정이 많아 같이 살고 싶어 하는 마음이 커서 문제가 발생한 것이며 어머니 입장에서는 큰 형부를 나쁘게만 생각하는 클라이언트가 걱정되어 그런 다툼이 생겼다는 것을 설명하였다.

S: "엄마와 언니가 저 때문에 힘들어 하는 것 같아요. 나는 아무 데나 살아도 되는데 괜히 엄마랑 언니가 그러는 것 같아요. 싸우니까 내가 어떻게 해야 할지 모르겠어요. 퇴원날짜는 곧 오는데 어떡해요?"

O: 자신으로 인해 가족이 다투게 되었다고 생각해 불안해 보이는 마음 상태를 알 수 있었다.

A: 클라이언트가 가족에게 의지하는 모습이 많으며 자신의 상황에 대해 스스로 동정하는 모습을 보였다. 클라이언트의 현 상황에 대한 이해가 필요하다.

P: 가족과의 전화상담을 한다.
클라이언트가 퇴원 후 잘 지낼 수 있도록 개인면담을 하도록 한다.

3) 이후의 session

- 6월 14일: 언니 1과 전화상담을 통하여 같은 동네에 월세를 얻어 가족관계를 유지하도록 지지하였으며 언니 1도 긍정적인 반응을 보였다. 또한 클라이언트와 면담을 통하여 퇴원 후 방통대와 교회에서 새로운 사람을 만날 수 있도록 지지적인 상담을 하였다.
- 6월 18일: 언니 1과 전화상담을 하였는데 어머니와 클라이언트가 거주할 집이 구해지기 전까지만 ○○에서 잠시 거주하였다가 집이 구해지는 대로 이사하기로 했다고 한다.

- 6월 27일: 어머니, 클라이언트와 전화상담을 하였다. 다음 주에 언니 1이 집 근처로 이사하기로 하였으며 클라이언트가 약 복용도 잘하고 있으며 ○○대 방송을 잘 보며 열심히 하는 모습을 보인다고 하였다.

5. 평가와 종결과정

1) 종결

여러 차례 본원 입원과 퇴원을 반복하던 클라이언트를 만나게 되어 재발하게 된 원인을 나름대로 찾으려고 노력하였다. 하지만 약 복용문제에서부터 자신의 능력보다 높은 이상, 언니들에 대한 열등감 등 클라이언트의 문제점을 정확히 파악하지 못했을 뿐만 아니라 파악하였어도 여건이 되지 않아 도와줄 수 없었다.

이에 사례관리자는 위와 같은 문제에 있어서 노력하였으나, 종교적인 것을 제외하고는 생각만큼 클라이언트에게 접근이 쉽지 않았다. 퇴원할 때가 되어 거주지 문제가 발생하여 언니 1, 어머니와 함께 거주 문제에 대해 적절한 개입을 하였다. 퇴원 후 ○○대와 교회를 잘 다니며 새로운 사람을 만나려는 모습을 확인하고 종결하였다.

2) 사후관리

이후 잘 지내는지를 더 확인했어야 했는데, 그러지 못하고 종결한 점과 입원해 있을 때 언니들에 대한 열등감과 자신의 모습을 확실히 알 수 있도록 했는데, 사후관리는 진행하지 못하였다.

6. 정신보건분야에서 사례관리의 과제와 전망

만성정신장애인들을 치료하고 보호하는 데 있어 사례관리서비스의 중요성에 대한 인식이 점차 확대되고 있다. 하지만 사례관리기법이 케이스워크나 그룹워크 같은 전통적인 실천방법들과 같은 수준의 인정을 받기 위해서는 아직도 해결해야 할 과제가 많다.

사례관리실천에 있어서 당면한 여러 이슈들 가운데 가장 근본적인 것은 사례관리실천의 개념에 대한 의견의 불일치인데, Austin & Caragonne(1981)에 의하면 학자들마다, 사례관리자마다 사례관리활동에 있어서 강조하는 것이 제각기 다르다. 다수의 정신보건사례관리 프로그램에서 활용되고 있는 사례관리실천의 여러 다양한 모델 중 '다소 성격이 모호한 모델(mixes model)'이 있는데 이 모델에서는 클라이언트에게 광범위한 치료적 카운슬링을 제공하는 것과 클라이언트의 치료 상태에 대한 평가에 주안점을 두고 있다. 즉, 임상적 치료 자체에만 지나치게 강조를 하고 클라이언트의 후속서비스(follow-up-care)에는 소홀히 한다는 것이다(Johnson & Rubin, 1983).

지역사회정신보건센터에서 일하는 사례관리자들은 그들의 역할과 과업 및 활동에 대해 종종 혼동을 하고 있으며, 그들의 직장 분위기가 사례관리 직무를 수행하는 데 큰 도움이 안 될 수가 있다. 결국 사례관리자들에게 정신치료(psychotherapy)를 지나치게 강조하는 것이 사례관리시스템을 발전시키는 데 치명적인 장애물이 된다는 것이다(Johnson & Rubin, 1983). 또 다른 연구에 의하면 임상사회복지사들은 사례관리기업을 수준이 낮은 개입기술로 간주하는 경향이 있고, 장애의 정도가 덜한 클라이언트를 선호하며, 영리를 목적으로 하는 정신치료서비스를 주로 제공하는 개인사무실(private practice) 개업을 선호한다(Kanter, 1991)

이외에도 정신보건기관에서 클라이언트의 문제를 치료·해결하는 데 있어서 전통적으로 정신치료나 정신역동성을 강조함에 따라 임상전문가들이 클라이언트로 하여금 지역사회의 서비스 자원에 접근·이용 가능하게 하는 것이나, 지역사회에서 클라이언트의 권익을 옹호하는 것 같은 다소 덜 치료적이거나 덜 직접적인 서비스 활동을 피상적인 것으로 보는 경향이 있다. 그리고 종종 서비스 기관이나 행정가들은 사례관리의 역할을 수행하는 데 있어서 전통적인 진단과 치료 기능을 강조하는 사회복지사를 더 인정해 주고 더 나은 보상을 해주는 경향도 있다.

하지만 이러한 문제점들에도 불구하고 만성정신장애인들을 위한 사례관리실천에 대한 공공의 지지와 지원은 계속 확대되어 왔으며 앞으로도 계속 확대될 것이다. 최근 들어 사례관리서비스에 대한 수가(reimbursement) 적용이 보편화되어 사례관리자가 만성정신장애인들에게 제공하는 많은 서비스가 공공기관으로부터 재정적 지원을 받을 뿐만 아니라 민간보험회사들로부터도 수가를 널리 인정받고 있다. 또한 요즈음에는 사례관리서비스를 전문으로 제공하는 민간영리기관들도 생겨나 공공기관과 서비스 계약을 맺고 클라이언트에게 전문적인 상담치료, 직업훈련, 재활훈련, 주거서비스 등 아주 포괄적인 사례관리서비스를 제공하고 있다(하지선, 2016).

지금까지 사례관리시스템을 발전시키는 데 있어 사회사업의 주도적인 노력은 조용히 그리고 눈에 띄지 않게 이루어져 왔지만 이제는 좀 더 분명하고 활발하게 주장할 근거가 충분하다고 생각한다(Johnson & Rubin, 1983). 물론 인간에 대한 서비스라는 시스템에서 사례관리기법이 사회사업의 유일한 영역이라고 주장하는 것은 클라이언트를 위해서도 사회사업전문직을 위해서도 바람직하지 않을 것이다. 하지만 다양한 전문기술을 갖추고 있고, 사회의 약자들을 위해 일해 온 역사와 전통에 자부심을 갖는 사회복지사들은 사례관리자로서 일하는 데 전문직으로서의 만족과 긍지를 가질 수 있을 것이다. 클라이언트 개개인으로 하여금 좀 더 나은 사회적 기능력을 갖추게 하고, 또한 이들을 위해 지역사회의 자원을 동원하고 활용하는 통합적 노력은 바로 전통적인 사회사업과 사례관리실천의 핵심이라고 할 수 있기 때문이다.

case management

생각해 볼 문제들

01 정신보건분야의 사례관리에 대해 설명해 보라.

02 정신보건분야의 사례관리 과정에 대해 설명해 보라.

03 정신보건분야의 사례를 팀별로 토의해 보라.

CHAPTER 12

노인복지분야의 사례관리

현대사회가 산업사회에서 정보화사회로 점차 발전됨에 따라 의학기술의 발달과 삶의 질 향상 등으로 인간의 평균수명이 늘어나고 있다. 이에 고령사회에 대비해 국가적인 차원에서 제도와 의식을 재정립하고, 무엇보다도 선진국형 노인복지체계를 마련하는 것이 시급한 과제라 할 수 있다. 그렇다면 다양하게 일어나는 노인문제에 효과적으로 대처하기 위해서는 어떠한 대책을 수립해야 할까? 많은 방법이 시도되어 왔지만 현재 주목받고 있는 것이 바로 사례관리이다. 따라서 본 장에서는 첫째, 노인복지분야의 사례관리의 개요, 둘째, 빈곤노인의 사례관리 실천사례, 셋째, 독거노인의 사례관리 실천사례, 넷째, 치매노인의 사례관리 실천사례 등을 중심으로 노인복지분야의 사례관리를 심층적으로 살펴보고자 한다.

제 1 절 노인복지분야의 사례관리의 개요

노인은 신체·심리·사회·경제의 전 영역에 걸쳐 다양하고 복합적인 욕구를 갖는 반면 필요한 서비스에 대한 정보를 얻고 서비스에 접근하는 능력은 상대적으로 제한적이다. 이에 노인의 문제를 해결하고자 도입된 방법론이 사례관리이다. 즉, 노인사례관리는 '한 사람의 사례관리자가 복합적 욕구를 가진 노인에게 다양한 서비스 자원을 연결시켜 노인이 사회생활상의 어려움을 극복할 수 있도록 돕는 사회복지실천의 한 방법'으로 정의할 수 있다. 노인사례관리의 목적은 ① 보호서비스의 지속성 확보, ② 서비스 체계들의 조정을 통한 서비스 연계성 증진, ③ 노인의 개별적 욕구와 특성에 근거한 서비스 제공, ④ 서비스의 포괄성, ⑤ 효과적인 자원의 개발과 분배로 궁극적으로는 노인을 대상으로 한 보호서비스의 질적 향상을 보장하고자 한다(김종일·최혜지, 2006).

노인사례관리의 구성요소는 도움을 요청하는 클라이언트, 클라이언트의 욕구를 충족시켜 줄 수 있는 사회자원, 이들 자원을 동원하고 조정하여 연결시켜 주는 사례관리자와 사례관리의 과정으로 볼 수 있다(송진영·김경애·유광수, 2016).

1. 클라이언트

사례관리의 대상이 되는 클라이언트는 다양한 욕구를 가지고 있으면서도 신체적·사회적·기능상의 여러 가지 문제로 스스로 욕구를 충족하기 어려운 사람들이다. 이런 클라이언트의 일반적인 특성은 첫째, 복합적인 욕구를 충족할 수 있는 사회자원의 존재를 모르거나 사회자원과의 연결에 어려움을 가지고 있거나 사회자원의 이용방법을 알지 못한다는 점과 둘째, 만성질환을 가지고 있으며 신체적·정신적으로 심하게 손상되어 있다. 셋째, 자신들을 보호해 줄 가족이 없거나 가족이 있어도 그들을 적절하게 보호하지 못하고 있다. 넷째, 공적 서비스뿐만 아니라 비공식 자원체계의 보호를 필요로 한다. 다섯째, 자기보호능력이 상실되어 있으며 개별적인 옹호가 필요하다는 것 등을 들 수 있다. 이러한 특성에 비추어 봤을 때 노인은 사례관리의 적합한 대상이 된다.

2. 사회자원

사례관리의 핵심기능 중 하나가 서비스와 자원을 클라이언트에게 적절하게 연결시켜 주는 것임을 생각해 볼 때 사회자원은 매우 중요한 요소라고 할 수 있다. 만성적·복합적·다중적 욕구를 가지는 사례관리 대상층들의 욕구를 충족하기 위해서는 다양한 자원의 확보와 동원이 필수적이다. 따라서 사례관리자는 클라이언트의 요구와 관련된 공식적 기관이나 조직의 자원뿐만 아니라 비공식적 자원, 즉 지역사회 자원과 원조자들을 동원할 수 있는 능력이 있어야 하며 나아가 그 자신을 자원으로 제공하기도 한다.

3. 사례관리자

사례관리자는 대상자의 욕구를 파악해 사례관리를 위한 계획수립, 사회적 자원 확보, 연결, 조정, 점검하는 역할과 방문원조자, 중재자, 상담자, 문제해결자, 자원개발자, 평가자, 교사, 지도감독자, 행정가, 옹호자 등의 역할까지 수행하는 사람으로, 사례관리팀과 주 관리자로 구분해서 살펴볼 수 있다. 일반적으로 노인사례관리팀은 의사, 간호사, 사회복지사, 임상심리사, 재활치료사, 영양사, 주거환경전문가 등 다양한 영역의 전문가와 간병인, 가사도우미 등의 보조인력으로 구성되고 주 관리자는 사례관리를 주도하는 핵심인력으로 리더와 책임자의 역할을 수행한다.

4. 사례관리과정

사례관리과정이란 사례관리자가 클라이언트와 처음 접촉해 종결하기까지 사례관리의 지식, 기술, 가치를 적용해 실천하는 일련의 절차로, 학자마다 분류하는 방식이 다양한데, 일반적으로 초기단계(인테이크), 사정, 개획, 개입, 평가 및 종결의 과정으로 이루어진다.

제2절 빈곤노인의 사례관리 실천사례

1. 초기단계

1) 사례발견

클라이언트는 수급권자이고 딸 하나를 두고 있으며, 남편은 딸이 초등학교 6학년 때 사망했다. 딸은 결혼해서 의정부에 거주하고 있다. 관절염과 녹내장, 피부질환 등 만성적 질병을 앓고 있다. 10여 년 전에 화재로 살던 집을 잃고 동사무소에서 지원해 준 보조금으로 월세를 얻어 어렵게 생활하고 있다.

2) 클라이언트 인적사항

성명	김○○	성별	여
종교	무	가족	딸, 사위, 손자, 손녀
생년월일	1926. 2. 3	연령	76세
주소	○○시 ○○구 ○○	동거가족	없음
학력	초등학교 졸업	직업	없음
보호구분	수급권자	월 수입	약 30만 원

3) 서비스 사유

본 사례는 복지관의 재가복지 대상자로 선정되어 있어 급식서비스를 받고 있었으나, 가정방문과 욕구조사를 통하여 만성질환과 경제적 어려움, 그리고 열악한 물리적 환경으로 보다 집중적인 서비스 제공이 필요하다고 판단되어 사례관리 대상자로 선정하였다.

4) 가정방문

사례관리자가 가정방문을 하여 생활환경을 살펴보았다. 클라이언트의 주거환경은 방 하나에 부엌이 딸려 있고 화장실은 공동사용으로 재래식이다. 부엌문이 현관 구실을 하고 있고 방은 채광과 환기가 되지 않아 습기가 많고 냄새가 났다. 급수시설은 마당에 있는 공동수도를 사용한다. 난방시설은 연탄보일러로 작년에 복지관 환경개선서비스를 통해 설치한 것이고 벽지와 장판도 서비스를 받았다.

2. 사정단계

1) 가계도와 생태도

① 가계도

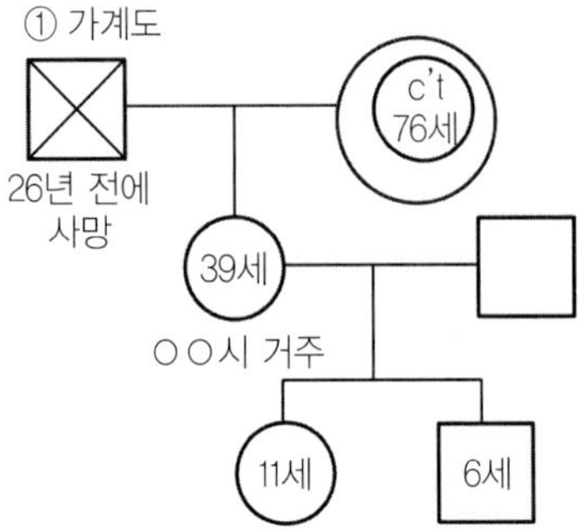

② 생태도

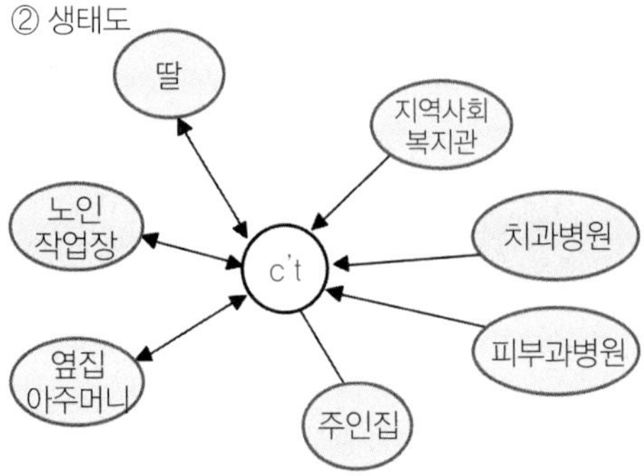

2) 클라이언트의 주요 문제 사정

(1) 신체적 측면

클라이언트는 무릎 관절염으로 약을 복용하고 있으며 충치가 심해 통증이 있을 때에는 진통제를 복용하고 있다. 왼쪽 팔다리가 저리다고 하여 파스를 붙이고 있다. 걸을 때마다 발바닥이 뜨겁고 아프다고 하여 피부과 약을 복용하며 알로에를 바르고 있다. 조금만 걸어도 숨이 차서 걷는 것이 힘들다고 한다. 발 치료를 하고 나서 틀니를 해야 하는데 비용이 너무 비싸서 치료를 못 하고 있다.

(2) 경제적 측면

매월 정부 지원금을 받고 있으며 노인 작업장에서의 부업으로 한 달에 약 30만 원의 수입이 있다. 보증금 100만 원에 월세 10만 원을 지출하고 있으며 전기세 등 공과금을 5만 원 정도 납부하고 있어 경제적으로 어려운 상태이다.

(3) 정서적 측면

클라이언트는 일찍 남편과 사별하고 식모, 농사, 공장, 취로사업 등 여러 가지 일을 하면서 살아왔으나 백내장 수술 이후 취업을 못 하여 더욱 어려운 상태에 이르렀다. 10여 년 전 살던 집이 불이 나서 아무것도 가지지 못하고 몸만 빠져나왔고, 동사무소에서 마련해 준 텐트에서 생활하다가 정부보조금으로 월세방을 얻어 지금 살아오고 있다. 불이 난 충격으로 지금도 가슴이 뛰며 누구에겐가 쫓기는 듯하고, 불안감이 있다. 노인 작업장에 나가 부업하면서 여러 할머니와 많은 이야기를 하고 스트레스를 풀 수 있어 정서적인 면은 큰 문제가 없어 보인다. 사위가 아픈 이후 어렵게 구입한 집을 판 것에 대해 미워하는 마음이 생겨 딸과의 관계마저도 소원해져 연락을 자주 하지 않고 있다. 그러나 손자들은 보고 싶어 하고 외로움을 느낀다.

(4) 주거문제

클라이언트가 거주하는 방은 약 1.5평이고 부엌은 몸을 자유롭게 움직일 공간이 없다. 재래식 화장실과 마당의 수도를 공동으로 사용하고 있다. 방문은 잠금장치가 없고 방 안은 환기와 채광이 되지 않는다.

3) 클라이언트의 주요 욕구 사정

클라이언트는 물품서비스에 대한 욕구가 강했다. 전기밥솥과 세탁기를 요구하고 부엌문이 고장이 나서 잠글 수 없기 때문에 문을 수리해 주기를 요구했다. 치과 진료를 받고 싶어 하고 심장진료를 받고자 하는 욕구가 있다. 임대 아파트나 전셋집으로 옮기고자 하는 욕구가 있다.

4) 강점 사정

(1) 클라이언트의 강점

젊어서부터 계속 어떤 일이든 해왔기 때문에 자립심이 강하고 다른 사람과의 관계에서 자신이 조금 손해를 보더라도 원만하게 해결하려는 성격이며, 기억력이 감퇴되지 않았고, 사람들과 만나 대화하는 것을 좋아한다.

(2) 클라이언트의 약점

화재 사건 이후 동사무소나 복지관에서 계속 도움을 받아 왔기 때문에 물품을 구입하는 데 자신의 능력이 있음에도 복지관에 의존하려는 경향이 있으며, 작업장에서 부업량이 적거나 자신이 어떤 서비스 혜택에서 빠졌다는 것을 알면 매우 비판적으로 원망하는 태도를 보인다.

5) 제공되고 있는 공식적·비공식적 자원

(1) 공식적 자원

수급권자로 책정되어 지원금을 받고 있으며 복지관의 급식서비스를 받고 있다. 복지관의 나들이 서비스, 가사도우미, 영정사진서비스, 물리치료, 한방서비스를 제공받았다. 노인공동작업장에서 부업하여 그것으로 약간의 수입을 얻고 있다.

(2) 비공식적 자원

현재 딸은 의정부에 거주하고 있는데 남편의 질병과 자녀양육, 직장출근, 경제적 어려움 등의 문제로 클라이언트를 찾아오지 않고 가끔 전화연락을 하고 있다. 옆집에 사는 할머니가 1주일에 1~2회 먹을 것과 반찬을 가져다주고 있다.

3. 서비스 계획수립 및 개입

구분	내용
단기목표	• 물품서비스(세탁기, 전기밥솥) 후원자를 연결 • 치과진료를 무료로 받을 수 있도록 연결 • 환경개선(환풍기 설치, 부엌문 수리, 소독을 실시)
장기목표	• 건강의 증진 • 경제적 안정 도모 • 가족관계 증진 • 노인그룹홈 입소 모색
구체적인 서비스 개입 계획	• 세탁기와 전기밥솥을 후원할 개인이나 기관을 물색 • 개인 치과병원을 섭외해서 치료비를 할인받을 수 있는지 모색 • 경제적 문제해결을 위해 한국복지재단에 후원자 신청 • 딸과의 관계개선을 위해 클라이언트가 먼저 전화하도록 꾸준히 권함 • 환경개선을 위해 보건소에 소독을 실시할 수 있는지 의뢰 • 복지관에서 실시 예정인 공동주거에 입소할 수 있도록 우선 대상자로 선정

4. 평가 및 종결

이 사례는 클라이언트가 지역사회복지관의 노인 작업장에서 부업을 하고 있기 때문에 만나는 시간이 저녁때로 제한되어 있어서, 사례관리자가 서비스 제공의 주체가 되기보다는 정보제공이나 방문상담에 초점이 맞추어졌다. 초기에 클라이언트는 물품서비스에 대한 욕구가 매우 커서 물품서비스 연결에 중점을 두었으나, 클라이언트의 가장 큰 욕구가 주거문제임을 발견하여 복지관 부설 그룹홈 입소를 제안하게 되었다.

또한 이 사례에 대한 개입으로서, 물품서비스 제공, 치과진료, 환경개선을 단기목표로 세웠고, 건강증진, 경제적 안정, 가족관계의 증진, 그룹홈 입소를 장기목표로 잡았다. 물품서비스는 클라이언트가 중고제품은 거절했기 때문에 신형물품 후원자를 발굴하는 데 어려움이 컸고, 서비스 제공 지연으로 인해 사례관리자와 클라이언트 사이의 신뢰가 깨질 위험도 있었지만 지속적인 방문 상담으로 관계를 회복하여 사례관리를 진행할 수 있었다.

치과진료의 경우에 클라이언트는 보철을 해야 하는데 보건소나 의원에서는 무료치료를 할 수 없었고 병원상담 결과 40% 할인서비스 제공을 해주는 곳이 있었으나, 그것도 매우 부담이 되는 큰 금액이기 때문에 치료를 받지 못하게 되었다. 환경이 매우 열악해서 냄새가 심하게 나고 하루살이가 많은 주거환경 개선을 위해 소독 및 환기를 실시했으나 임시방편에 지나지 않았다. 그러나 그룹홈 입소가 결정되어 이사하게 되었으므로 환경이 개선되었고 물품서비스도 지원받을 수 있게 되고, 또한 후원금 지원도 받을 수 있게 되어서 클라이언트가 매우 만족해 했다. 건강 문제는 클라이언트가 거동에 큰 장애가 없어 필요한 병원에 가서 서비스를 받았다. 그러나 걸을 때 숨이 많이 차고 무릎관절염으로 힘들어 하므로 차후에는 차량지원 서비스가 필요하리라고 생각된다.

딸과의 관계가 소원하여 외로움과 고독감을 느끼고 있어 그것을 완화시키기 위해 가족과의 연락을 취하도록 지지했고 전화연락의 횟수가 증가하는 것으로 보아 서서히 개선되고 있는 것으로 판단된다. 또한 목표달성 정도는 기대 이상의 성과가 있었다고 보이며, 클라이언트의 만족도가 높은 편이었고 서비스의 적절성은 자원발굴에 어려움이 있어 서비스가 지연되어 시기적으로 적절하지 못한 부분이 있었다고 생각한다.

평가에 대한 의견을 제시하면, 우선 클라이언트가 가지고 있던 경제적인 어려움이나 주거문제는 제한된 복지예산에 맞춰 잘 해결해 나갔다고 본다. 하지만 클라이언트의 신체적 문제나 정신적 문제에서의 해결접근 방법에는 다음과 같은 아쉬운 점이 남는다.

첫째, 신체적인 측면에서 클라이언트가 호소했던 발의 통증에 대한 정확하고 근본적인 원인에 따른 해결이 이루어지지 못하고 있다. 사례관리의 여러 가지 지역자원 연계라는 장점을 충분히 활용해서 이 클라이언트에게 의료적 지식이 있는 전문가가 투입되어, 적극적으로 클라이언트를 도왔다면 좋았을 것이라는 아쉬움이 남는다.

둘째, 정서적인 문제해결에서의 비판이다. 정작 이 사례를 담당하는 사례관리자는 이번 사례의 클라이언트의 정서적 문제가 그리 심각하지 않다고 보는 듯하나, 사위로부터 비롯된 딸과 소원해진 관계를 개선하기 위해서는 좀 더 적극적인 개입이 필요해 보인다. 어쩔 수 없는 상황(사위의 건강문제로 인해 집을 판 일)에서 비롯된 정서적 문제에 대해 클라이언트가 충분히 이해하도록 하고, 가족의 중요성을 깨달을 수 있도록 심리 상담가를 활용하였으면 좋았을 것 같다. 그리고 딸과의 관계 개선에서도 클라이언트에게 단순히 전화를 하도록 요구하는 방법보다는 시간이 조금 걸리더라도 자연스럽게 서로를 이해할 수 있도록 하는 방법을 모색하는 것이 더 큰 효과를 낳았을지도 모른다.

즉, 평가에서는 클라이언트의 문제가 많이 호전됐다고 말하고 있으나, 사실상 클라이언트의 근본적인 문제들이 완전히 해소가 되었다고 보기는 의심스럽다. 하지만 외로움을 해소하기 위해서 노인 그룹홈이나 복지관 나들이에 클라이언트를 참여시켜서 상실감과 외로움을 해결하려 했다는 점은 잘 이루어진 것 같다.

제3절 독거노인의 사례관리 실천사례

독거노인의 경우, 노화에 따라 흔히 나타나는 고독, 빈곤, 질병의 문제와 가사서비스 원조 및 가호(加護)의 필요에 대응할 수 있는 인적 자원을 세대 속에 포함하지 못하고 있다는 점에서 독거노인의 문제는 더욱 두드러질 수밖에 없다. 일반적으로 자신의 마음을 맡기고 모든 것을 터놓고 상의할 수 있는 사람이 대개 가족구성원이라는 점에서 볼 때, 노년기에 나타나는 역할상실, 능력감퇴, 사회적 접촉의 감소와 고립 등에 대한 완충지대 역할을 분담함으로써 만족할 만한 노년기 생활을 유지하고, 이를 통하여 정신건강을 지키는 데 기여하는 배우자와 가족이 없다는 점에서, 독거노인에게 특별한 서비스가 제공되어야 할 것이다.

1. 초기단계

1) 대상자 인적사항

이름	지○○	성별	남
나이	76세	종교	무
학력	무	주거 형태	영구임대
가족 유형	노인 세대	연락처	010-○○○○-○○○○
주소	○○시 ○○○동 ○○○단지 ○○○동 ○○○호		
건강 상태	청각장애 3급, 천식, 허리 디스크, 관절염		
경제적 형편	국가유공자 보조금, 노인 교통수당, 딸의 용돈, ○○종합사회복지관 결연 후원금		

2) 가족사항

성명	연령	관계	직업	동거여부	특기사항
지○○	23세	자녀	기능직	무	○○에 거주

2. 사정단계

1) 가계도

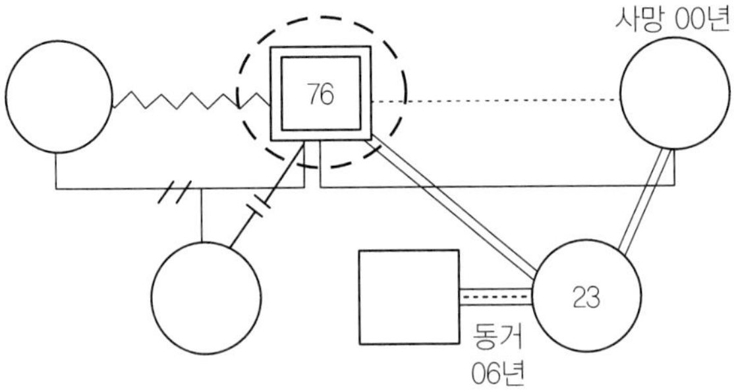

클라이언트는 가족 간 원만한 관계를 보이고 있다. 클라이언트는 전 부인과 적대적 관계로 이혼하였으며 전 부인 사이에서 태어난 자녀와는 현재 연락이 단절된 상태이다. 재혼한 부인과는 클라이언트가 뱃일로 인해 집에 자주 들어오지 못하고 밖에 있는 시간이 많다 보니 소원한 관계였으며, 재혼한 부인은 2000년도에 사망하였다. 현재 클라이언트의 유일한 가족은 23세의 외동딸로 ○○시 ○○회사에 종사하고 있고, 2006년도부터 남자 친구와 동거 중이다. 딸이 거주하고 있는 ○○시와 클라이언트가 거주하고 있는 ○○시 간의 거리가 있어 딸의 왕래가 적지만, 주 3~4회 이상 연락을 주고받으면서 친밀한 관계를 유지하고 있다.

2) 가족력 사정

구분	내용
클라이언트의 외동딸	• 외동딸이라 어렸을 때부터 클라이언트가 애지중지 키움 • ○○고등학교를 졸업 후 바로 취업함 • 현재 경제적인 부분을 담당하고 있음 • ○○에 살고 있어 클라이언트의 집 방문이 적은 편임 • 결혼은 안 한 상태나 현재 남자 친구와 동거 중

3) 개인력 사정

- 현재 클라이언트는 76세의 노인으로 혼자 생활하고 있다.
- 외출시 지팡이를 이용해서 이동하고 집 안 내 이동은 보조기구 없이 가능하나 걸음걸이가 불안정하다.
- 소량의 식사로 거르지 않고 잘 챙겨 드시며, 반찬은 ○○종합사회복지관에서 제공되는 밑반찬 서비스와 인근 반찬가게에서 사다 드신다.
- 어금니가 없어 앞니로만 음식물을 섭취하기 때문에 음식물 섭취에 어려움을 겪고 있다.
- 청각장애 3급으로 소리가 잘 들리지 않아 큰 소리로 말하거나 입 모양을 통해 상대방의 말을 이해한다.
- 현재 심한 천식을 앓고 있으며 자주 호흡곤란 증세를 보여 ○○대학교 ○○의료원 응급실에 자주 간 기록이 있다.
- 배가 고프신 것을 참지 못하며 딸이 전화를 받지 않으면 불안함을 느끼는 것으로 보아 성격이 급한 것을 알 수 있다.
- 영수증 등을 모아 놓은 것을 통해 꼼꼼함을 가지고 있는 것으로 보인다.
- 가정봉사 선생님이나 클라이언트 집에 방문하는 사람들에게 음료수 등을 자주 내놓으시고 편안하게 대해 주려는 모습을 보아 타인에 대한 배려심이 있다.
- 주방기구가 잘 정돈되어 있고 집 안에 티끌이 조금이라도 보이면 바로 치우는 모습에 생활환경에 대한 청결의지가 높은 것으로 보인다.
- 허리디스크, 관절염 등으로 인해 클라이언트 혼자 목욕하는 것이 어렵다.
- 현재 살고 있는 주공 ○차는 4층부터 엘리베이터가 작동하기 때문에 3층에 거주하는 클라이언트는 관절염으로 외부 출입에 불편함을 느낀다.

구분	내용
고향	○○ ○○
성장 과정	클라이언트는 어렸을 때부터 군대에 들어가 젊은 시절을 군대에서 보냈음

구분	내용	
결혼 및 자녀관계	• 아내와 2000년도에 사별 • 외동딸	
건강 상태	청각장애 3급	큰 소리나 입 모양을 통해 대화를 이해
	천식	호흡기를 사용하며 최근 천식발작이 있음
	허리 디스크	복대를 착용
	관절염	지팡이를 사용하며 걸음걸이가 불안정
주거 상태	영구임대 아파트	
경제 상태	수입: 국가유공자 보조금(월 10만 원) 딸의 용돈(월 20만 원) 노인교통수당(월 1만 원) ○○종합사회복지관 후원금(월 1만 원)	
정서적 상태	• 사람들이 방문하는 것에 대해 우호적이고 좋아함 • 클라이언트가 딸을 그리워함 • 성격이 급하고 꼼꼼함	

4) 생태도

- ○○종합사회복지관에서 후원금, 후원품, 생일잔치, 이·미용, 밑반찬 서비스를 받고 있다.
- 딸은 클라이언트의 주 보호자로서 경제적인 부분을 담당하고 있으며, 클라이언트와 주 3~4회 이상 전화로 연락을 주고받고 있다. 현재 ○○시 ○○회사에서 근무하고 있고 남자 친구와 동거중이다.
- ○○동에 사는 송 씨 할아버지와는 주 2~3회 클라이언트의 집에 방문하는 사이로 클라이언트가 호흡곤란 증상으로 위급한 상황일 때마다 119에 전화를 해서 응급실까지 이송하는 등 클라이언트 건강상태가 위급할 시 많은 도움을 주고 있다.
- ○○대학교 ○○의료원에 클라이언트가 호흡곤란으로 자주 응급실에 온 기록이 있고, 2월 23일부터 6월 15일까지 병원에 입원하였다.
- 천식진료 차 ○○대학교 ○○의료원으로 계속 가다가 비싼 약값으로 인해 현

재는 인근에 있는 ㅇㅇ내과에서 진료를 받는다.

- ㅇㅇ지역자활센터에서 주 2회 1시간씩 가사지원 서비스를 제공하고 있다.

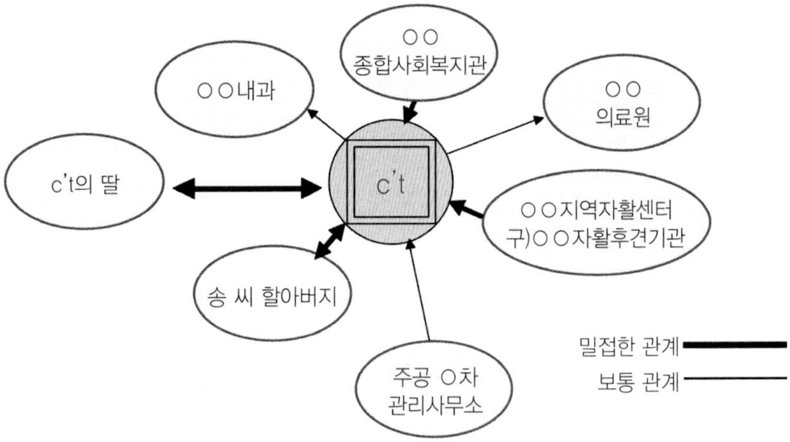

생태지지체계		서비스 내용
클라이언트	ㅇㅇ 종합사회복지관	- 밑반찬 서비스 - 후원금, 후원품, 생일잔치, 이·미용
	ㅇㅇ대학교 ㅇㅇ의료원	- 천식으로 인한 호흡곤란 증상으로 응급실에 자주 감
	ㅇㅇ지역자활센터	- 주 2회 1시간씩 가정봉사파견
	주공 ㅇ차 관리사무소	- 클라이언트가 이해하지 못한 세금 내용에 대해 도움을 줌
	이웃 (송 씨 할아버지)	- 클라이언트가 건강상태가 위급할 시 도움을 많이 줌, - 클라이언트와 긴밀한 관계 (주 2~3회 클라이언트 집 방문)
	외동딸	- 경제적인 부분을 담당하고 있음 - 주 3~4회 이상 클라이언트와 연락
	ㅇㅇ내과	- 천식으로 인해 내과에 가서 치료받음

5) 자원 사정

- 수입원으로 국가유공자 보조금 월 10만 원
- 딸 용돈 월 20만 원

- 노인 교통수당 월 1만 원
- ㅇㅇ종합사회복지관에서 월 1만 원
- 한 달 생활비: 월 32만 원

6) 사정 결과 요약

문제 및 욕구	내용
개인적 문제	- 어금니가 없는 상태로 음식물 섭취에 불편함을 호소하고 있다. - 허리디스크, 관절염 등으로 인해 클라이언트 혼자 목욕하는 것이 어려워 목욕서비스가 필요하다.
환경적 문제	- 클라이언트가 살고 있는 3층은 엘리베이터 작동이 되지 않아 클라이언트가 외출 시 계단을 내려가야 하는 문제로 힘들어 한다.
사회적 관계망	- 클라이언트의 잦은 호흡곤란으로 인해 클라이언트의 이웃인 송 씨 할아버지의 지속적인 관심이 필요하며, 119 무선 페이징 시스템 도입이 필요하다.
경제적 문제	- 클라이언트 한 달 생활비 월 32만 원으로 1인 가구 월 최저생계비 435,921원에 비해 부족하긴 하지만 클라이언트가 혼자 생활하기에 불편함을 느끼지 않는다.

7) 사례관리자가 본 클라이언트의 문제

- 클라이언트가 정서적인 외로움을 표현하진 않지만 클라이언트의 집을 방문할 때마다 주로 앞에 나와서 기다리고 계셨으며, 면담과정 중에 말동무가 되어줘서 고맙다는 말씀을 자주 하시는 것으로 보아 혼자 생활하시면서 정서적인 문제로 사람을 많이 그리워함이 표현되었다.
- 클라이언트 나이와 비슷한 어르신들에게 서비스가 제공되고 있는 노인대학, 경로당 등 모임에 참석하여 정서적인 외로움을 감소시킬 필요성이 있다는 느낌이 들었다.

3. 계획 및 개입

1) 개입목표

구분	1순위	2순위	3순위	4순위
문제	- 호흡곤란 증상이 자주 나타남	- 어금니가 없어 음식물 섭취가 불편함	- 클라이언트 혼자 목욕의 어려움	- 클라이언트 집까지 엘리베이터 미작동
장기 목표	- 위급 상황 시 119와 주변 사람들에게 바로 연락이 될 수 있도록 체계를 마련한다.	- 틀니를 통해 음식물 섭취의 불편함을 없애 여러 가지 음식을 드실 수 있게 한다.	- 목욕서비스 연계를 통해 클라이언트의 청결 상태를 유지시킨다.	- 엘리베이터가 클라이언트 집까지 작동되게 하여 계단 이용의 어려움을 해소시킨다.
단기목표	- 119무선페이징 서비스를 실비만으로 받는 방법을 확인한다. - 주변 사람들의 번호를 핸드폰에 단축번호로 입력시킨다.	- 후원처를 개발하여 틀니를 후원한다.	- ㅇㅇ종합사회복지관에 목욕 서비스를 신청한다.	- 관리사무소에 의뢰하여 3층까지 엘리베이터가 작동될 수 있게 한다.
서비스 내용	- 119 무선 페이징 시스템 설치 - 주변 사람들 단축번호 입력	- 틀니 제공	- 목욕 서비스	- 엘리베이터 3층까지 작동
서비스 제공 기관	- 119	- 후원처 개발	- ㅇㅇ종합 사회복지관	- 관리사무소
서비스 기간	- 장기적	- 장기적	- 월 1회 서비스	- 장기적

4. 평가

1) 단기목표에 대한 평가

(1) 1순위: 호흡곤란 증상이 자주 나타남

- 119 무선페이징 신청 접수를 하였으나, 신청 대상자 선정에서 벗어나 있음.

- 우선순위가 수급자 중심으로 이루어져 있어서 클라이언트가 혜택을 받기 어려워 인근 소방서와 긴급 협조하여 클라이언트의 건강상태에 대해 논의하고 빠른 시일 내에 설치될 수 있도록 요청하였음.
- 클라이언트가 약 복용을 잊어버림: 약 복용 스케줄표를 제작하여 약 복용 후 체크할 수 있도록 조치함.
- 지역 통장 또는 이웃으로부터 클라이언트의 집 방문 협조함.
- 병원동행 서비스 실시하여 사회복지사가 지속적으로 건강상태 확인함.

(2) 2순위: 어금니가 없어 음식물 섭취가 불편함

- 지역으로부터 고액 후원자 개발이 쉽지 않았음.
- 클라이언트의 딸에게 아버지의 건강 상황에 대한 알림.
- 클라이언트가 음식물 섭취에 어려움을 호소하므로, 클라이언트가 드시기 쉽게 조리한 반찬을 서비스하도록 ㅇㅇ종합사회복지관에 부탁함.

(3) 3순위: 클라이언트 혼자 목욕 어려움

- 가정봉사원이 대부분 여성으로 이뤄져 있어 클라이언트가 목욕 욕구에 대한 표현을 잘 하지 못했음.
- ㅇㅇ종합사회복지관 남성 자원봉사자를 연계하여 목욕서비스를 제공하였음.

(4) 4순위: 주공 ㅇ단지 1~3층 엘리베이터 미작동

- 클라이언트가 건강상의 문제로 계단의 어려움을 호소하여, 주공 ㅇ단지 관리사무소에 문의한 결과 기술적인 결함과 예산의 문제로 당장 운행되기 어려움.
- 관리사무소와 협조하여 클라이언트의 거주지를 1층 또는 엘리베이터가 운행되는 4층 이상으로 이사 협조 요청함.

2) 장기목표에 대한 평가

- 인근 지역 의원을 활용하여 클라이언트의 건강 상태를 지속적으로 확인하고, 이웃지원 체계를 구축하도록 함.
- 기업 복지재단으로부터 어르신 틀니 지원사업에 관련하여 프로포절 공모함.

▍상담일지

<table>
<tr><td>상담자</td><td>○○○</td><td>상담방법</td><td>방문</td><td>상담횟수</td><td>1 회</td></tr>
<tr><td>상담시간</td><td colspan="5">2013년 7월 20일 13시 40분 ~ 15시 20분</td></tr>
<tr><td>내담자</td><td colspan="5">지○○</td></tr>
<tr><td rowspan="3">내담자 정보</td><td>생년월일</td><td colspan="2">1933년 11월 ○○일 음력 (76세)</td><td>성별</td><td>남</td></tr>
<tr><td>전화번호</td><td colspan="4">016-○○○○-○○○○</td></tr>
<tr><td>주소</td><td colspan="4">○○시 ○○동 ○○단지 ○○동 ○○호</td></tr>
<tr><td>상담할 때 상태</td><td colspan="5">∨침착 흥분 불안 ∨걱정 분통 침울 울음 장난기 기타( )</td></tr>
<tr><td>상담목적</td><td colspan="5">1. 최초 상담에서 클라이언트와 상담자 간의 라포를 형성한다.
2. 상담에 대해 자발성을 부여하여 클라이언트의 욕구파악에 유리하게 한다.</td></tr>
<tr><td>상담내용</td><td colspan="5">• 클라이언트가 6월달에 퇴원한 상태라서 몸 상태가 많이 좋지 않다는 선생님의 말씀을 듣고 걱정을 많이 하고 방문을 하였는데 웃는 얼굴로 일어나서 반겨 주시고 생각보다 클라이언트의 몸 상태는 좋아 보였다.
• 거동하는 모습이 조금은 힘들어 보였지만 거동이 가능한 상태였고 클라이언트에게 질문하기도 전에 먼저 이야기를 이어 나가시는 활발한 모습도 보여 주셨다.
• 클라이언트의 처는 사망하였으며 자녀가 한 명 있는데 현재 ○○시에 있는 ○○기업에 취직하여 집에는 자주 오지 못하는 상태였고 클라이언트가 병원에 5개월 정도 입원해 있는 동안 천만 원 상당 되는 병원비를 따님이 부담하신 것에 대하여 도움이 못 되고 도리어 짐이 되는 것 같아 미안해서 돈에 대한 이야기는 꺼내지도 못하고 계시며 현재는 정부 보조금마저 끊어지고 6.25 참전으로 인하여서 정부에서 돈이 조금 나오는 것으로 생활하시는 것 같았다. 자녀분도 타지에 나가 있고 클라이언트를 돌봐 줄 친척들마저 없어 집으로 왕래하는 사람이 없다고 하시면서 이렇게 찾아와 줘서 고맙다는 말씀을 하셨다.
• 클라이언트와 자녀분의 이야기 도중 다른 기관 가정봉사파견센터에서 나오신 선생님들께서 그 기관의 클라이언트 자녀가 결혼했다는 이야기를 꺼내며 자녀 결혼에 대해 물어보니 대답하기를 꺼리는 모습을 보이셨다.
• 클라이언트는 현재 천식으로 인한 호흡기 질환을 겪고 있으며 허리 또한 좋지 않아 복대를 착용하고 있었다. 허리가 아프지만 천식이 심해 현재는 천식 약만 복용하는 상태였고 저녁에 주무시다가 호흡기에 문제가 생길 경우 주공 ○차 ○○호에 사시는 송 씨 할아버지에게 연락을 하여 도움을 청한다고 하셨다. 송 씨 할아버지와는 어려울 때마다 도움을 청하는 사이로 클라이언트가 많이 의지하는 것으로 보였다.</td></tr>
<tr><td>상담 후의 의견</td><td colspan="5">• CASE방문을 통하여서 클라이언트의 건강상의 문제도 있다고 생각되었지만 더 중요한 것은 사람들과의 의사소통이 적어 말하고 싶은 욕구를 풀 수 있도록 말벗 서비스를 통하여서 클라이언트의 적적함을 조금이나마 해소시켜 드려야겠다.</td></tr>
<tr><td>수퍼바이저의 의견</td><td colspan="5"></td></tr>
</table>

▎상담일지

<table>
<tr><td>상담자</td><td>○○○</td><td>상담방법</td><td>방문</td><td>상담횟수</td><td>2 회</td></tr>
<tr><td>상담시간</td><td colspan="5">2013년 7월 23일 16시 00분 ~ 17시 20분</td></tr>
<tr><td>내담자</td><td colspan="5">지○○</td></tr>
<tr><td rowspan="3">내담자 정보</td><td>생년월일</td><td colspan="2">1933년 11월 ○○일 음력 (76세)</td><td>성별</td><td>남</td></tr>
<tr><td>전화번호</td><td colspan="4">016-○○○○-○○○○</td></tr>
<tr><td>주소</td><td colspan="4">○○시 ○○동 ○○단지 ○○동 ○○호</td></tr>
<tr><td>상담할 때 상태</td><td colspan="5">∨침착　흥분　불안　∨걱정　분통　침울　울음　장난기　기타(반가움)</td></tr>
<tr><td>상담목적</td><td colspan="5">1. 최초 상담에서 클라이언트와 상담자 간의 라포를 형성한다.
2. 상담에 대해 자발성을 부여하여 클라이언트의 욕구파악에 유리하게 한다.</td></tr>
<tr><td>상담내용</td><td colspan="5">• 클라이언트의 집에 방문하였을 때에 클라이언트가 밖에 나와 기다리고 있었다. 클라이언트에게 기다리고 계셨는지 물었고 상담자가 찾아오길 기다리고 계셨다고 하였다. 상담자에 대한 부담을 가지지 않고 말동무처럼 관심 가져 주는 것으로 고마워하였다.
• 클라이언트의 집은 가정봉사자분들이 청소와 빨래를 하셔서 잘 정리되어 있었다. 하지만 거동이 불편한 관계로, 가정봉사자분들이 다녀간 후 시간이 지난 환경을 볼 수 없어 클라이언트의 신변유지 기능수준을 확인할 수 없어 아쉬움이 남았다.
• 클라이언트는 21살에 첫 번째 결혼을 하여 딸을 낳았고 이혼 후에 연락을 하지 않아 관계를 하고 있지 않은 것으로 알게 되었다. 두 번째 결혼은 현재 사별한 배우자와 한 것으로 현재 딸을 낳았다. 딸은 23세로 85년 3월 00일 생이라고 하였다. 클라이언트는 딸의 사진과 상장을 보여주면서 어렸을 때를 회상하고 현재 딸의 연락 없음을 동거하는 남자의 탓으로 넘기고 있었다.
• 클라이언트는 군생활 동안에 모아 둔 돈으로 철원지역에 땅을 사 두었고 제대 후 농사를 짓기 위해 일하던 중 가등기된 땅의 주인이 나타나 땅을 잃어버렸다고 하였다. 클라이언트는 그때의 일을 안타깝게 생각하고 있어 이 일에 대한 정서적 정리가 이루어져야 할 것 같다.
• 클라이언트와 딸과의 연락이 두절된 것에 대해 심한 심리적 스트레스를 경험하고 있었다. 딸과 연락이 안 됨을 이야기할 때 눈시울을 붉히었다. 클라이언트는 다음 날 딸을 찾아갈 것이라고 하였다.
• 7월 31일까지 임대 보증금 200만 원을 납입해야 한다고 하면서 딸과 연락이 되면 해결될 것인데 그렇지 못한 현실에 대해 불안해 하며 주거에 대한 지원이 이루어져야 할 것 같다.</td></tr>
<tr><td>상담 후의 의견</td><td colspan="5">• 클라이언트가 딸을 찾아 ○○시에 간다고 하여 클라이언트의 안전문제와 건강상의 문제로 걱정이 되어 담당 사회복지사에게 전달하였다.
• 클라이언트의 주거문제에 대해 해결방안을 준비해야 할 것 같다. 딸과의 만남이나 연락이 계속 단절된다면 주거지마저 상실하게 되므로 지원금이나 주택관리공단과의 연계를 통해 지원이 이루어져야 하겠다.</td></tr>
<tr><td>수퍼바이저의 의견</td><td colspan="5"></td></tr>
</table>

▌상담일지

상담자	○○○	상담방법	방문	상담횟수	3회
상담시간	2013년 7월 27일 13시 30분 ~ 15시 00분				
내담자	지○○				
내담자 정보	생년월일	1933년 11월 ○○일 음력 (76세)	성별	남	
	전화번호	016-○○○○-○○○○			
	주소	○○시 ○○동 ○○단지 ○○동 ○○호			
상담할 때 상태	∨침착　흥분　불안　∨걱정　분통　침울　울음　장난기　기타(　)				
상담목적					
상담내용	• 3차 방문 시 클라이언트는 주무시다가 돈을 부쳤다는 딸의 전화를 받은 뒤 앉아 계신 상태였다. • 1주일 이상 딸에게 전화가 오지도 않고 클라이언트가 전화를 해도 받지 않아 걱정이 되어 클라이언트가 직접 동사무소로 찾아가 전후 사정을 말하고 딸과 전화통화를 할 수 있게 해달라는 부탁을 하였다. 클라이언트의 부탁을 받은 동사무소 직원이 딸이 일하고 있는 ○○시 ○○에 전화를 걸어 딸과 전화통화가 되었다고 하였다. • 클라이언트는 딸에게 돈을 만들기 힘들면 차라리 ○○시에서 같이 살자고 말하였으나 어떻게 같이 사냐고 하면서 돈을 부쳐 준다고 말하며 클라이언트의 제안을 거절했다는 말을 하면서 눈을 붉히셨다. • 일반인 보증금 500만 원을 3분할을 해서 내야 하는 것으로 8월달까지 140만 원을 내야 하는데 보증금 140만 원과 클라이언트의 용돈을 합한 200만 원의 금액을 딸에게 작년 9월 달부터 얘기한 것으로 이제까지 아무 말이 없어 불안해 하며 밥을 잘 못 먹었는데 이제는 일이 해결되어 밥도 먹게 되었다고 하였다. • 한 달에 국가유공자 보조금 10만 원, 노인 교통수당으로 3개월마다 3만 6천 원, 딸에게 한 달에 20만 원씩 용돈을 받는 것으로 클라이언트의 한 달 생활비는 약 31만 2천 원인 것으로 파악되었다. • 클라이언트는 2월달부터 호흡곤란으로 ○○대학교 ○○의료원 응급실에 여러 차례 갔다 온 후 2월 23일 입원해서 6월 15일 퇴원 하였다. 그 후 7월 6일 호흡곤란 증상을 보여 호흡기를 써서 괜찮아졌으나 다음 날 7월 7일 또다시 호흡곤란으로 인해 주공 ○차에 앞에 있는 ○○내과에서 치료를 받았다고 한다. • ○○대학교 ○○의료원은 약값이 비싸서 가지 못하고 근처 ○○내과로 가서 응급 치료를 받았다고 말하면서 응급 시 주공 ○차 ○○동에 사는 송 씨 할아버지에게 연락을 하면 송 씨 할아버지는 119에 전화를 해서 ○○대학교 ○○의료원 응급실로 간다고 하였다. 응급할 때마다 송 씨 할아버지의 도움을 받는다고 하면서 송 씨 할아버지와는 1주일에 2~3번 클라이언트의 집을 왕래하며 지낸다고 하였다. 이로 보아 클라이언트가 송 씨 할아버지를 많이 의지하는 것으로 보였다.					

상담내용	• 클라이언트는 어금니가 없어 앞니로만 음식을 섭취하는 상태로 음식을 골고루 섭취하지 못하고 있는 상태였고, 자원봉사자가 오지 않는 날이면 클라이언트 혼자 주공 ○차 주변을 하루 2~3번 정도 산책한다고 하였다.
상담 후의 의견	• 클라이언트에게 말벗을 할 수 있게 봉사자 선생님들이 찾아오는 것에 대해 어떻게 생각하는지 여쭤 보았는데 사람들이 집에 자주 왔다 갔다 하면 자유롭게 행동할 수 없어 불편하다고 하시는 것으로 보아 말벗 서비스가 클라이언트의 욕구와 맞지 않는 것으로 보였다. • 클라이언트에게 자주 천식으로 인한 호흡기 곤란 증상이 자주 발생하는 것으로 ○○종합사회복지관 지역사회보호사업에서 서비스하고 있는 간병·의료 서비스가 필요한 것으로 느껴졌다.
수퍼바이저의 의견	

▌상담일지

상담자	○○○	상담방법	방문	상담횟수	4회
상담시간	2013년 7월 30일 10시 30분 ~ 12시 00분				
내담자	지○○				
내담자 정보	생년월일	1933년 11월 ○○일 음력 (76세)		성별	남
	전화번호	016-○○○○-○○○○			
	주소	○○시 ○○동 ○○단지 ○○동 ○○호			
상담할 때 상태	침착 ∨흥분 불안 ∨걱정 분통 침울 울음 장난기 기타( )				
상담목적	클라이언트와 딸의 연락 사항을 듣고, 클라이언트에게 필요한 서비스 확인				
상담내용	• 4차 방문 시 클라이언트는 딸의 입금확인을 한 후 돌아와 현관문 밖에서 초조하게 서 있는 상태였다. • 지난 27일 딸이 아파트 보증금을 입금한다는 전화 이후에 27일 입금이 안 되어 30일 아침에 농협에 다녀와서 입금이 안 된 상태를 확인하였다. • 클라이언트는 딸과의 연락이 안 되며, 딸이 자신에게 솔직히 말하지 않았다는 것에 침울해 하고 전화만 하면 돈은 나중에 주어도 괜찮다하고 눈을 붉히셨다. • 일반인 보증금 500만 원을 3분할을 해서 내야 하는 것으로 8월달까지 140만 원을 내야 하는데 보증금 140만 원과 클라이언트의 용돈을 합한 200만 원의 금액을 딸에게 작년 9월달부터 얘기한 것으로 지난 27일 전화통화에서 입금하겠다는 것에 기대하고 있었지만 그렇지 않은 상황에 불안과 초조함이 보였다. • c't가 말하는 가운데 목소리가 힘들게 들렸고, 심리적인 이유로 신체적인 불안전 상태를 유도하고 있었다. • c't에게 노인무료 급식서비스를 권하였으나 c't는 급식서비스에 대해 식사자리					

상담내용	선정의 어려움, c't의 소식, 거동의 불편함을 들며 거절하였다. 또한 여가생활에 대한 질문을 하였으나 텔레비전 시청, 외부활동을 모두 좋아하지 않았다. ○○종합복지관에서 운영하는 노인대학의 서예활동을 권하였으나 싫다고 하였다.
상담후의 의견	• c't는 경제적인 문제해결에 대한 욕구가 강한 것으로 생각된다. 여가나 건강상태에 대한 욕구는 경제적인 문제해결의 순위에서 밀려 있는 것을 발견하였다. • c't의 건강상태가 딸과의 원활한 의사소통이 이루어지지 않는 것으로 인한 스트레스로 인하여 악화되어 가고 있는 것으로 판단된다.
수퍼바이저의 의견	

▌상담일지

상담자	○○○	상담방법	방문	상담횟수	5회
상담시간	2013년 8월 2일 10시 10분 ~ 11시 50분				
내담자	지○○				
내담자 정보	생년월일	1933년 11월 ○○일 음력 (76세)		성별	남
	전화번호	016-○○○○-○○○○			
	주소	○○시 ○○동 ○○단지 ○○동 ○○호			
상담할 때 상태	∨침착 흥분 불안 걱정 분통 침울 울음 장난기 기타(편안함)				
상담목적	클라이언트의 욕구를 파악하여 개입목표를 작성한다.				
상담내용	• 5차 방문 시 클라이언트는 베란다에서 바람을 쐬고 계셨다. • 7월 30일 딸과 연락이 되어 딸에게 돈이 왔다며, 이제 보증금 문제가 해결됐다고 하시면서 마음이 편하다고 하셨다. • 지난 달 약 5개월 정도 의료원에 입원하는 동안 40일 정도 밥을 먹지 못해 링거만 맞은 후로 소화기능이 약해진 상태였다. • 클라이언트가 주로 먹는 반찬으로는 김치, 쌈장, 오징어젓갈이며 클라이언트가 회를 좋아해서 가끔 아파트 앞에 있는 횟집에 가서 9,900원 하는 회를 사서 드신다. • 클라이언트는 배고픈 것을 참지 못해 밥을 잘 챙겨 드신다. • 클라이언트는 어렸을 때부터 장난이 너무 심해 학교를 도중에 그만 다니게 되었다. • 집 안에만 있으면 갑갑해서 바깥으로 외출을 나가시는 것을 좋아하신다.				
상담후의 의견	• 클라이언트는 배고픈 것을 참지 못하고 영수증 등을 일일이 모아 놓는 모습으로 보아 성격이 급하고 꼼꼼하다는 것을 알 수 있었다. • 클라이언트의 몸이 건강했으면 하는 욕구를 보이셨다.				
수퍼바이저의 의견					

제4절 치매노인의 사례관리 실천사례

1. 치매노인의 사례관리 개관

1) 치매노인의 개념

최근 경제성장으로 인한 생활수준의 향상과 보건·의료의 발달, 건강에 대한 높은 관심도와 생활환경의 개선은 평균수명의 연장을 가져왔고, 결과적으로 노인인구의 증가를 초래하였다. 이와 같이 노인인구가 급격하게 증가하면서 노인성 질환도 증가하고 있으며 노인층에서 많이 나타나는 인지기능장애와 같은 만성질환은 일상생활 동작능력이 약화되어 사회적 활동능력을 제약함으로써 사회적 소외감을 유발할 수 있다. 더 나아가 수발자나 가족에 대한 심리적 부담감이 가중되므로 노년기 삶의 만족도가 저하된다. 환자 자신뿐만 아니라 온 가족에게도 감당하지 못할 스트레스를 가져다주어 생활의 질을 위협할 뿐만 아니라, 의료비 지출로 인한 경제적 손실을 가중시키는 등 심각한 사회문제를 야기시킬 수 있다(송진영 외, 2016).

정신기능의 변화는 건강에 영향을 줄 수 있다. 일반적으로 노인기에는 신경계 기능이 정상적으로 유지되나, 건망증이 증가하기도 한다. 건망증이란 기억력, 사고력 및 판단력에 장애가 있는 것으로 심하면 인격의 변화가 나타나거나 일상생활이나 대인관계에도 영향을 준다. 건망증 등의 원인으로는 뇌졸중, 심한 음주, 알츠하이머 질환을 들 수 있다. 이 중에서 알츠하이머와 같은 치매는 치료가 어려운 정신기능장애로 치매환자의 뇌 세포에는 비정상적인 단백질이 축적되어 있으며 특정한 신경세포가 존재하지 않는다. 치매의 원인은 아직 불분명하나 유전적 요인이 관련된다고 알려져 있다. 치매환자의 뇌 조직에는 알루미늄 농도가 높다. 따라서 치매환자에게는 알루미늄으로 된 조리기구 사용을 제한하는 것이 좋을 것으로 추천되었으나, 아직까지 어떤 영양중재나 알루미늄 제한도 치매 예방이나 치료에 큰 도움을 주지는 않았다. 노인성 치매는 65세 이상 노인의 5~10%가 가지고 있으며 나이가 많아짐에 따라 급격히 증가하고 있다. 치매의 원인은 여러 가지이지만 식사요인과 알코올에 의한 발병이 전체 치매의 약 1/3 정도에 해당한다. 치매는 여러 가지 형태로 나타나는데 치매의 종류에는 알츠하이머병, 복합경색성 치매, 알코올성 치매, 나이아신 또는 비타민 B1결핍으로 인한 치매, 비타민 B12와 엽산부족으로 인한 치매가 있다.

치매는 기억력, 언어능력, 시공간기능, 판단력 등의 인지기능 영역에 전반적인 장애가 일어남을 의미하며, 정신장애 진단분류의 하나인 DSM-IV에 의하면 기억장애의 기본증상 외에 실인증, 실행증, 실어증, 수행기능 등의 장애가 최소한 한 가지 이상 동반되어 있어야 하는 것으로 되어 있다(권중돈·고효진·이성희·임송은·장우심·이유진, 2002). 치매의 특징은 인지능력이 저하되는 것으로써, 한 번 획득된 지적 기능(기억, 인식, 추리, 판단, 학습 등)의 저하에 의해 자기나 주위의 상황판단이 부정확하게 되어 적절한 대응이 어렵고 자립된 생활이 곤란한 상태를 말한다. 즉, 뇌신경 세포의 손상에 의한 지적 장애로, 단시간에 일어나는 것이 아니라 몇 개월에서 몇 년의 경과를 거치는 만성 뇌증후군이다. 또한 치매는 의식의 장애는 없으나 기억력 장애, 언어장애, 행동장애 등 전반적인 인지기능장애를 나타내는 후천적 임상증후군이다. 치매의 위험요인으로는 일반적으로 성, 연령, 직업유무, 신체질환 등의 생물학적 요인을 비롯하여 유전적 요인 및 환경적 요인들이 서로 연관되어 유발되는 것으로 알려져 있으며, 인구학적 특성은 물론 사회·경제적 요인과 의료적 문제 및 건강습관 등 다양한 변인이 관련되는 것으로 보인다. 따라서 치매의 위험요인을 적게 하는 방법으로는 건강증진을 위한 건강한 생활이 중요함을 알 수 있다(조유향, 2006).

2. 치매노인의 사례관리 필요성

치매 사례관리란 만성적이고 퇴행적인 경과를 보이는 복합 질병인 치매환자를 효과적으로 관리하기 위해 구체적·포괄적·객관적 평가에 기초하여 대상자 및 가족의 요구에 부합하는 개인별 맞춤형의 조호 계획을 수립한 후 필요한 서비스를 직접 제공, 연계 및 의뢰하고 모니터링하는 일련의 과정을 말한다(보건복지부, 2010). 치매의 효율적인 사례관리를 위해서는 제공할 수 있는 서비스의 양과 질이 충분히 확보되는 것이 필수적이며 사례관리자는 이를 위해 본 사례관리 프로그램뿐 아니라 이미 시행되고 있는 다른 프로그램들에서 제시하는 효과적인 정보, 교육, 개입 프로그램들을 발굴하고 활용하려는 적극적인 노력이 필요할 것이다.

치매의 사례관리의 목적은 다음과 같다.

① 치매환자의 기능 및 삶의 질 향상

진행성 인지기능 저하 억제와 문제 행동 감소를 통한 기능 유지 및 향상, 동반 질병에 대한 체계적인 관리와 생활습관 교정을 통한 2차장애 예방, 사고예방과 안전관리 등을 통해 치매환자의 기능을 유지 및 향상시킴과 동시에 삶의 질도 향상시킨다.

② 치매 가족의 조호(助護)(조호란 영어의 care, 일본어의 개호(介護)에 상응하는 우리말임)

능력 향상 및 부담을 경감한다. 교육, 상담, 정보서비스를 제공하여 가족이 치매 조호기술을 습득하도록 하고 가족의 치매 조호능력을 극대화하여 가족 부담을 경감시켜 환자와 가족의 삶의 질을 높인다.

③ 효율적 치매관리 시스템 구축을 통한 사회적 부담 경감

정확한 진단을 토대로 효과적이고 능률적인 관리 프로그램에 참여함으로써 지역사회 치매서비스를 활성화하고 연계망을 구축하며 이를 통해 중복 서비스와 불필요한 서비스 요구를 억제하는 공공과 민간, 의료와 복지가 통합된 치매관리 시스템 구축을 견인한다.

3. 치매사례관리 운영체계

치매사례관리 운영체계는 다음과 같이 보건복지부, 시·도, 치매사례관리자, 사례관리대상자로 구분된다. 보건복지부에서는 치매 사례관리사업을 기획하고 보급하며, 예산과 교육을 총괄하는 역할을 수행하고, 시·도는 자체적인 계획수립과

인력배정 등을 담당하고, 치매사례관리자는 치매환자를 발굴하고 사례를 관리하며 사례 대상자들을 지역 간 연계 및 의뢰하는 역할을 수행한다. 치매 사례관리자의 자격은 간호사, 사회복지사, 전문 치료사 등 국가 전문자격증 소지자로서 치매에 대한 전문적인 교육을 이수하였거나 보건복지부에서 실시하는 치매 사례관리자 교육 프로그램을 이수해야 하며, 치매 사례관리자는 일반적으로는 보건소 인력으로 배치되나 여건에 따라 치매센터가 설치된 지역에서는 센터에서 근무하며 사업을 진행할 수 있다. 사례관리 대상자는 치매환자 및 치매환자의 가족 등 요보호자 또는 클라이언트를 말하며, 사례관리의 진행은 대상자의 동의하에 이루어진다.

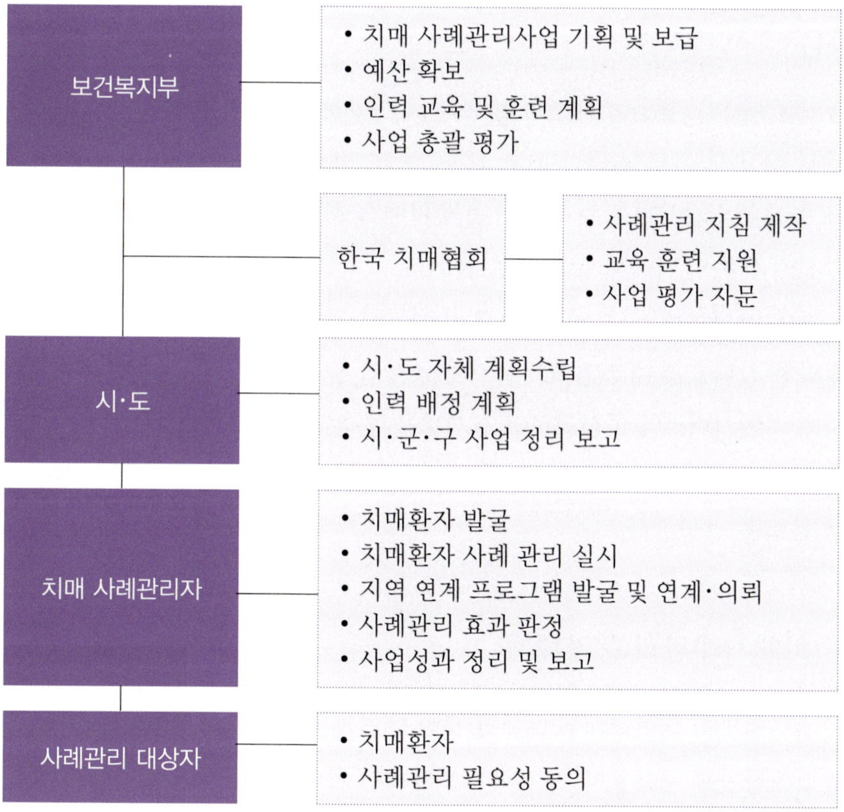

[그림 12-1] 치매 사례관리 운영체계

관련 근거: 보건복지부(2010).

4. 치매 사례관리 과정

보건복지부(2010)에서 제시한 치매 사례관리 과정은 1단계 대상자 등록, 2단계 대상자 평가, 3단계 사례관리 계획수립, 4단계 계획실행, 5단계 결과 평가로 구분된다.

단계	내용
1단계: 대상자 등록	• 대상 가능자 명단 확보 • 대상자 선정 기준부합 여부 평가 • 대상자 등록 및 평가 일정 조정
2단계: 대상자 평가	• 동의서 작성 • 치매 조호 평가 • 치매 조호 문제 요약
3단계: 사례관리 계획수립	• 사례관리 목표수립 • 사례관리 그룹 분류(기본 및 개입 관리군) • 사례관리 실행계획 수립
4단계: 계획실행	• 관리계획에 따른 관리 실시
5단계: 결과 평가	• 2차 치매 조호 평가 실시 • 관리계획 효과 판정 • 지속적인 관리 대상자 여부 판정

[그림 12-2] 치매 사례관리 운영체계

관련 근거: 보건복지부(2010).

1) 1단계: 대상자 등록

사례관리 신청은 인지장애로 인하여 독립적 일상생활에 어려움이 있거나 행동장애로 치매진단을 받은 후 조호의 어려움이 있는 경우 치매환자 본인 및 가족이 우편, 전화를 통해 할 수 있다.

대상자 선정 기준은 치매 클리닉에서 치매로 진단된 환자, 지난 6개월 이상 인지장애 상태인 자이거나 지속적인 사례관리 필요성에 동의하는 환자 및 가족으로 한다. 또한 치매 진단이 없거나 불확실한 경우는 지역 내 치매 조기검진 사업과 연계하여 정식 진단을 받은 후 대상자로 선정한다. 신청 대상자가 너무 많은 경우 다음 기준을 활용하여 등록 우선순위를 판단한다.

1순위: 적극적인 개입 혹은 중재가 필요한 경우로서 문제행동이 심하다고 판단되는 경우, 동반 신체 질병이 심하다고 판단되는 경우, 주요 보호자가 심한 부담으로 도움이 절실한 경우

2순위: 사회적 지원이 매우 필요한 경우로서 장기요양보험 등급 외 치매환자, 저소득층 및 독거 등 열악한 가정환경, 1순위는 아니지만 환자나 보호자의 상태에 대한 지속적 모니터링이 필요한 경우

3순위: 사회적 지원이 필요한 경우로서 안정적이지만 지속적 관리와 모니터링이 필요한 경우, 장기요양 3등급 이내이지만 사정으로 인해 자원 활용이 제한된 경우

위와 같이 대상자를 선정하고 나면 환자 및 가족과 평가 일정을 확정하고, 평가는 방문 평가를 원칙으로 하나 필요한 경우는 내소와 방문을 나누어 실시할 수도 있다.

2) 2단계: 대상자 평가

치매 사례관리 대상자로 선정된 후 대상자 평가를 진행하기 위해서는 별도의 서식을 이용하여 서면 동의를 받아야 한다. 동의서는 원칙적으로 치매환자와 보호자의 서명이 모두 필요하며 불가피한 경우 한쪽의 서명은 생략할 수 있으나 이유를 명시해야 한다.

〈표 12-1〉은 치매 사례관리 평가 목록이다.

〈표 12-1〉 치매 사례관리 평가 목록

평가영역		평가목록	수행방법
대상자 평가	I. 기초정보	A. 대상자 기초정보	인터뷰
		B. 치매진단정보	인터뷰
	II. 기능 평가	A. 인지기능	평가
		B. 정신행동증상	인터뷰
		C. 신체적 일상생활동작	인터뷰/평가
		D. 도구적 일상생활동작	인터뷰/평가
	III. 신체상태 평가	A. 이환질병	인터뷰
		B. 기본 계측	측정
		C. 시력 및 청력	평가
		D. 구강 및 치아	평가
		E. 피부 병변	평가/관찰
		F. 통증	설문
		G. 운동능력	평가
		H. 기타 검사 결과	인터뷰
	IV. 생활 평가	A. 음주력	인터뷰
		B. 흡연력	인터뷰
		C. 활동도	인터뷰
		D. 영양상태	인터뷰
	V. 치료 관리 상태 평가	A. 전반적 신체 건강	평가
		B,C 대상자의 삶의 질	설문
		D. 치료 현황	인터뷰
		E. 의료기관 이용 현황	인터뷰
		F. 관리서비스 이용 현황	인터뷰
		G. 치료 관리비 총계	인터뷰
조호환경 평가	VI. 조호 가정 평가	A. 가족 정보	인터뷰
		B. 조호자 정보	인터뷰
		C. 주거 환경 문제	평가
	VII. 조호 부담 평가	A. 평가 대상자 정보	인터뷰
		B. 조호 부담	인터뷰
		C. 조호자의 삶의 질	설문

3) 3단계: 사례관리 계획수립

〈표 12-1〉의 평가 결과를 바탕으로 다음과 같은 순서에 의해 계획을 수립한다.

첫째, 〈표 12-2〉의 기준에 따라 대상자의 문제를 확인하고 요구도, 긴급성, 해결 가능성, 영향력을 각각 상·중·하로 구분하여 각각의 점수를 합산하는 방법으로 사례관리의 우선순위를 결정한다. 동점인 경우는 사례관리자의 판단으로 우선순위를 결정한다. 선정된 문제와 분석 결과를 토대로 사례관리군을 결정한다. 기본적인 교육 및 정보 제공, 간단한 상담을 활용하는 경우는 기본관리 그룹과 사례관리자 본인 혹은 지역 내 다른 기관과 연계하여 구조화된 프로그램을 적용하거나 월 1회 이상 방문이나 전화를 통해 상담을 실시하는 개입관리 그룹으로 분류하여 각각에 따른 계획을 수립한다.

〈표 12-2〉 문제 여부 평가 기준

	문제영역	평가 기준
인지기능	1) 기억력	분명한 기억력 장애의 증거가 있음
	2) 지남력	예전에는 잘 알고 있던 시간, 장소, 사람에 대한 지남력 장애
	3) 언어 및 의사소통능력	표현력 저하, 이해력 저하가 분명함
	4) 전반적	MMSE로 측정한 인지기능이 연령, 학력, 성별 기준의 2표준편차 이하
	5) 기타	기타 주의력, 실행기능의 저하가 확인된 경우
정신행동증상	1) 망상 및 환각	정신행동증상 평가 항목에서 2점 이상인 항목이 있는 경우
	2) 초조/공격성/과민	정신행동증상 평가 항목에서 2점 이상인 항목이 있는 경우
	3) 우울/불안/무감동	정신행동증상 평가 항목에서 2점 이상인 항목이 있는 경우
	4) 탈억제/이상 운동 행동	정신행동증상 평가 항목에서 2점 이상인 항목이 있는 경우
	5) 수면	정신행동증상 평가 항목에서 2점 이상인 항목이 있는 경우
	6) 식습관	정신행동증상 평가 항목에서 2점 이상인 항목이 있는 경우
도구적 일상생활	1) 외출 및 대중교통 이용	도구적 일상생활 평가 항목에서 1점 이상인 항목이 있는 경우
	2) 금전 및 소지품 관리	도구적 일상생활 평가 항목에서 1점 이상인 항목이 있는 경우
	3) 식사 및 가사 관리	도구적 일상생활 평가 항목에서 1점 이상인 항목이 있는 경우
	4) 투약 관리	도구적 일상생활 평가 항목에서 1점 이상인 항목이 있는 경우

	문제영역	평가 기준
기본 일상 생활	1) 개인위생	기본적 일상생활 평가 항목에서 0점이 아닌 경우
	2) 목욕	기본적 일상생활 평가 항목에서 0점이 아닌 경우
	3) 착탈의	기본적 일상생활 평가 항목에서 0점이 아닌 경우
	4) 배설	기본적 일상생활 평가 항목에서 0점이 아닌 경우
	5) 식사	기본적 일상생활 평가 항목에서 0점이 아닌 경우
	6) 거동	기본적 일상생활 평가 항목에서 0점이 아닌 경우
신체 건강	1) 시력 및 청력	교정 시력과 청력이 중등도 이상 장애
	2) 구강 및 치아	구강이나 틀니 미비 혹은 부실
	3) 피부(궤양)	압박성 궤양 등 병변 존재
	4) 통증	지난 1주일 동안 중등도 이상의 통증
	5) 근력 약화/균형 장애	보행 및 균형 감각의 이상이 존재
	6) 기타 질환: 7) 기타 질환: 8) 기타 질환:	치료가 필요하지만 받지 않거나 치료 중임에도 불안정한 질병이 있는 경우
생활	1) 음주	1년 음주량이 12 표준단위가 넘는 경우(표준단위는 기타자료 참조)
	2) 흡연	현재 흡연은 하루 3개피 이상, 평생 흡연 여부는 5갑(100개피) 이상
	3) 사회적 활동도	지난 7일 동안 가족 외의 접촉이 전혀 없으면서 적절한 설명이 되지 않음
	4) 운동	예상에 비해 현저하게 적은 운동량
	5) 낙상	설명되지 않는 낙상이 1회 이상, 후유증 존재, 반복된 낙상
	6) 영양	총점 11점 이하
치료	1) 전반적 건강	전반적 건강이 불량 혹은 매우 불량
	2) 치료 현황	투약 지시 불이행, 잦은 기관방문, 주치의가 없는 경우
	3) 관리서비스 이용률	이용 서비스가 0개
조호 환경	1) 주 조호자와의 관계	주 조호자와의 갈등관계
	2) 조호환경 문제	물리적 환경문제가 있는 경우
	3) 신체적 조호부담	보통 이상
	4) 정신적 조호부담	보통 이상
	5) 경제적 조호부담	보통 이상
	6) 가정 내 지원	지원이 없거나 만족스럽지 못한 경우
	7) 기타:	

둘째, 선정된 문제에 대해 원인을 분석하고 이를 해결하기 위한 개입방법을 선택한 후 구체적 성취 목표와 일반적 목표를 결정한다. 치매 질병의 특성상 문제 목록과 그에 따른 원인은 매우 다양하게 나타나기 때문에 사례관리자는 다양한 자료를 참조하여 개별 사례에 맞는 목표를 수립해야 한다.

셋째, 사례관리 목표를 달성하기 위해 구체적인 일정을 세운다. 사례 관리는 6개월 동안 수행한 후 지속관리 여부 및 그룹을 재결정하는 일정이다. 6개월 동안 기본관리 그룹은 3회의 기본방문 외에 2개월 간격으로 전화상담을 실시하며 개입관리 그룹은 3회의 기본방문과 개입서비스 제공과 함께 월 1회 이상의 전화 및 방문을 통해 상태를 모니터링한다. 집중적인 개입이 필요한 경우는 정해진 접촉과 모니터링 횟수를 초과할 수도 있다.

4) 4단계: 사례관리 실행

효율적인 사례관리 실행을 위해 설정된 목표 달성에 적절한 정보, 교육, 프로그램 제공, 연계 및 의뢰 등 개입 수단을 제공하고 그 결과를 기록한다. 개입을 제공한 후 모니터링은 직접 방문하는 것이 원칙이지만 사정에 따라 대상자 및 가족과 사전에 협의가 된다면 대상자의 집이 아닌 보건소나 기타 장소에서 시행할 수도 있다. 사례 관리에 필요한 개입방법에 대한 정보는 보건복지부(2010)의 치매 사례관리 매뉴얼을 참고하며 부족한 부분은 치매협회 홈페이지나 기타 치매 관련 인터넷 홈페이지를 통해 얻을 수 있다. 개입 스케줄은 평가 후 3개월 기간의 프로그램을 시행한 후 결과 평가를 하며 결과에 따라 기간을 연장하는 것이 기본이다. 하지만 프로그램에 따라서는 3개월 보다 길거나 짧은 경우가 발생할 수 있으므로 이런 경우는 개입 프로그램이 끝난 후에 결과 평가를 시행한다. 사례관리를 위한 프로그램은 각 지역마다 차이가 있지만 기존에 개발된 구조화된 체계적인 프로그램을 적용하는 것을 최우선시하며 그렇지 못한 경우는 자체 혹은 외부와 연계하여 프로그램을 개발할 것을 장려한다. 연계와 의뢰를 위해 지역 내 치매 관련 자원들이 제공하는 서비스를 사전 조사해 둘 필요가 있다.

사례관리 실행과정에서 사망, 이사 등 예기치 못한 사건이나 환경변화로 인해 계획의 수정이 불가피한 경우는 평가부터 새로 계획을 수립하는 것이 원칙이나 상황에 따라 연간 목표부터 수정된 계획을 수립하는 것도 허용한다. 대상자가 사례관리 도중 거부하는 경우는 중도 탈락자로 분류하고 그 사유를 명시해서 보관한다.

5) 5단계: 결과 평가

연간 조호계획에 따라 사례관리가 진행된 대상자에 대해서는 개입 프로그램을 제공한 후 6개월에 평가하는 1차 평가와 3개월 동안 개입을 지속한 후 평가하는 2차 평가 등 총 2차례의 결과를 실시한다. 또한 대상자 상태변화, 효과판정 필요성 등의 상황에 따라 대상자 상태평가를 추가로 실시할 수 있다.

종결 기준을 만족하거나 종결의 사유가 발생하였을 때 사례관리서비스 계획단계의 문제와 목표를 최종적으로 점검하고 목표 달성도를 확인하고 사례관리 최종 보고서를 작성한다. 보고서에는 다음의 사항이 포함된다.

① 사례관리 타당성 평가: 문제에 대한 목표달성 정도를 측정하고 그 이유를 기록한다.
② 대상자 만족도 평가: 사례관리를 받는 동안 대상자의 만족도와 호응도를 설문 형태로 평가한다.
③ 최종 평가: 사례관리 전반에 대한 최종 평가와 함께 사례관리자의 의견을 기록한다.
④ 지속적 사례관리 필요성 평가: 사례관리를 종결할 것인지, 연장할 것인지에 대해 평가한다.

5. 치매노인의 재가서비스 사례

1) 대상자 선정 및 판정

(1) 개인정보

- 성별: 남(L씨) • 연령: 71세 • 학력: 고졸

- 경제력: 어려움 없음(우체국 정년퇴직)
- 결혼: 아내(70세)와 2남 2녀
- 발병 전: 오랜 공직생활로 원만한 인간관계
- 치매 발병시기: 2009년
- 치매 진단시기: 2009년 혈관성 치매 GDS 6단계로 진단
- 가족력: 모친이 치매로 앓다가 돌아가심

(2) 내담자(주 케어자)

- 성별: 여
- 연령: 70세
- 학력: 고졸
- 치매노인과의 동거 여부: 동거함
- 치매노인과의 관계: 배우자

(3) 장애 정도

- 인지장애: 단기기억 장애, 집중력 저하, 지남력 장애, MMSE-K 11점
- 정신장애: 불규칙적인 수면, 배회, 우울증, 불안감, 간질장애
- 일상생활 동작수행 장애: 요실금, 오른쪽 편마비
- 언어장애: 약간, 의사소통 가능
- 행동장애: 우기기, 배회성 치매
- 기타: 12년 전 뇌출혈 입원치료, 고혈압

(4) 가족관계: 가계도

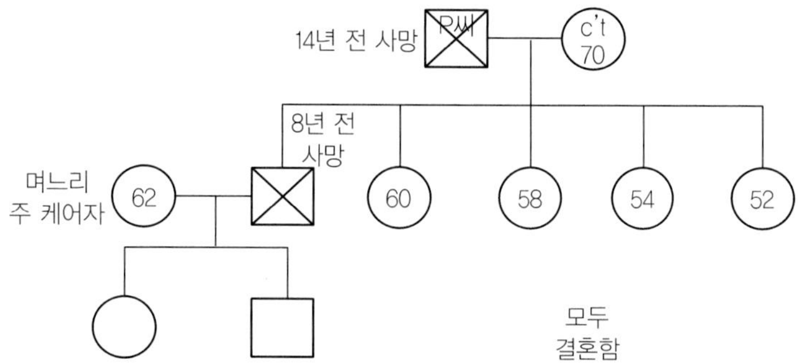

이 사례는 우체국에서 공직생활을 하다가 퇴직한 2남 2녀를 둔 71세의 L씨(남)를 대상으로 한다. L씨는 고졸이며 부인이 주 보호자 역할을 하고 있다. 부인에 의하면, L씨는 7~8년 전부터 오른쪽 팔과 다리가 마비 증세가 있어 보행이 힘들고 요실금 증세를 보였으며, 최근에는 불규칙적인 수면과 손자를 보면 죽고 싶다고 말하는 등의 우울증 증세와 함께 불안과 초조한 모습을 보였으며, 가족이나 친척들도 잘 알아보지 못하였다. L씨는 10년 전부터 고혈압 증세가 있었으며, 4년 전에는 간질 증세로 치료를 받아 왔으며, 3년 전부터는 배회, 인지기능 및 집중력 저하가 심하였으며, L씨의 어머니도 치매를 앓다가 돌아가셨다고 한다.

이러한 상태에서 주 보호자인 부인은 2005년 1월에 L씨를 병원에 데려가 검진을 받게 되었다. 신체검사 결과, 시각과 청각 기능에는 이상이 없었으나 혈압이 높은 편이었고, 2005년 1월 실시한 인지기능검사(MMSE-K)의 점수가 30점 만점에서 11점으로 매우 낮게 나왔다. 의사는 L씨를 혈관성 치매이며, GDS 6단계라는 진단을 내렸다.

2) 사례관리 내용

(1) L씨의 병력 사정 내용

- L씨는 12년 전 우체국에서 근무하다 정년퇴직한 후 우울증과 오른쪽 팔다리 마비 증세가 나타났으며, 팔다리를 떠는 경련 증세와 함께 뇌출혈로 15일 정도 입원치료를 받았다는 추가적인 정보를 확인했다.
- 금연을 위해 담배를 숨겨 놓으면 담배꽁초를 찾으러 밖으로 나가 배회를 하다가 파출소에서 모시고 온 적이 있다.
- 가족이나 친척을 가끔 못 알아본다.

(2) L씨의 강점 사정 내용

- 오랜 공직 생활로 원만한 인간관계

(3) 개입계획 수립

- 고혈압에 대한 치료

- 우울증 개선
- 인지기능 개선
- 수면 조절
- 금연
- 요실금 및 변실금 치료
- 뇌경색 진행 예방
- 말벗 등 의사소통을 해줄 자원봉사자 파견

(4) 개입

- 개입 기간: 2005년 5월 ~ 2006년 5월
- 최종 개입: 2006년 9월 10일 최종 검사 및 개입 종료
- 개입 인원: 사회복지사 1명과 보건소 간호사 1명

일자	상담 및 활동 내용
2005.05.17	1. 전화상담(손자)－대상자의 문제를 구체적으로 협의 • 할아버지께서 낮에는 자고 밤에 잠을 잘 못 주무심 • 대소변 가리기에 문제가 있어 병원치료를 받고 있음
2005.06.20	1. 방문상담(아들)－아들과 대상자의 문제를 좀 더 구체화함 • 12년 전 뇌출혈로 발생한 우울증 재확인 • 경련과 침을 흘리는 증상이 나타나 병원치료 후 호전되어 지금은 약물치료를 하고 있음 • 가족이나 친척을 잘 못 알아보고, 배회로 인해 집을 잘 못 찾으심 2. 조치사항－각종 검사를 함 • MMSE-K 결과 14점으로 이전 검사 때보다는 다소 좋아짐 • 보호자부담척도(65점 만점)이 65점 • BADL(신체적 장애 평가, 19점 만점)이 6으로 나타남 • BDRS(일상생활 수행 및 습관, 17점 만점)가 13.5 • BEHAVE-AD-K(행동 및 심리) 14점
2005.07.02	1. 전화상담(부인)－대상자의 건강상태 확인 및 조언 • 대상자는 투약 후 남편의 보행와 신체 건강상태가 호전되었다고 좋아하심 2. 조치사항－치매 주간병동 안내(보건소와 치매병원 입소 권유) • 보호자가 바빠서 일정 시간에 귀가하는 것을 돕기가 어렵다고 거절하심

일자	상담 및 활동 내용
2005.07.11	1. 방문상담(부인) • 투약 후 밤에 수면상태가 좋아졌으나, 기운이 없어서인지 자리에서 일어나기가 어렵다고 호소함 • 대소변 문제는 1주일에 두세 차례 실수를 함 • 일정한 양의 식사를 한 후에도 밥을 더 먹으려고 하는 증세가 나타남 2. 조치사항 – 가져온 기저귀를 드리고 착용하기를 권유함 • 대상자는 '나를 병신 만들려고 한다'고 하면서 심하게 거부하심
2005.07.26	1. 전화상담(부인) • 고혈압 증세가 나타났으나(210/120), 두통이나 어지러움증은 호소하지 않는다고 하심→부인이 일하고 들어오면 한낮 뙤약볕에 나와서 기다리면서 시간을 보내기 때문이라고 하심 • 대상자는 집 안에 아무도 없으면 불안해 하고, 그러다가 손자가 돌아오면 반가워서인지 눈물을 흘리는 등 사람에 대한 그리움이 큰 것으로 느껴짐 2. 조치사항 – 대상자와 말벗을 해줄 자원봉사 파견을 제안함
2005.08.09	1. 방문상담(부인) • 혈압이 비교적 정상으로 되돌아옴(150/80) • 수면상태와 식사상태 모두 양호 • 기저귀를 착용하지 않고서도 대소변 실수가 거의 나타나지 않음, 그 이유로는 부인이 직장에 있는 시간 동안에 근처에 사는 큰아들이 야간근무 시 주간에 아버지와 있는 시간을 보내고 있음 2. 조치사항 – 치매환자용 팔찌를 부착해 드림 • 배회성 치매로 길을 잃을 경우 대비함, 부인도 좋아하심
2005.08.26	1. 방문상담(부인) – 대상자의 변화를 체크함 • MMSE-K 결과 14점으로 이전과 동일 • 보호자부담척도(65점 만점)이 60점으로 조금 좋아짐 • BADL(신체적 장애 평가, 19점 만점)이 7로 다소 좋아짐 • BDRS(일상생활 수행 및 습관, 17점 만점)가 11.5로 다소 좋아짐 • BEHAVE-AD-K(행동 및 심리) 6.2로 많이 좋아짐
2005.09.04	1. 방문상담(부인) • 대상자의 표정이 매우 밝아서 내가 누구냐고 물어보니, xx센터 사회복지사와 보건소 간호사라고 대답하셔서 한참을 같이 박수를 치고 웃음→투약의 보람을 느끼는 순간이었음→인지기능이 있으시면서도 일부러 모르는 척하지 않았나 생각이 들 정도였음 • 혈압은 상당히 높게 나오면서(200/100) 두통과 어지러움을 호소함 • 소변은 어느 정도 잘 가리지만 대변의 실수는 잦음
2005.09.25	1. 방문상담(부인)

일자	상담 및 활동 내용
	• 왼쪽 얼굴에 상처가 있고 부은 상태였음→화장실에 가다 낙상함 2. 조치사항－좌변기 대여 및 케어스텝(미끄럼 방지용 양말) • 보건소에서 대여할 수 있는 의료보조용품 중 좌변기를 무료로 대여해 주기로 하니 부인이 무척 기뻐함 • 복도나 계단에서 미끄러지지 말라고 신는 고무가 부착된 케어스텝(care-step)을 가져다 드리기로 함
2005.10.15	1. 방문상담(부인) • 케어스텝과 좌변기를 가져다 드림 • 혈압이 비교적 정상(150/100)이며 두통은 없는데 어지러움이 있다고 호소함
2005.11.12	1. 방문상담(부인) • 대상자는 혼자서 누워 계시다가 반갑게 맞아 주심 • 혈압은 매우 안정적(120/80)이고 두통이나 어지럼증은 나타나지 않음 • 대변은 가끔 실수하지만 소변은 실수가 없으심 • 식사 및 수면상태 양호하심 • 질문에 대해 아직 부족하지만, 애써 답을 내려고 노력하심 2. 조치사항 • 케어스텝을 좀 더 지급함 • 식사용 에이프런을 지급함 • 놀이기구 일종인 미로게임을 드림
2006.01.10	1. 방문상담(부인) • 예전에 비해 눈물을 흘리는 빈도가 줄어듦 • 여전히 밤에 자다가 자주 깨심 • 활동은 집 안에서는 어느 정도 가능해짐 • 친척들 얘기를 하면 눈물을 흘리심
2006.03.10	1. 방문상담(부인) • 수면주기(10시 취침 및 아침 5시 기상)가 어느 정도 일정해짐 • 말을 거의 하지 않으시고 주간에도 활동을 거의 안 하심 2. 조치사항 • 부인에게 운동이나 산책을 함께 하시기를 권유함
2006.04.10	1. 방문상담(부인) • 거의 무표정한 상태를 보이며 마당이나 골목에 혼자 나와 계심
2006.05.10	1. 방문상담(부인) • 노인성 치매환자들의 정신집중훈련을 위한 놀이기구 일종인 '코끼리 연결하기'를 대여함

일자	상담 및 활동 내용
2006.09.10	1. 방문상담(부인) • 질문에 적극적으로 생각하는 모습을 보임 • 간단한 질문에 정확하게 답하는 등 의사소통이 가능해 보임 • 혼자서 지팡이를 짚고 마당까지 왔다 갔다 하시는 등 운동의지를 보이심 • 가족을 잘 알아보나 아직은 혼자서 눈물을 흘리기도 하심 • 식사와 수면 상태는 좋으심 • 혈압은 150/90에서 170/100 정도 사이를 유지함 • MMSE-K 결과 14점으로 이전과 동일 • 보호자부담척도(65점 만점)이 57점으로 조금 좋아짐 • BADL(신체적 장애 평가, 19점 만점)이 9로 다소 좋아짐 • BDRS(일상생활 수행 및 습관, 17점 만점)가 10.5로 다소 좋아짐 • BEHAVE-AD-K(행동 및 심리) 6.2로 동일함

(5) 종결 및 평가

상기의 대상자에 대한 재가관리를 1년 이상 변화된 내용을 종합적으로 정리하면 다음과 같다.

첫째, 인지기능검사(MMSE-K)가 총 30점 중 24점 이하일 때 치매상태라고 의심할 수 있는데, 2005년 1월의 11점에서 14점으로 약간 상승하였다.

둘째, 보호자 부담척도는 점수가 높을수록 보호자의 부담도 높은 것으로 평가되는데, 주 보호자의 부담은 최초 검사에서 65점 중 65점으로 부담도가 높았던 상태에서 최종 검사에서는 57점으로 약간 감소하였다. 이는 투약에 의해 환자의 증상들이 부분적으로 조절된 결과이며, 또 큰아들의 시간적 투자와 사회복지사와 보건소 간호사의 가정방문으로 인한 개입의 효과 때문인 것으로 분석된다.

셋째, 신체적 장애평가, 일상생활 수행 및 습관척도, 행동 및 심리평가 등에서 기능이 조금 호전된 것을 알 수 있었다.

(6) 향후 치료 계획

개입과 평가 결과를 기반으로, 대상자에 대한 향후 치료계획은 다음과 같이 정리하였다.

첫째, 혈압을 160/95 이하로 유지시켜 주는 것

둘째, 오른쪽 편마비에 대한 운동장애를 최소화하기 위해 하루에 한 번 정도 보건소에 방문하여 재활운동을 하도록 하는 것

셋째, 정상수면을 유지할 수 있도록 지속적인 투약을 할 것

넷째, 일상생활을 위한 환자의 능력을 수시로 평가하면서 자가간호 결핍을 위한 적절한 보조를 할 것

다섯째, 대상자가 낮 동안에 혼자서 집에 있는 시간을 최소화하기 위하여 가족이 우선적으로 시간 투자를 하되, 말벗이 되거나 저하된 인지기능을 보강을 해주는 등 재가관리를 담당할 수 있는 자원봉사자의 파견을 추진하는 것

여섯째, 방과 마루 사이의 문턱이 높아서 낙상의 위험이 있기 때문에 이에 대한 보수작업을 추진할 것

일곱째, 혼자가 개인위생을 청결하게 유지하도록 도와주는 것

추가적으로 치매 대상자에 대한 재가관리의 효과를 종합적으로 표현하면, 재가관리도 지속적이고 체계적으로 이루어질 때 긍정적인 효과가 나타난다고 할 수 있다. 저소득층이나 기초생활보호 대상자들은 이러한 재가관리를 통하여 미미하더라도 혜택을 받을 수 있을 것이다.

case management

생각해 볼 문제들

01 빈곤노인의 사례관리를 팀별로 토의하고, 실제 우리 주위에서 이러한 사례를 적용해 보라.

02 독거노인의 사례관리를 팀별로 토의하고, 실제 우리 주위에서 이러한 사례를 적용해 보라.

03 치매노인의 사례관리를 팀별로 토의하고, 실제 우리 주위에서 이러한 사례를 적용해 보라.

CHAPTER 13

장애인복지분야의 사례관리

장애인은 장애발생기에 따라 차이가 있지만, 장애가 선천적이든, 후천적이든 그 발생 이후부터 장애를 가지고 평생을 살아가야 한다. 이들 장애인들은 신체적 능력, 지적 능력, 의사소통 및 대인관계 능력의 제한으로 인해 일상적인 생활을 함께 영위하는 가족의 부담이 가중될 수밖에 없고 부담이 평생 지속될 수밖에 없게 된다는 특성이 있다. 이에 장애인과 그 가족을 대상으로 한 지속적인 지지체계와 함께 관리체계가 필요하며, 이러한 관점에서 장애인과 그 가족 개개인을 위한 사례관리는 매우 중요하다. 따라서 본 장에서는 첫째, 장애인복지분야의 사례관리의 개요, 둘째, 장애인복지분야의 사례관리 과정, 셋째, 장애인의 사례관리 실천사례 등을 중심으로 노인복지분야의 사례관리를 심층적으로 살펴보고자 한다.

제1절 장애인복지분야의 사례관리의 개요

장애인은 장애의 특성으로 인해서 비장애인에 비해 더 많은 다양한 욕구와 복합적인 문제를 가지고 있는데 구체적으로 의료, 직업, 주택, 교육, 이동, 경제 등 다양한 분야에서 욕구가 나타난다. 또한 장애인은 경제활동에 있어 많은 환경적 제한을 받고 있으며, 장애로 인하여 추가로 지출되는 비용이 많이 발생할 수 있다(서울복지재단, 2005).

따라서 장애인과 그 가족에 대한 사례관리과정은 다각적인 입장에서 장애인을 도울 수 있는 시스템을 구축할 필요가 있다. 특히 발달장애자녀를 둔 가족의 경우, 자녀의 치료나 재활에 대한 비현실적 기대 내지 신념으로 인해 과도하게 심리적·정신적·신체적·경제적 비용을 소모하는 경우가 많다. 따라서 이와 같은 가족이 경험할 수 있는 시행착오를 최소화하고 보다 현실적인 대안이 마련될 수 있도록 하기 위해서는 장애인은 물론 그 가족에 대한 지속적인 관심과 지원을 가능케 하는 서비스가 제공되어야 한다(백은령, 2012). 뿐만 아니라 발달장애인의 욕구가 가족이나 친구 또는 클라이언트의 네트워크 내에 있는 사람을 통해서는 완전히 충족되기 어렵고, 발달장애인에게 가용한 사회적 지지시스템이 장애인의 욕구를 충족시키기에는 부적절하기 때문에 클라이언트의 개별적 욕구에 대해 포괄적이고 지속적인 서비스 제공을 가능하게 하는 사례관리의 필요성과 중요성은 더욱더 강조되고 있다.

이전 장에 설명한 Rothman & Sager(1998)의 사례관리 모델을 장애인의 사례관리 실천에 적용하여 볼 때 다음과 같은 사항에 유의해야 한다(한국장애인개발원, 2013).

장애인과 그 가족의 사례관리 목표는 그들이 최상의 기능을 할 수 있도록 하는 데 초점을 두는 것이 중요하다. 또한 개입구조는 장애인의 생애주기와 그에 따른 가족의 돌봄 부담을 고려한 장기적 서비스, 장애와 관련된 학제 간 개입, 지역사회에 기반을 둔 포괄적 서비스에 두고, 실천의 초점을 그들에 대한 지지적 서비스와 가족 외부환경에 대한 개입을 중요시하는 것에 두어야 한다. 이와 함께 장애인과 그 가족의 사례관리에서 중요한 것은 그들의 참여를 최대화하여 그들의 임파워먼트를 증진시키는 것을 궁극적인 목적으로 해야 한다. 따라서 장애인과 그 가족을 돕는 사례관리자들은 가족에게만 변화를 요구할 것이 아니라, 가족의 욕구에 부응하지 못하는 사회환경의 변화에도 민감하게 반응하여 개선되도록 노력해야 하며, 이러한 요구를 장애인과 그 가족들 스스로가 할 수 있는 역량을 키우는 데에 초점을 두어야 한다. 이는 많은 시간을 요구하는 간단하지 않은 문제이지만, 장애인과 그 가족 스스로가 자신들을 옹호할 수 있는 역량을 신장한다는 측면에서 매우 의미 있는 작업이다.

또한 장애인과 그 가족에 대한 사례관리를 실시할 때는 문제가 발생하면 즉각적으로 개입하고, 그들에 대해 진실되고 긍정적인 관계를 맺도록 유의하여야 하며, 그들의 욕구에 초점을 두고 생애주기에 따라 지속적으로 지원하기 위해서 기관 및 전문가 간의 연계를 강화하고 다차원적 서비스를 개발하며, 이를 원활하게 제공할 수 있는 전달체계를 구축하는 것이 중요하다(오혜경·백은령, 2007).

제2절 장애인복지분야의 사례관리 과정

1. 초기과정

장애인과 그 가족을 대상으로 한 사례관리의 초기과정은 사례관리자와 장애인 및 그 가족이 처음으로 대면하면서 가족이 경험하는 문제를 노출해야 하는 상황이 전개된다. 따라서 사례관리자는 그들이 호소하는 주요 문제에 대해 경청할 필요가 있으며, 가족의 사회복지 욕구에 대한 우선순위를 선정하는 과정을 거쳐야 한다. 이 과정에서 사례관리자는 장애인과 그 가족이 경험하는 심리·사회적 어려움을 자연스럽게 이야기할 수 있도록 안정되고 신뢰할 수 있는 인터뷰 분위기를 조성하여, 그들이 느낄 수 있는 부담감과 불안감을 최소화하도록 노력할 필요가 있다.

따라서 사례관리 초기과정에서 사례관리자는 다양한 기술과 능력을 발휘하여 장애인과 그 가족이 새로운 환경에 적응하고, 문제해결을 위한 파트너십을 형성할 수 있도록 돕는 역할을 수행하게 된다. 이 과정에서 그들의 강점 관점에 초점을 둔 사례관리자는 그들의 참여를 독려하고, 스스로 문제를 해결할 수 있도록 인터뷰를 이끌어 가게 된다. 사례관리 초기과정에서 사례관리자에게 요구되는 주요 기술로는 면접기술과 신뢰구축기술, 부정적 감정을 다루는 기술, 기대를 명확하게 하는 기술 등이다(권진숙·박지영, 2010).

사례관리의 초기과정에서 이루어지는 실천은 인테이크 과정에서 벌어진다. 인테이크의 목적은 장애인과 그 가족이 처한 상황을 파악하고, 그들의 욕구를 명확하게 하는 것이라고 볼 수 있다. 인테이크 상황에서 필요한 실천기술 중 면접기술은 사례관리자가 자신과 자신이 속한 기관을 소개하는 것에서 출발할 수 있으며, 장애인과 그 가족과 신뢰관계를 구축하는 단계로 넘어가기 위한 준비단계에서 필요하다. 이때 기관을 소개할 수 있는 자료를 미리 준비해서 그들에게 제공하고 설명하는 것도 도움이 될 수 있다.

그러나 사례관리자가 만나는 장애인과 그 가족이 사례관리자와 기관을 찾아왔을 때, 자신이 궁금한 것만 알면 되는 사람도 있고, 자신이 알려고 한 것보다 더 많은 것을 알기 원하는 사람도 있을 수 있다. 따라서 사례관리자는 그들의 다양성을 인지하고, 사례관리자와 기관에 대해 알려고 하는 것이 무엇인지 확인하고 그에 대해 설명을 해줄 수 있어야 한다(보건복지부, 2006).

사례관리과정에서 사례관리자와 장애인 및 그 가족의 초기 신뢰구축은 지속되는 사례관리에서 서비스의 질을 결정할 수 있는 중요한 요인이다. 따라서 사례관리자는 초기에 그들과 신뢰를 구축할 필요가 있다. 사례관리과정에서 클라이언트와의 신뢰구축은 클라이언트 자신에 대한 정보를 충분히 제공할 수 있도록 돕고, 문제해결을 위한 파트너십을 견고하게 형성하는 데 도움이 된다. 사례관리 과정에서 사례관리자와 장애인 및 그 가족의 신뢰구축을 위한 기술은 사례관리자가 그들에게 애정과 관심을 보이는 것, 조직적이고 구체적인 표현, 솔직함 등으로 제시할 수 있다(한국사례관리학회, 2012).

2. 사정과정

사정은 사례관리자가 장애인과 그 가족에 대한 개입계획을 수립하기 위해 가족의 현재 상황에 대한 평가와 필요한 정보를 획득하는 과정에서 이루어진다. 전통적으로 사회복지는 클라이언트가 가진 사회적 문제에 초점을 둔 사정을 수행해 왔으며, 이에 근거하여 개입계획을 수립해 왔다. 이러한 전통은 클라이언트를 사정하는 데 있어 그들이 가진 문제에 초점을 두게 하는 결과를 초래하였다. 따라서 전통적인 사회복지실천에서 이루어진 클라이언트에 대한 사정방법들이 장애인과 그 가족에게도 유사하게 적용될 수 있다.

이러한 전통적인 사정방법 중 최근에는 클라이언트에 대한 강점과 자원에 대한 사정에 초점을 두는 강점 관점 실천이 활발하게 이루어지고 있다. 따라서 장애인과 그 가족에 대한 사정에 요구되는 사례관리자의 실천기술은 기존의 가족사정에 활용하였던 전통적인 사정도구들을 활용할 수는 있으나, 가족의 문제나 진단에 초점을 둔 사정에서 벗어나 가족이 가진 강점과 자원들을 확인하고, 이러한 자원들을 사례관리 과정에서 어떻게 활용할 것인가에 초점을 둔 사정이 요청되고 있다(한국장애인개발원, 2013).

사정은 주로 직접면접을 통해 자료수집으로 이어지며, 사례관리자는 지속적으로 장애인과 그 가족의 사회적 욕구에 관심을 가지고 변화하는 가족의 욕구를 파악할 수 있어야 한다. 가족에 대한 사정의 경우 의뢰자를 포함하여 장애인과 그 가족이 제시하는 욕구의 내용을 중립적인 입장에서 구체적으로 확인하는 작업이 수행되어야 할 것이다. 일반적으로 사정은 개인력, 가족력, 강점, 자원 사정 등으로 구분되어 실시하는 경우가 대부분인데, 사실 이러한 정보를 첫 대면에서 구체적이고 심층적인 욕구를 파악하기는 힘든 경우가 많다. 따라서 사례관리자는 장애인 및 그 가족과 협력관계를 유지하면서 이들 영역의 욕구를 파악할 수 있어야 한다. 또한 사례관리자는 그들의 표출된 욕구에만 초점을 둘 것이 아니라, 전문가로서 그들의 규범적 욕구를 판단할 수 있어야 하며, 우선순위를 선정하는 데 있어서 그들의 선택에 초점을 둘 수 있어야 한다.

3. 계획과정

계획수립은 사정을 통해 확인된 욕구를 달성하기 위해 서비스 계획을 마련하는 단계이다. 계획수립 과정은 장애인과 그 가족의 변화 목표를 분명하게 설정하고, 필요한 서비스를 구체적으로 구성해 가는 과정이다. 따라서 사례관리의 목적에 맞도록 단기·중·장기적으로 계획을 수립할 필요가 있으며, 장애인 및 그 가족과 사례관리자가 협력하고 역할을 명확하게 설정하는 것이 요구된다.

4. 실행과정

실행과정은 이전 단계에서 수립된 계획을 토대로 장애인과 그 가족이 자신의 욕구를 충족시킬 수 있는 자신의 능력을 강화하도록 지원하는 활동을 수행하는 단계이다. 이 과정에서 사례관리자는 장애인의 안전을 위해 직접 개입하는 위기개입은 물론 그들의 가족을 대상으로 각종 교육훈련과 정보제공, 각종 협조활동, 상담, 자기 옹호활동 지원 등을 수행하게 된다.

5. 평가 및 종결과정

평가에서는 목표의 달성을 어떻게 측정할 것인지가 중요하다. 목표란 사례관리를 통해서 달성하고자 하는 목표로, 사례관리 수행과정 중 계획단계에서 설정하는 클라이언트의 변화 목표이다. 사례관리 동안 설정하였던 목표를 어떻게 평가할 것인가에 대한 해법은 사례관리를 통해 얻고자 하는 성과인 장애인과 그 가족의 변화상태를 목표로 설정한다. 다음으로 그 목표의 달성 여부와 수준을 평가하기 위해서는 지표, 자료원, 자료수집방법, 자료수집시기를 결정한다.

제3절 장애인의 사례관리 실천사례

1. 초기단계

1) 인적사항

- 이름: 강○○
- 나이: 만 20세

- 성별: 남
- 신장: 177cm
- 몸무게: 108kg
- 종교: 기독교
- 장애유형: 정신지체 3급, 자폐
- 건강상태: 고도비만으로 인한 당뇨 염려, 현 신경안정제 장기복용 중.
- 생년월일: 1987.0.00
- 학력: ㅇㅇ학교 2학년 재학 중
- 주소: ㅇㅇ시 ㅇㅇ구 ㅇㅇ동 ㅇㅇAPT
- 연락처: (063)000-0000

2. 사정단계

1) 가계도

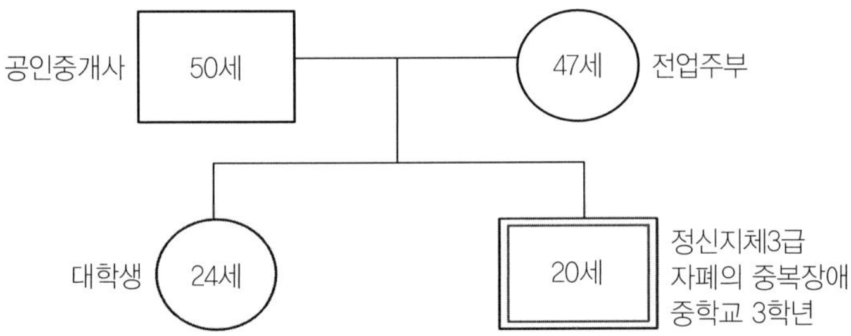

클라이언트: 강OO

클라이언트는 현재 만 20세의 남성으로 정신지체 3급과 자폐의 중복장애를 가지고 있다. 클라이언트가 2세가 되었을 때 외모 상으로는 전혀 특이사항이 없었지만 여느 아이와는 달리 눈을 마주치지 않고 반응이 느려 병원검사를 받았고 유사자폐 진단을 받았다. 장애 진단과 동시에 병원과 학교를 통해 많은 교육과 치료를 받았지만 성장하면서 자폐의 성향이 심해졌으며, 반복적인 행동, 자해, 동일성에 대한 고집, 사회행동에서의 기능장애를 보이고 있다. ㅇㅇ학교를 거쳐 ㅇㅇ학교를 졸업하고 현재 ㅇㅇ학교 3학년에 재학 중이다.

아버지: 강○○

클라이언트의 아버지는 연대장을 거쳐 현재는 공인중개사로 활동하신다. 밝고 자신감 넘치는 성격이다. 클라이언트가 태어났을 때부터 유독 과도한 애정을 보여 주위 사람들로부터 과잉보호라는 말을 듣는 정도였다. 처음 클라이언트의 장애를 알았을 때에는 상심과 충격이 꽤 컸지만, 장애를 처음 진단 받았을 당시 클라이언트의 재활치료가 진행되었던 ○○병원의 부모교육을 정기적으로 참석하면서 자녀의 장애를 수용하게 되었고, 클라이언트를 다른 자녀와 동일하게 사랑하고 이해할 수 있게 되었다. 클라이언트에 대한 애정표현이 많은 편이고 측은하게 여기는 마음이 있다. '다른 부모가 아닌 마음껏 사랑해 줄 수 있는 내 아들로 태어난 것이 다행'이라는 생각을 가지고 있다. 가족이 아닌 타인들에게도 클라이언트의 장애를 솔직하게 소개하고 클라이언트와 자주 동행하여 외출을 하는 편이다.

어머니: 김○○

어머니는 47세로서, 활발하고 적극적인 성격을 가지고 있다. 예전에는 영업직종에 근무하였지만 현재는 전업주부이다. 클라이언트가 정신지체와 유사 자폐의 진단을 받은 후부터 클라이언트의 재활과 치료에 전념을 다해 왔다. 클라이언트의 장애를 처음 알았을 때에는 똑똑한 부모에게서 장애를 가진 아이가 태어났다는 것에 충격을 받았고 큰 상심을 했다. 그 후 집안일은 거의 신경도 쓰지 않고 클라이언트의 치료에만 몰두하였고, 클라이언트에게 큰 기대를 갖고 있었다. 언어치료를 중점적으로 한 다양한 재활치료를 20여 년에 걸쳐 받았지만 클라이언트의 상황과 증상이 호전되지 않아 지금은 장애극복과 완쾌의 기대를 포기한 상태이고 클라이언트가 건강하게 성장하기만을 바라고 있다. 클라이언트를 매우 사랑하는 마음을 가지고 있지만, 매우 친한 친구들과 친척들만 클라이언트의 장애를 알고 있다. 자녀의 장애를 수용하기 위해 노력했고, 비교적 잘 이루어졌지만 자녀의 장애가 공개되는 것에는 부담감과 거북스러움을 가지고 있다.

현재 단기 보호센터의 담임선생님께 큰 신뢰감을 가지고 있고, 단기 보호센터의 이용으로 지금껏 포기해야 했던 자신의 여가시간들을 누릴 수 있음에 만족하고 있다. 하지만 주말에 클라이언트가 집에 오면 폭식의 증상이 심각해지기 때문에 어머니 혼자 통제가 불가능한 상태가 되어서 어려움을 호소하고 있다. 또한 클라이언트가 성인이 되면서 성(性)적 욕구의 해결방안과 클라이언트의 미래에 대한 걱정을 많이 하고 있다.

누나: 강OO

현재 대학교 4학년에 재학 중이며, 똑똑하고 활발한 성격이다. 맺고 끊는 것이 확실하고 야무진 성격이지만, 정도 많은 편이어서 동생의 장애를 이해하고 가족의 구성원으로 따뜻하게 받아들인다. 미래에 클라이언트를 부양해야 한다는 책임감을 가지고 있으며, 클라이언트를 이해하고 아껴 줄 배우자를 만나야 한다는 생각을 가지고 있다.

2) 개인력 사정

신체 및 건강상태	• 키는 177cm 정도로 평균적이나 폭식이나 편식으로 식사시간이나 식사량이 일정치 않아 고도비만에 속한다. • 양치질이나 세수와 같은 씻는 것을 스스로 할 수 있으나 주위에서 시켜야만 한다. • 단 것을 매우 좋아하고 비만이라서 당뇨병이 염려되는 수준이며 걷거나 계단을 오르내리는 동작이 매우 느리다.
의사소통 상태	• 말을 하는 것이 옹알이 정도로 언어수준이 매우 떨어져 의사표현을 하지 못하고 행동으로만 표현한다. • 듣고 시행하는 것은 가능하나 그 수준이 다소 떨어지고 스스로 언어표현에 답답함을 느끼는 수준이다.
정서 상태	• 가끔 가만히 있지 못하고 이곳저곳 돌아다는 행동습관이 있으나 평소에는 얌전하고 조용한 편이다. • 자기가 하고 싶은 일이 뜻대로 이루어지지 않거나 주위가 소란스러울 때 약간 심적으로 불안정한 상태를 보일 때가 있다.
일상생활 능력 및 사회생활 능력 상태	• 스스로 식사와 신변처리, 옷 입기, 샤워와 양치질을 할 수 있다. • 청소시간이 되면 자신이 맡은 구역을 스스로 청소하고 정리정돈한다. • 냉장고를 열어 자신이 먹고 싶은 음식을 찾아서 먹고, 라면과 같은 간단한 요리를 직접 해서 먹으며 설거지를 한다. • 화폐를 구분할 줄 알며, 지폐의 가격만큼 슈퍼에 가서 자신이 원하는 식료품을 구매할 수 있다. • 대중교통 이동이나 공공시설 이용 등은 스스로 불가능하다.

인지능력 상태	• 글을 읽고 쓸 줄 알며 숫자를 쓰고 셀 줄 알지만 소리 내어 표현하지는 못한다. • 숙제 및 과제를 스스로 할 수 있다. • 길을 잘 기억하는 편이며 한번 찾은 상점을 잘 기억한다. • 카드놀이와 같은 간단한 컴퓨터 게임을 할 줄 알며 매우 속도가 빠르다.
대인관계	• 낯선 사람에게도 다소 관대한 편이지만 스스로 싫어하는 사람에게는 다가가지 않음으로써 좋음과 싫음의 경계선을 그어 버린다. • 이웃사람들이 클라이언트에게 많은 관심과 격려를 보내줌으로써 집 주변 이웃과의 관계가 대단히 좋아 클라이언트 스스로도 잘 따르고 긍정적인 역할을 수행한다.
자기방어 기제	• 공격: 가끔 공격적인 성향을 나타내는데 '우우웅' 하는 소리와 함께 손을 자신의 머리에 대거나 입 주변을 감싸는 행동을 보인다. • 전치: 불안정한 심리상태에 있어 스트레스를 받으면 옷 밑단의 테두리 실을 뜯고 공처럼 마는 경향이 있다. • 현실도피 형식으로 아무런 이유 없이 화장실에 가서 비데에 오랫동안 앉아 있는다. • 퇴행: 자기의 행동에 제재나 방해가 나타날 시 소리를 지르거나 팔이나 다리에 난 상처를 뗀다.
자아욕구	• 바지 속에 손을 집어넣음으로써 성적인 욕구를 해소시키는 경향이 있다. • 스스로 하고자 하는 행동을 언젠가는 해내고야 만다. • 타인의 머리카락에 코를 갖다 대고 냄새를 맡거나 얼굴을 감싸 쥠으로써 애정표현에 대한 욕구가 크다.

3) 자원사정

공식적			비공식적			사회적		
기관	내용	빈도	자원	내용	빈도	기관	내용	빈도
장애인 부모회	지원 보조 및 교육	5회/주	c't 부모	물질적, 정서적 지지	수시	병원 및 보건소	치료 및 검진	1회/주
부모회의 회원	정서지지, 정보공유	1회/월	c't 누나	정서적 지지	수시	선화학교 담임	교육 및 지도	5회/주
			c't 담임	교육 지도				
			자원 봉사자	지도 보조	1회/주			
			이웃들	관심과 격려				

4) 장애요인

- 내부적 요인: 재활치료와 큰 기대에 불구하고 한계를 느끼면서 정신적으로 많이 지쳐 있음.
- 외부적 요인: 언어치료나 비만치료 등 기관 자원연계의 어려움과 정보의 부족함을 느낌.

5) 문제행동 및 욕구 사정

문제행동	부모님의 욕구	c't의 욕구
옷의 실밥을 풀러 뭉침	대부분 옷의 밑단이 줄어들기 때문에 문제행동을 수정하기를 원하지만 크게 염려치는 않음	
타인의 머리냄새를 맡음	애정표현의 한 방식이라 생각하기 때문에 특별히 신경은 쓰지 않음	자신이 좋아하고 친해지고 싶은 사람에게 하는 애정표현인데 어떻게든 타인의 머리냄새를 맡으려 함
교육이나 프로그램 참가에 소극적		운동을 하는 프로그램이나 어떠한 제재가 있는 교육에는 참여하기 싫어하고 자꾸 불안 증세를 보임
아랫입술을 깨묾	특별한 문제증상은 아니라고 생각하지만 보기에는 안 좋은 인상을 띠므로 가끔 주의를 주고 고쳐지길 바라고 있음	
신변처리를 하지 않음에도 비데에 앉아 있음	비데에 앉아있으면 심적인 안정 상태를 보이므로 오히려 장려하는 편임	신변처리보다는 단지 비데에 앉아 있는 것만으로 심리적 안정을 느끼고 자꾸만 화장실에 가려 함
살갗을 문지르거나 뜯음	상처가 짓무르고 상처가 생길까 봐 행동을 수정하길 원함	스트레스가 발생하면 자신의 팔이나 다리의 살갗을 문지르거나 뜯는 등 학대함으로써 해소
손으로 입을 감싸고 소리를 지름	낮에는 상관이 없지만 늦은 밤에는 문제행동이 안 나타나기를 바람	
갑작스레 제자리에서 뜀	아파트에 살다 보니 아래층에 피해를 주지 않을까 걱정하고 있음	흥분상태에 있을 때 자주 발생함으로써 자신이 하고 싶은 행동을 할 수 있도록 요구한다고 볼 수 있음

문제행동	부모님의 욕구	c't의 욕구
편식이나 폭식이 심함	가정에서 통제가 힘들고, 장년층이 되었을 때 당뇨나 성인병에 걸릴 위험이 크므로 이 문제에 대해 크게 걱정하고 있음. 특히 비만치료클리닉에 대한 자원연계를 필요로 하고 있음	

6) 강점 사정

강점	• 가족 모두가 c't에 대한 격려와 관심이 크다. • 클라이언트를 양육하고 보호하는 것에 있어서 경제적 능력은 어느 정도 뒷받침된다. • 친인척이나 이웃들과의 관계도 원활한 편이어서 클라이언트에 대해 정서적 지원(클라이언트를 좋아하고 행동적 측면에서 이해를 많이 해줌)을 아끼지 않는다. • 부모님이 긍정적인 마인드를 가지고 있어 클라이언트가 남의 집에 태어났으면 불행할 것이라 생각하고 차라리 우리 애로 태어난 것을 다행으로 여긴다.
약점	• 주단기 보호시설에 입소하면서부터 평일에는 만나기가 힘들어 클라이언트와 함께하는 시간이 예전보다 많이 줄어들었다. • 클라이언트를 치료함으로써 장애를 극복할 수 있다는 기대심리가 줄어 자존감의 저하로 이어지면서 다소 치료의욕을 상실하였다. • 문제행동(폭식이나 편식, 상처 내기 등)에 어떻게 대처할지 효과적인 방법을 알지 못해 다소 방임적인 성향을 띤다. • 과거에 가족이 클라이언트 문제로 많은 스트레스와 자금문제가 발생하였고 사회생활에 큰 지장을 받음으로써 아주 편하게 만나는 사이가 아니면 모임이나 기타 사람들과의 만남이 약간 소극적이다.

7) 생태도

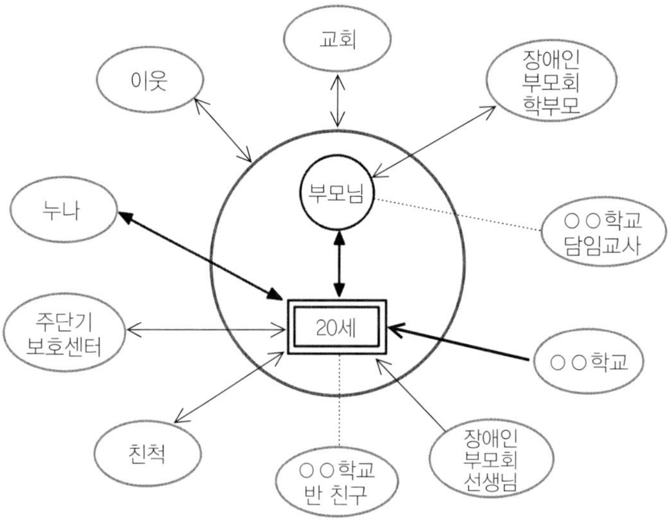

의미	기호
친밀한 관계	⟷ (굵은 선)
상호적 관계	⟷
일방적 관계	⟶
소원한 관계	········

(1) 어머니

클라이언트의 어머니와 클라이언트는 강한 애정과 신뢰관계를 형성하고 있다. 어머니는 클라이언트의 정신지체장애를 알고 난 후부터 지금까지 지속적으로 애정을 가지고 자식을 키우셨다. 어머니와 클라이언트의 관계는 정말 친밀하게 이루어지고 있었고 성장기와 지금까지도 더 나은 인지능력을 가지도록 노력하고 계셨다. 지금의 클라이언트의 인지장애의 정도를 낮출 수 있었던 것도 어머니의 노력의 결과이다. 20대인 클라이언트의 미래에 대한 계획을 가지고 장애를 받아들이고 더 나은 클라이언트의 삶을 이루기 위해 고민하고 계신 모습이었다.

(2) 아버지

직접 상담을 진행하지 못하였지만 어머니와의 상담을 통해 들었던 이야기를 통해 아버지와 클라이언트와의 관계를 알 수 있었다. 아버지는 클라이언트에 대해 적극적인 애정표현과 사회생활에 참여하도록 유도하시는 열정적인 분이다. 장애를 가진 클라이언트에 대해 부끄럽게 여기지 않으셨고 비장애 아동과 똑같은 시각으로 클라이언트를 대하고 아버지의 친구들과 주변인에게 떳떳이 공개하고 클라이언트와 여러 활동을 같이하시는 분이다.

(3) 누나

누나도 마찬가지로 상담을 진행하진 못했지만 클라이언트에게 적극적 애정을 가지고 있고 대학생으로 평소 모범적인 학생이다. 클라이언트와 관계에서 누나로서 책임을 다하고 있다고 한다.

(4) 이웃

클라이언트 가족이 지금의 주거지역에서 계속 살고 있으며 어릴 적부터 이웃과 친밀도를 유지하고 장애를 가진 클라이언트를 잘 알고 있기 때문에 관계가 좋다.

(5) 친척

친척과도 원만한 관계를 유지하고 있다.

(6) 교회

매주 교회를 나가고 있어 기도를 하며 정서적으로 클라이언트에게 안정감을 주는 역할을 하고 있다.

(7) 주단기 보호센터

주단기 보호센터로 입소한 뒤 기관에서 주 5일 동안 생활하고 있기 때문에 기관에서 행동 수정과 사회성을 기르는 데 많은 도움을 주고 있다.

(8) 장애인 부모회 학부모

클라이언트의 부모님은 장애아동을 가진 클라이언트의 부모님들과 상황적 심리적 동질감이 형성되어 있기 때문에 서로 의견교환이 이루어지는 등의 역할을 하고 있다.

(9) ○○학교

○○학교에서 도예 반을 전공하고 있는 클라이언트는 학교에서 인지능력을 향상시키고 여러 다양한 교육을 받고 있다.

(10) 선생님과의 관계

장애인 부모회와 선화학교 선생님들과 좋은 관계를 유지하고 있다. 장애인 부모회의 담임선생님에게 깊은 신뢰감을 가지고 있으며, 선화학교에서는 어머니가 운영위원으로 활동했을 정도로 적극적인 관심이 있다. 클라이언트에게 특별한 상황이 발생했을 경우 같이 의견을 나누고 클라이언트에게 더 나은 환경과 질 높은 교육을 하도록 하기 위해서 노력하고 서로 협력하는 관계를 유지하고 있다.

8) 문제 사정

(1) 옷 풀기: 반복적인 행동

소리 지르기와 같이 스트레스를 받을 시 옷의 올을 풀어서 뭉친 후 수백 개씩 모으거나 먹는다. 그로 인해 옷의 크기가 줄어들고 위장장애가 우려된다. 옷의 올을 풀 때 소리 지르는 스트레스 문제행동이 줄어든다.

- 문제행동 지속시간(1일): 대부분 행동 제재를 받음, 방치 시 평균 10~20분 지속
- 문제행동 횟수(1일): 기관 내에서는 평균 2회, 가정 내에서는 평균 5회

(2) 소리 지르기

옷 풀기와 같이 스트레스를 받을 시 머리를 때리거나 소리를 지른다. 옷의 올을 풀 때 소리 지르는 스트레스 문제행동이 줄어든다.

- 문제행동 지속시간(1일): 짧게는 20초간 소리를 지름, 길게는 흥분을 가라앉혀 주기 전까지 계속 간헐적으로 소리를 지름
- 문제행동 횟수(1일): 기관 내에서는 평균 2회, 가정 내에서는 평균 5회

(3) 자기학대(머리 때리기, 상처 내기, 물기)

스트레스를 받을 시 소리를 지르며 머리를 때리며, 팔을 물어뜯는다. 또한 손톱으로 팔에 상처를 낸다.

- 문제행동 지속시간(1일): 대부분 행동 제재를 받음, 방치 시 평균 2~4분
- 문제행동 횟수(1주): 평균 1주일에 1~2회

(4) 아랫입술 깨물기

버릇처럼 윗니로 아랫입술을 물고 있다. 외관상 보기 좋지 않다.

- 문제행동 지속시간(1일): 방치 시 하루 종일
- 문제행동 횟수(1일): 한 번 물었을 시 30초 정도

(5) 무분별한 비데 사용

항상 집에서 비데를 사용하기 때문에 클라이언트의 어머니가 기관에 비데를 설치해 주셨다. 하지만 클라이언트는 비데의 본 목적과 다르게 이유 없이 장시간 비데를 틀어 놓는 등 무분별하게 비데를 사용하여 옷이 젖기도 한다.

- 문제행동 지속시간(1일): 평균 20분
- 문제행동 횟수(1일): 2~3회

(6) 제자리에서 뛰기

스트레스 문제행동이 아닌 흥분한 상태에서 제자리 뛰기를 한다. 체중이 많이 나가기 때문에 시끄럽다.

- 문제행동 지속시간(1일): 평균 5분
- 문제행동 횟수(1일): 평균 기관 내 1회, 가정 내 3회

(7) 편식과 폭식

고기를 좋아해서 어릴 적부터 집에서 고기만 먹었고 채소는 일체 먹지 않는 상황이다. 그로 인한 편식이 심각한 상태이며 영양분 불균형과 고도비만(비만도 134.47: 신체질량지수-Body Mass Index: BMI, 카우프지수-에 의한 계산) 을 나타내고 있다. 특히, 주단기 보호센터를 벗어난 주말에 집에서 폭식이 굉장히 심하게 나타난다.

- 문제행동 지속시간(1일): 방치 시 식사 때마다
- 문제행동 횟수(1일): 평균 4회

3. 계획과정

1) 목표 설정

클라이언트의 스트레스 및 비스트레스 상황 시의 욕구 파악과 문제행동에 대한

제재 및 행동을 수정하여 문제행동을 50% 감소시킨다.

(1) 스트레스 문제행동에 관한 목표

- 옷의 실을 뜯는 행동 빈도를 낮추며 실을 먹지 않는다.
- 갑자기 큰 소리로 소리 지르지 않는다.
- 자신의 팔을 물지 않는다.
- 자신의 몸에 난 상처를 긁어 피를 내지 않는다.

(2) 비스트레스 문제행동에 관한 목표

- 아랫입술을 깨물지 않고 입을 가지런히 다문다.
- 신변처리를 할 때만 비데를 사용한다.
- 제자리에서 뛰는 행동의 빈도를 낮추며 제재 시 멈춘다.
- 잘게 다져진 야채를 먹으며, 운동을 통한 체지방 감소와 냉장고의 음식을 허락을 받고 먹는다.

2) 계획수립

영역	문제점	목표	계획
스트레스 문제행동	옷 풀기	스트레스 해소 행동을 바꾸고 문제행동을 유발시키는 스트레스를 관찰, 제재한다.	• 소리 지르기 치료행동과 같이 c't를 격려하고 부정적 감정을 문제행동 외의 행동으로 표현하도록 환기시키며, 욕구나 불만에 대한 관찰을 한다. • 옷의 실을 풀 경우 바로 주의를 주어 행동을 멈추게 하고 옷의 밑단이 보이지 않도록 하의에 넣어서 입게 한다.
	소리 지르기		• c't를 격려하고 부정적 감정을 문제행동 외의 행동으로 표현하도록 환기시킨다. 소리를 지를 때에 이름을 부드럽게 부르며 다가가 조용히 앉히면서 정서적으로 안정을 되찾을 수 있도록 도와준다.
	자기학대		• 정서적 지지를 위한 친밀감을 형성하고 자기학대 시 다른 것에 집중하도록 돌발행동을 하며, 압력은 최소한으로 한다.

영역	문제점	목표	계획
			팔을 물거나 상처를 뜯어 피를 내지 않도록 교육하고 상처 위에 약을 바른 후 손으로 만지지 않게 한다.
비 스트레스 문제행동	아랫입술 깨물기	자기 버릇에서 기인하는 비스트레스 문제행동에 대한 통제력을 갖도록 노력한다.	• 손에 입을 대거나 말로 행동 제재를 한다.
	무분별한 비데 사용		• 비데 사용에 대해 강점으로 칭찬하고, c't가 좀 더 많은 통제력을 가질 수 있도록 화장실 청소와 같은 권한을 부여한다.
	제자리에서 뛰기		• 문제행동 시 c't를 껴안거나 간지럼으로 문제행동을 제재한다.
	편식 및 폭식		• 야채를 잘게 썰어 밥과 함께 비벼서 먹게 하고 c't 담당 선생님과 가족 간의 연계로 가족교육과 상담을 통해 기관 내에서의 식단 프로그램을 운영하고 문제행동 시 제재를 가한다. 냉장고 문을 열었을 때에는 부모와 교사의 허락이 있을 때에만 음식을 꺼낼 수 있게 한다. 기관 내의 운동기구와 조깅을 매일 30분씩 한다.

4. 개입과정

1) 개입진행

회기로 나누어져 있지만, 주간 단기보호시설이기 때문에 한 회기마다 5일간 45시간씩 개입을 하였다.

회기	목표	개입 내용
1회기 (8월 6일~8월 11일)	• c't 문제 사정 • 라포 형성 • 문제행동 및 스트레스 체크	- 전화상담을 통한 정보 수집 - 소리 지르기나 옷 풀기 행동 시 받는 스트레스나 강도를 체크 - 언어적 제재 - c't와의 애정표현 - 담임선생님과 면담

회기	목표	개입 내용
2회기 (8월 13일~8월 17일)	• c't 가족 사정 • 라포 형성 • 정서적 지지	- 2차 전화상담 - 현장 근무자와 상담 - 행동적 제재 - c't와의 라포 형성(애정표현) - 스트레스 유발원인 체크 - 격려와 칭찬
3회기 (8월 20일~25일)	• c't의 욕구에 대한 인식 • 가족 상담	- 3차 마무리 전화상담 - 잘못된 문제행동에 대한 직면 - 돌발 행동을 통한 집중 유도 - 현장 근무자의 코멘트

5. 평가과정

1) 개입 전 문제행동

구분	스트레스 행동			비스트레스 행동			
	옷 풀기	소리 지르기	자기학대	입술 깨물기	비데 사용	제자리 뛰기	편식, 폭식
횟수	1일/7회	1일/7회	1주/1~2회	하루 종일	1일/2~3회	1일/4회	1일/4회
지속시간	10~20분	20초	2~4분	30초	20분	5분	식사시간

2) 개입 후 변화

구분	스트레스 행동			비 스트레스 행동			
	옷 풀기	소리 지르기	자기학대	입술 깨물기	비데 사용	제자리 뛰기	편식, 폭식
1회기	1일/6회	1일/7회	1주/2~3회	하루 종일	1일/2~3회	1일/3회	1일/2회
	10~20분	10초	3분	30초	15분	3분	식사시간
2회기	1일/5회	1일/5회	1주/3회	하루 종일	1일/2회	1일/2회	1일/3회
	10~15분	1분	4분	15초	10분	1분	식사시간
3회기	1일/3회	1일/6회	1주/1회	간헐적	1일/1회	1일/1회	1일/2회
	5분	10초	2분	10초	5분	30초	식사시간

3) 상담 평가

처음 사례관리에 들어가고 목표와 일정을 잡고 계획을 세우며 처음 하는 사례관리에 막연한 두려움이 있었다. 그러나 사례관리 대상 클라이언트를 관찰하고 담임선생님과 최초 상담을 진행하였다. 담임선생님과의 면담에서 클라이언트의 개인정보와 행동에는 어떤 것들이 있는지를 상담하였고, 더 심층적인 상담은 클라이언트의 어머니와의 상담으로 사례관리에 있어 많은 정보를 습득하고 클라이언트를 더욱 깊이 이해할 수 있었다. 처음 상담을 진행하면서 어떤 내용을 가지고 질문을 할지, 어떤 방식으로 질문을 해야 어머니에게 자세하고 깊은 대화를 이끌어 낼 수 있을지 많은 고민이 있었다. 다소 질문이 서툴고 했지만 어머니께서 좋은 마음으로 상세히 상담에 임해 주셔서 감사했다.

이번 상담을 계기로 면접기술에 대해 현장에서의 감각을 익힐 수 있었고 어떻게 상담의 내용을 효과적으로 기술하는지를 알 수 있었다.

4) 개입 평가

사례관리에서 중요한 것이 바로 개입이다. 개입을 통해서 클라이언트의 문제행동이나 잘못된 습관 인지능력의 향상을 도모할 수 있기 때문이다. 클라이언트와 곁에서 같이 프로그램을 진행하고 식생활, 신변처리를 지도하면서 어떤 문제행동들과 잘못된 습관을 가지고 있는지 관찰하였고, 그것들을 점차적으로 올바르게 변화시키도록 여러 차례에 걸쳐 행동수정을 하도록 개입하였다.

클라이언트 특성상 문제행동들이 단기간에 고쳐지지는 않았다. 하지만 기관에서 지속적으로 받아 오던 문제 프로그램과 새로운 프로그램들에 실습생들이 집중적으로 개입하여 행동수정을 유도해 작게나마 문제행동에 변화를 가져오게 하는 결과를 얻을 수 있었다. 또한 어떻게, 왜 그 문제행동이 클라이언트에게 나타나고 문제행동에 원인에는 무엇이 있는지 알 수 있었다.

개입과정 중 계약, 점검, 종결 부분이 없지만, 클라이언트의 특성상 기관과 클라이언트의 부모와의 구두계약을 맺었으며, 주단기 보호센터에서 생활하는 클라이언트이기에 같이 생활하다시피 개입하며 매일 점검하였지만, 짧은 개입기간과 클라이언트의 특성으로 인해 보고서에는 특별히 점검에 대한 부분을 생략하였다.

정신지체 행동수정은 장기간 깊이 있는 프로그램으로 행동의 수정을 가져올 수 있기 때문에 이번 사례관리에서의 개입은 다소 부족함이 있다고 느꼈다. 추후에 기회가 된다면 지속적인 프로그램의 관리를 통해 행동수정을 이루고 싶다.

5) 사후관리

현재 클라이언트의 상태는 예전의 문제상황으로 돌아간 상태이다. 기관 특성상 많은 클라이언트를 관리하고 있기 때문에 한 클라이언트만을 집중적으로 관리할 수 없는 상황이며, 지속적인 프로그램을 이용하고 있지만 개별적이고 집중적이지 못한 관리로 인해 클라이언트의 상황은 예전과 비슷한 상태이다.

구분	스트레스 행동			비 스트레스 행동			
	옷 풀기	소리 지르기	자기학대	입술 깨물기	비데 사용	제자리 뛰기	편식, 폭식
횟수	1일/5회	1일/5회	1주/2회	간헐적	1일/1회	1일/3회	1일/4회
지속시간	15분	20초	30초	10초	1분	5분	식사시간

자기학대의 경우 머리를 때리는 행동은 여전한 상태이다. 하지만 겨울이라 긴팔, 긴바지를 입고 있기 때문에 팔과 다리를 뜯는 문제행동은 많이 줄어든 상태이며, 비데사용 또한 추위를 싫어하는 클라이언트이기 때문에 겨울철 추운 화장실에서 찬물 비데사용을 꺼려 비데 문제 또한 일시적으로 줄어든 상태이다. 편식 및 폭식의 경우 아직 전문적인 개입이 없는 상태이다. 겨울철 날씨 영향으로 클라이언트의 문제행동이 일시적으로 줄어들었을 뿐 재발할 가능성이 높으며 다른 문제와 같이 집중적인 개별개입이 필요한 상태이다.

생각해 볼 문제들

01 장애인의 사례관리 과정을 설명해 보라.

02 장애인의 사례관리를 팀별로 토의해 보라.

03 실제 우리 주위에서 장애인에 대한 사례를 적용해 보라.

CHAPTER 14

아동복지분야의 사례관리

발달단계상 아동기는 인성의 중요한 부분이 형성되고, 또래집단과의 관계에서 사회적 관계를 형성하는 능력이 발달되며, 학교생활을 통해 사회생활에 필요한 기본적인 학습능력을 함양하는 시기로서 그 중요성이 큰 시기이다. 그러나 경제적 빈곤이나 이와 관련된 여러 가지 가족문제 등으로 취약한 환경 속에서 생활하는 아동은 건강한 성장과 발달에 필요한 다양한 자원의 부족으로 정서적 문제, 학교 적응의 어려움, 학습 부진 및 또래집단과의 관계형성 문제 등 여러 가지 문제에 노출될 위험성을 안고 성장하게 된다. 그러므로 빈곤 문제를 지님과 동시에, 이러한 개인 및 환경적 취약성을 지닌 아동과 그 가족을 대상으로 아동의 성장과 발달에 필요한 다양한 자원을 제공해 주고, 아동 및 가족체계가 필요로 하는 다양한 욕구를 충족시킬 수 있도록 지속적인 서비스를 제공해 주는 사례관리의 필요성이 지역사회를 중심으로 더욱 커지고 있다. 따라서 본 장에서는 첫째, 아동복지분야의 사례관리의 개요, 둘째, 아동방임의 사례관리 실천사례, 셋째, 분노아동의 사례관리 실천사례 등을 중심으로 아동복지분야의 사례관리를 심층적으로 살펴보고자 한다.

제1절 아동복지분야의 사례관리의 개요

사례관리는 복합적이고 지속적이며, 만성적인 욕구를 가진 클라이언트를 대상으로, 그들의 사회적 기능과 삶의 질을 향상시키기 위한 목적으로 지역사회 내의 공식적·비공식적 자원체계를 동원하여 클라이언트와 그 가족체계에 전문적 서비스를 제공하는 사회복지실천 방법이다. 사례관리는 초기에는 중증장애인이나 정신장애인 등이 지역사회에서 생활해 나갈 수 있도록 지원해 주기 위한 실천방안으로 사용되었으나, 현재에는 아동, 청소년, 장애인, 노인 등 다양한 분야에서 취약한 환경이나 복합적 욕구와 문제를 지니고 있는 클라이언트를 지속적으로 지원해 주기 위한 서비스 제공방법으로 폭넓게 활용되고 있다.

아동을 대상으로 한 사례관리는 주로 빈곤지역의 취약한 가족환경을 지닌 아동을 대상으로 지역사회 내의 복지관이나 아동 지원을 위해 설립된 센터 등을 중심으로 활발하게 진행되고 있으며, 보다 전문화된 사례관리서비스를 제공하기 위한 노력이 현장을 중심으로 더욱 활성화되고 있는 추세이다.

아동 대상 사례관리에서 중시하는 현재 동향은 다음과 같다(박지영·김연수, 2013).

첫째, 사례관리의 대상은 빈곤 및 취약계층의 아동과 가족이며, 사례관리의 대상을 아동 개별체계에 국한시키지 않고 아동이 속해 있는 가족체계를 사례관리의 주요 대상으로 포함시키고 있는 점이다.

둘째, 사례관리의 주요 원칙 및 근거이론으로 생태체계 관점뿐만 아니라 강점 관점이 함께 중시된다는 것이다. 특히 강점 관점은 빈곤이나 질병문제, 보호체계의 결여 등과 같은 클라이언트가 지니고 있는 환경적 취약성을 상쇄할 수 있는 것으로서 개인적 자질이나 가족의 건강한 특성, 그리고 지역사회가 구축하고 있는 지지망 등을 더 찾아내고 발전시킬 수 있도록 하는 데 기여하는 것으로서, 아동분야의 사례관리에서 중요한 역할을 하고 있다.

셋째, 사례관리에서 지역사회의 자원 활용과 자원 간의 네트워킹을 중요시한다는 점이다. 아동과 그 가족을 대상으로 사례관리를 하고 있는 기관들은 기관에서 줄 수 있는 서비스 제공뿐만 아니라 클라이언트의 욕구 충족을 위해 타 기관과 연계하거나 지역 내의 자원을 개발하는 업무를 최근 더욱 활발히 수행한다는 점이다.

넷째, 사례관리에서 제공되는 서비스 내용이 포괄적이며 통합적으로 구성되어 있다는 점이다. 구체적으로 아동과 가족에 대한 기본적 일상생활지원, 건강지원, 학습지원, 가족 문화활동지원 등 사례관리서비스의 내용이 복합적이고 다양한 아동과 가족의 욕구를 포괄할 수 있도록 통합적으로 구성되어 있어 아동의 전인적 발달을 도모하는 궁극적 목표와 연결되어 있다는 것이다.

다섯째, 서비스의 개별화를 중시한다는 점이다. 이는 사례관리에서 가능한 획일적 서비스나 프로그램화된 서비스의 제공을 지양하고, 아동과 그 가족에게서 파악된 개별적 욕구를 충분히 사정한 후, 이들의 욕구에 기반을 둔 개별화된 서비스를 제공하는 것을 사례관리 실천의 중요한 원칙으로 삼는 것을 의미하는 것이다.

아동을 대상으로 한 사례관리의 특징은 이상과 같이 집약될 수 있으며, 이러한 특성에 따라 제공되는 사례관리서비스를 통해 취약한 환경에서 성장하는 아동과 그 가족이 어떠한 긍정적 변화를 보여 주는지에 대한 관심이 현장을 중심으로 확대되고 있다.

제2절 아동방임의 사례관리 실천사례

1. 아동방임의 개념

사회복지학 사전에 의하면, 아동방임은 신체적·정서적·사회적으로 건전한 발달에 필요한 최소한의 보호 및 책임을 완수하지 못하는 것, 가령 불충분한 영양섭취, 부적절한 감독, 불충분한 건강보호, 불충분한 교육 등을 말한다. 아동방임은 아동학대의 한 유형이며 방임아동의 대부분이 학대를 받고 있는 것으로 나타나 아동학대와 아동방임을 같은 개념으로 보기도 한다.

심리적·정서적으로 심하게 방임된 아동의 성향 및 행동의 일반적 특징은 낮은 자기존중감(self-esteem), 부정적인 자기상(self-image), 자신감 결여, 열등감, 비판적 태도, 쉽게 실망 및 좌절, 포기, 인간관계에서의 근본적인 신뢰형성의 곤란, 자기파괴적 행동, 집중력 장애, 공격적 파괴적 행동, 좌절과 분노 처리의 미숙, 스트레스 처리의 미숙 등이며, 이러한 성향으로 인하여 자기보다 나이 어린 아이를 괴

롭히고, 학업성취가 어렵고, 표현력이 부족하고, 집중을 못 하고, 원만하고 지속적인 대인관계를 형성하고 지속하기 힘든 것 등이 문제로 제기될 수 있다(안동현, 2000).

2. 초기과정

1) 클라이어트의 기본정보

<table>
<tr><th colspan="8">가구 인테이크 기록지
■ 가구번호:</th></tr>
<tr><td colspan="2">작성일시</td><td>2012.7.11</td><td>면접자</td><td>이○○</td><td>면접장소</td><td colspan="2">☑ 방문 □ 내방 □ 전화</td></tr>
<tr><td colspan="2">의뢰경로</td><td colspan="2">○○복지관 We Start사업</td><td>의뢰자</td><td>장○○</td><td>의뢰일시</td><td></td></tr>
<tr><td colspan="2">의뢰사유</td><td colspan="6">저소득 편모가정의 주거, 경제, 교육 문제등 복합적인 어려움에 대한 개입</td></tr>
<tr><td rowspan="3">세대 유형</td><td rowspan="2">보호 유형</td><td colspan="4">☑수급자 □조건부수급자 □차상위 □기타 저소득</td><td>책정연도</td><td>2000</td></tr>
<tr><td colspan="6">□ 의료보험 ☑의료급여1종 □ 의료급여2종 □ 기타 ( )</td></tr>
<tr><td>양육 형태</td><td colspan="6">□ 부모 □ 편부 ☑편모 □ 조부모 □ 친척양육 □ 기타( )</td></tr>
<tr><td rowspan="2">소득 현황</td><td>총 월소득</td><td colspan="2">90만 원</td><td rowspan="2">지출 현황</td><td>총 월 지출</td><td colspan="2">90만원</td></tr>
<tr><td>주요 소득원</td><td colspan="2">직장(식품회사)</td><td>주요 지출내역</td><td colspan="2">월세, 생활비(전화요금, 식비)</td></tr>
<tr><td rowspan="4">주거 환경</td><td>주거 형태</td><td colspan="2">□ 자가(소유주)
□ 전세(보증금 만 원/ 전세금 만 원)
☑월세(보증금 500 만 원/ 월세금 10 만 원)
□ 공공임대 □ 무상임대 □ 기타( )</td><td rowspan="4">아동 환경</td><td>침실/ 놀이공간</td><td colspan="2">□ 양호 □ 협소
☑ 무</td></tr>
<tr><td>주택 유형</td><td colspan="2">□ 아파트 □ 연립 □ 단독주택
☑다가구주택 □ 기타( )</td><td>컴퓨터</td><td colspan="2">☑유 □ 무</td></tr>
<tr><td>거주 기간</td><td>2년 개월</td><td>이사 계획 □ 유 □ 무</td><td rowspan="2">주변 환경</td><td rowspan="2" colspan="2">□ 소 음
☑악취/불결
□ 환기부적절
□ 채광부족
□ 대로변
□ 유흥가</td></tr>
<tr><td>동거 인원</td><td>4명</td><td>방 1개( )</td></tr>
</table>

가족의 주요문제/걱정거리									가족이 원하는 도움/지원의 종류	
주거문제										
성명 (주 양육자)		김○○		성별	□남 ☑여		주민번호			
주 소		○○동 13-1		전화번호			(H.P)010-0000-0000			
가족사항	연번	관계	성명	생년월일	직업	학력	장애/질병유무	동거여부	비고	
	1	모	김□순	1968. 00. 00	식품회사	고졸	무	○	c't모	
	2	자	이△비	1992. 00. 00	중학생	중재	무	○	c't1	
	3	자	이△현	1993. 00. 00	중학생	중재	무	○	c't2	
	4	자	이△지	1995. 00. 00	초등학생	초재	무	○	c't3	
	5									
	6									
	7									

아동 인테이크 기록지(만 6~12세용; 취학아동)

■ 아동번호:

작성일시			면접자	이○○	면접장소	☑방문 □내방 □전화
아동성명		이△지	성 별	□남 ☑여	실제 생년월일	1995.00.00 (만 12 세)
건강	출생상태	□ 만숙아 □ 미숙아 □ 과숙아 □ 선천성기형______ ☑선천성질환______				
	현재 건강상태	전반적인 건강상태	□ 매우 양호 □ 양호 □ 보통 ☑불량 □ 매우 불량			
		영양상태	☑매우 양호 □ 양호 □ 보통 □ 불량 □ 매우 불량			
		장애유무	☑무 □ 유 (장애명: 발생/진단시기:)			
		질병유무	□ 무 ☑유 (질환명: 발생시기:)			
		현재 약물복용/기타 치료상황	없음			

		주 이용 의료기관	□보건소 ☑개인병원(　　) □종합병원(　　)
	원하는 건강 관련 도움		
가정생활	주 양육자		☑모 □부 □조모 □조부 □친척( ) □기타( )
가정생활	모 취업형태		□가사 ☑취업(□종일 □반나절 ☑심야까지) □기타( )
가정생활	양육태도		□엄격한 편 □보통 □허용 ☑방임
가정생활	가정생활 습관	청결	□매우 양호 □양호 □보통 □불량 ☑매우 불량
가정생활	가정생활 습관	학습/숙제	□혼자서 한다 □도와준다 ☑하지 않는다
학교생활	학교명/학년		○○초등학교 6학년
학교생활	학교적응상태		□매우 양호 □양호 □보통 ☑불량 □매우 불량
학교생활	교우관계		□매우 원만 ☑원만 □보통 □불량 □매우 불량
학교생활	학업성취도		□상 □중상 □보통 □중하 ☑하
학교생활	문제경험		□없음 □상습결석/지각 ☑성적부진 ☑수업태도불량/산만 □폭력(피해/가해) □도벽 □인터넷/게임중독 □집단따돌림(피해/가해) ☑기타(성추행(피해)　　)
방과후활동	주 활동장소		□외부 방과후지도기관 ☑집 □친구집 □놀이터 □기타( )
방과후활동	외부 방과후 지도기관종류		☑학교특기적성 □복지관 □공부방(　　) □사설학원(　/　/　) □기타:
원하는 교육관련 도움			○○복지관 지역아동센터와의 연계

(1) c't (이△지, 13세, ○○ 초등학교 6학년 재학 중)

- 5살 때 아버지의 외도로 어머니와 이혼 후 아버지와 생활
- 초등학교 3학년 때까지 쉼터에서 생활
- 쉼터생활 동안 1주일에 한 번씩 미술치료를 받음
- 여자축구부 활동

(2) 모(김△순, 40세, ○○ 식품회사 근무)

- c't 부의 외도로 이혼

- 식품공장에서 2교대로 근무
- c't를 많이 의지
- c't의 쉼터 생활을 듣고 2년 전부터 함께 생활
- 맏딸로 친정식구들과 상호협력적 관계를 가지고 있고, 특히 여동생과 좋은 관계를 유지

(3) c't 언니(이△비, 16세, ○○ 중학교 3학년 재학 중)

- 8살 때 아버지의 외도로 어머니와 이혼 후 아버지와 생활
- 초등학교 6학년때까지 쉼터에서 생활
- 쉼터생활 동안 1주일에 한 번씩 미술치료를 받음

(4) c't 오빠(이△현, 15세, ○○ 중학교 2학년 재학 중)

- 7살 때 아버지의 외도로 어머니와 이혼 후 아버지와 생활
- c't의 언니와 c't를 성폭행한 가해자로 쉼터에 접수
- 쉼터에서 자주 불러 미술치료에 참여

3. 사정과정

1) 가계도

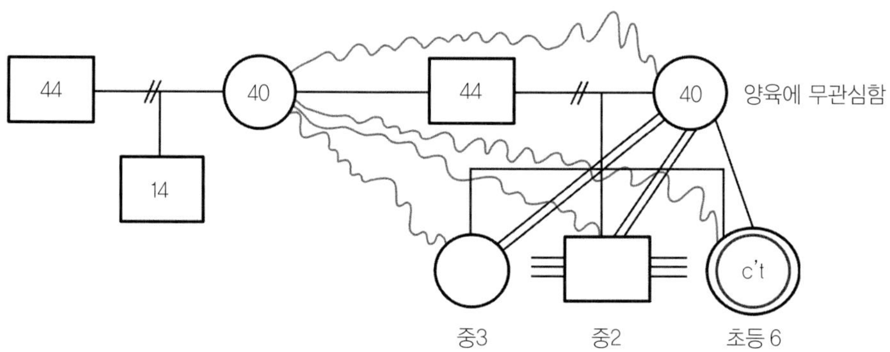

2) 생태도

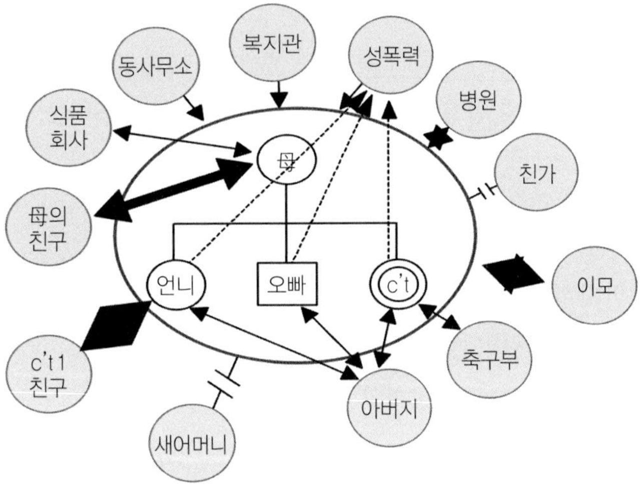

- 동사무소: 한 달에 1번씩 제공되는 4만 원의 수급비와 Food stamp
- ○○복지관: 위스타트 사례로 선정하여 교육서비스를 2주에 1번씩 진행하려 한다.
- 학교: c't가 원하는 축구부 활동을 할 수 있도록 해주며, 진학도 축구부 관련 중학교로의 입학을 추진하고 있다.
- 외가: 정서적 지지
- 아버지: 가끔 왕래를 하시며 용돈을 주신다.
- 월드비전: c't의 생활비 지원(한 달에 한 번씩)

3) 욕구사정

(1) 주거환경적 욕구

c't가 현재 거주하고 있는 집은 월세로 단칸방에 4명의 식구가 거주하기에는 습기와 곰팡이가 있어 위생적으로 불량하며 사춘기 청소년들이 생활하기에 비좁고, 불편한 환경의 개선이 필요하다. 이러한 문제의 해결을 위해 빠른 시일 내에 임대주공아파트에 입주하기를 희망한다.

(2) 학습적 욕구

c't는 학습지도도 희망하지만, 이보다는 운동과 관련된 활동을 꾸준히 하고 싶어 한다. 그러나 가정 형편상 운동을 지속적으로 할 수 있을지 여부가 불투명하다. 현재 c't가 가장 잘하고 원하는 축구부 활동을 할 수 있도록 월드비전에서 실시하고 있는 1대 1 후원 사업에 c't를 신청하여 c't의 운동 생활에 대해 경제적 욕구를 채워 준다. 이 사업은 정기적으로 아동에게 생계비 지원, 장학금, 경제적 지원을 받게 한다.

(3) 경제적 욕구

현재 경제활동을 c't 모 혼자 책임을 지고 있어, 4명의 식구가 생활하기에는 매우 부족한 형태이며, 동사무소에서 한 달에 4만 원과 Food stamp 6,000원가량을 지원받고 있지만, 턱없이 부족한 상태이다. 이에 경제적 도움을 절실히 원하고 있는 상태이다.

4) 가족원에 대한 문제 사정

(1) c't 어머니

2교대 직장생활과 주변 친구들과 보내는 시간이 많아서 자녀들의 양육에 대해 무관심하다(시험기간을 모름, 병원치료에 대해 알지 못함). 가사일은 c't 언니에게 전가하고 있다.

(2) c't 언니

- 정서적 어려움
- 아버지의 부재와 어머니의 무관심으로 인하여 동생들을 보살피는 역할을 하고 있어 심리적 부담감이 큼
- 여성성폭력상담소에서의 3~4년 생활에 대한 수치심이 있음

(3) c't 오빠

- 불규칙적인 생활습관

- 컴퓨터 게임에 장시간 노출
- 화가 났을 때 공격적인 태도를 보인다.

(4) c't

- 매사에 의욕이 없으며, 모든 일을 귀찮아 함
- 불규칙한 생활습관
- 장시간의 TV시청에 노출
- 변화된 환경에 대한 두려움이 있음
- 학습 부진

5) 자원 사정

공식적 자원체계	비공식적 자원체계
• 동사무소: c't의 가정은 조건부수급대상자로 한 달에 4만 원 정도의 생활비와 6,000원의 식품권을 지급해 주고 있다. • ○○복지관: 이 가정을 위스타트 사례로 선정하여 도움을 주려 한다. • 축구부 코치: c't에게 재능을 느끼고 축구로 중학교를 갈 수 있도록 도와주려 한다. • 병원: 주거환경의 낙후로 인하여 감기에 자주 걸려 병원을 이용한다. • 월드비전: 1대 1 후원사업을 실시한다.	• 외가: 이모와 아주 친밀한 관계로 서로 가정에 방문을 하며 자주 연락한다. • 아버지: c't들의 집에 가끔 왕래를 하며 가끔 용돈을 주신다. • 母의 친구: c't의 모가 많은 시간을 함께 보낸다. • 식품회사: 어머니와 에너지를 주고받는 보통의 관계에 있다.

6) 강점 사정

가족원	강점	약점
c't 어머니	① 대인관계가 넓다. ② 자녀를 책임지고 싶어 한다.	① 양육에 대해 c't 1에게 맡긴다. ② 집에서 생활을 거의 하지 않는다
c't 언니	① 긍정적인 성격이다. ② 부모님을 생각하는 마음이 깊다. ③ 손재주가 있어 옷 만들기를 잘한다. ④ 요리를 잘한다. ⑤ 동생들을 잘 챙긴다.	

가족원	강점	약점
c't 오빠	① 컴퓨터를 잘 다룬다. ② 가족에 대한 애정이 깊다 ③ 청소를 잘한다. ④ 집중력이 좋다.	① 말투가 공격적이다 ② 자주 시선을 회피한다. ③ 컴퓨터 게임을 오래한다. ④ 낯가림이 심하다 ⑤ 타인에 대해 배타적이다.
c't	① 축구를 잘한다. ② 단기기억력이 좋다 ③ 친구들이 많다. ④ 정리정돈을 잘한다. ⑤ 설거지를 잘한다.	① '귀찮다'라는 말을 자주 한다. ② 자주 시선을 회피한다. ③ 학습에 의욕이 없다. ④ 낯가림이 심하다. ⑤ 타인에 대해 배타적이다.

가족 및 환경 관련 위험 사정

	항목	0	1	2
1	아동에 대한 구타와 욕설 등 신체적·정서적 학대가 있다.	○		
2	아동에 대한 신체적·의료적·교육적 방임이 있다.			○
3	보호자가 정신분열증이나 정신지체 등과 같은 정신장애가 있다.	○		
4	보호자가 알코올중독이나 남용의 징후가 보인다.	○		
5	배우자 학대가 있거나 부부갈등이 심각하다.	○		
6	가정환경의 위생 및 안전상태가 불량하다.			○
7	보호자가 신체장애가 있다.	○		
8	보호자가 신장병, 당뇨병 등 만성적인 신체질환이 있다.	○		
9	주 보호자 외에 가족 내 지속적인 관리를 요하는 치매노인, 중증장애인 등이 있다.	○		
10	부모님 모두가 돌아가셨거나 안 계시다(조손가정, 친인척보호 등)	○		
11	한부모가정이다.		○	
12	보호자가 만성적인 실직상태이다.	○		
13	외국인 근로자 가정이다.	○		
합계	1점 × (1)문항 + 2점 × (2)문항 =	5점		

→ 해당 항목의 심각성 표시방법: 0(해당 없음), 1(가족 및 환경이 다소 위험하므로 주의를 요함), 2(매우 문제가 심각하여 즉각적인 개입이 필요함)

→ 사정 결과, 특히 아동방임이 나타남에 따라 이에 대한 개입이 시급함. 또한 가정환경의 위생 및 안전상태가 불량하여 이에 대한 신속한 조치가 필요함. 한부모가정이라는 점도 주의를 요함.

아동발달 관련 위험 사정(취학 아동용)

	항목	0	1	2
1	정신지체가 있거나 의심된다.	○		
2	신장병이나 소아당뇨 등 지속적인 관리를 요하는 만성질환이 있다.	○		
3	언어청각장애나 지체장애 등의 신체장애가 있다.	○		
4	선천적 기형이 있다.	○		
5	눈을 깜박이거나 코를 킁킁거리는 등의 틱 증상을 보인다.	○		
6	의사소통에 문제가 있고, 다른 사람에 대한 관심이 부족하며 제한된 관심사나 자신만의 세계에 빠져 있는 등 자폐성 장애의 징후가 보인다.		○	
7	주의집중을 하지 못하고 행동통제 및 충동조절에 어려움을 겪는 등 주의력 결핍, 과잉행동장애의 징후가 보인다.		○	
8	도벽, 가출, 폭력, 약물 남용 등과 같은 문제행동을 보인다.	○		
9	또래와 어울리지 못하고 따돌림당하는 등과 같은 사회적 부적응 행동을 보인다.	○		
10	정서상태가 불안정하거나 우울하다.		○	
11	배설이나 섭식과 관련된 문제행동이 있다.	○		
12	학습활동과 관련된 문제 징후가 있다.			○
13	연령에 비해 신체 및 운동발달이 현저하게 늦다.	○		
14	연령에 비해 언어발달이 현저하게 늦다.	○		
15	출생시 미숙아로 태어났다.	○		
합계	1점 × (3)문항 + 2점 × (1)문항 = 5점	5 점		

→ 해당 항목의 심각성 표시방법: 0(해당 없음), 1(일상적 주의나 지속적인 관찰을 요함), 2(매우 문제가 심각하여 즉각적인 개입이나 치료가 필요함)

→ 문항에 대한 설명: 1~5번(선천적인 기형이나 장애 등 즉각적으로 관찰되는 위험요소로서, 의료적 지원서비스나 특수교육서비스, 수술지원 등 서비스 제공의 우선적 고려대상, 6~11번(사회적·정서적·행동적 문제 징후가 의심되는 경우로 진단, 평가와 관련, 12~15번(미숙아로 태어나거나 신체적·언어적· 운동적 발달과 관련된 위험요소로 발달에 대한 관찰 및 주시가 필요.

→ 사정 결과, 특히 12번 문항이 2로 체크되어, 신체적·언어적·운동적 발달과 관련된 위험요소로 발달에 대한 관찰 및 주시가 필요한 것을 알 수 있음. 또한 6번, 7번, 10번이 1로 체크됨에 따라 사회적·정서적·행동적 문제 징후가 의심되는 경우로 일상적 주의나 지속적인 관찰이 요구됨.

사정기록지

■ 아동번호:

<table>
<tr><td colspan="2">작성일시</td><td colspan="4"></td><td>작성자(주 조정자)</td><td>이○○</td></tr>
<tr><td colspan="2">아동 성명</td><td>이△지</td><td>성별</td><td colspan="2">여</td><td>실제 생년월일</td><td>1995.00.00.(만 12세)</td></tr>
<tr><td colspan="2" rowspan="2">위험도 사정</td><td colspan="5">위험도 점수</td><td>위험도평가</td></tr>
<tr><td>총점</td><td colspan="4">• 발달관련 위험도(5 점)
• 가족/환경관련 위험도(5 점)</td><td>□ 고위험사례</td></tr>
<tr><td rowspan="3">아동의 특징</td><td>신체적 장애/ 발달적 특징</td><td colspan="6">장애는 없으며 또래에 비해 몸집이 왜소한 편이다 그리고 나이에 맞게 성장이 이루어지고 있으나 외상이 잦은 편이다.</td></tr>
<tr><td>정서적 특징</td><td colspan="6">조금 산만한 편이며, 모든일을 귀찮아 하고 심심하다는 말을 자주 한다. 그리고 자주 의기소침한 모습을 보인다.</td></tr>
<tr><td>대인관계/ 행동적 특징</td><td colspan="6">• 낯가림이 매우 심하다. 하지만 조금 친해지면 웃음도 많아지고 처음보다는 이야기도 많이 하는 편이다. 친구들은 많은 편이라고 하나 정확한 것은 알지 못한다. 그리고 사람들과 대화할 때 눈을 마주치지 않거나 회피하는 경우가 많다.
• 행동적인 특징은 축구를 하는 것 이외의 모든 일을 매우 귀찮아 한다. 집에서는 항상 누워 있으며 귀찮다는 말을 매우 자주 한다. 하지만 축구를 할 때만은 지친 모습을 보이지 않고 매우 적극적이고 활동적이다.</td></tr>
<tr><td colspan="2">아동의 당면문제</td><td colspan="6">• 학습부진
• 건강문제(자주 다치지만 병원에 가지 않으며, 식사가 매우 불규칙함)</td></tr>
<tr><td colspan="2">아동의 강점</td><td colspan="6">• 축구를 잘한다.
• 설거지를 깔끔하게 잘하며, 정돈을 잘한다.
• 단기기억력이 좋다.</td></tr>
<tr><td rowspan="2">가구의 특징</td><td>가족의 당면문제</td><td colspan="6">• 주거문제
• 경제적인 어려움</td></tr>
<tr><td>가족의 강점</td><td colspan="6">• 가족애가 있다.
• 아이들이 어머니에 대한 애정이 크다.
• 서로 도와 가며 집안일을 스스로 해결한다.</td></tr>
</table>

<table>
<tr><td rowspan="6">주변 자원 (비공식 자원)</td><td>지원처(이름/관계)</td><td>지원 가능한 도움의 종류</td><td>과거 도움의 종류와 기간</td><td>연락처</td></tr>
<tr><td>동사무소</td><td></td><td></td><td></td></tr>
<tr><td>학교</td><td></td><td></td><td></td></tr>
<tr><td>성폭력피해여성 쉼터</td><td></td><td></td><td></td></tr>
<tr><td>○○복지관</td><td></td><td></td><td></td></tr>
<tr><td></td><td></td><td></td><td></td></tr>
</table>

판정도구(6~12세 학령기 아동 대상)

건강상태 조사(6~12세) 건강상태: 양호/불량

문항	판정
1. 아이가 식욕에 문제가 있습니까? 있다면 어떤 문제인지 써주십시오. ____________________	아니오-양호
2. 아이에게 식품 알레르기가 있습니까? 있다면 어떤 식품입니까? - 치즈	예-불량
3. 아이의 건강에 문제가 있습니까? (어머니, 보호자의 입장에서) ____________________	예-불량
4. 자주 잔병(감기, 설사 등)에 걸립니까? 자주라면 연 ( )회 정도	아니오-양호

영양상태 조사(6–12세) 영양상태: 양호/불량

문항	판정
1. 아이가 나이에 비해 키가 작습니까? ___ 너무 말랐습니까? ___ 너무 뚱뚱합니까? ___ 위 3사항 중 하나라도 해당된다면 예에 답해 주세요. 1-1. 혹은 신장( )cm, 체중( )kg	예-불량 1–1 소아발달곡선 • 10% 이하 혹은 90% 이상: 불량 • 10~90%: 양호
2. 아침을 매일 먹습니까? ____________________	아니오- 불량
3. 식사를 규칙적으로 합니까? ____________________	아니오- 불량
4. 과자류, 탄산음료, 단 음식, 인스턴트(라면 등), 패스트푸드(닭튀김, 햄버거) 등을 자주 먹습니까?	1~2회/주 이하-양호
5. 아이가 아래 식품 중 먹지 않는 것에 모두 체크해 주세요. 하나 이상 체크되어 있으면 예에 답하세요. 우유____ 고기___ 야채___ 과일___	아니오-양호

4. 계획과정

1) 초기 개입목표 수립

제시된 문제		c't의 불규칙한 생활습관
목표	단기목표	생활계획표를 작성하여 이를 실천한다.
	장기목표	꾸준한 특기, 취미활동을 통하여 생활습관을 변화한다.
개입방법		① 학교의 특기적성 및 특별활동에 참여하도록 한다. ② 한달에 1회씩 개별상담을 한다.
제시된 문제		c't의 학습의욕 부족
목표	단기목표	• 학습할 수 있는 분위기를 조성한다. • 동기의식을 갖게 한다.
	장기목표	목표를 설정하여 계획을 작성하여 실천할 수 있도록 한다.
개입방법		① ㅇㅇ복지관 지역아동센터와 연계하여 학습지원서비스를 주 1회 받는다. ② c't들의 성적 그래프를 작성하게 하여 시험을 본 후 자신의 성적 그래프가 어떻게 변화하는지에 대해 직접 작성하도록 한다.
제시된 문제		c't의 외부 환경에 대한 배타적인 태도
목표	단기목표	• 위스타트의 체험활동 등의 문화활동 기회를 제공한다. • 심리검사를 통하여 심리적 상황에 대해 알아본다.
	장기목표	멘토를 연계하여 꾸준한 만남을 통해 c't에게 정서적 지지를 하여 외부환경에 대한 선입견을 감소시킨다.
개입방법		① 멘토와 연계하여 한 달에 2번씩 가정방문하여 가족에 대해 파악한다. ② ㅇㅇ복지관 위스타트 프로그램과의 연계하여 외부환경에 대한 배타적인 태도를 개선시킨다.

2) 새로 제시된 개입목표

제시된 문제		청소년기인 c't가 살기 부적절한 집 안 환경 개선
목표	단기목표	ㅇㅇ자활후견기관의 도움을 받아 습기와 곰팡이로 가득한 집 안 내부를 수리한다.
	장기목표	빠른 시일 내에 임대주공아파트로 입주를 한다.
개입방법		① 현재 ㅇㅇ자활후견기관에서 실시하고 있는 온고을 집수리 사업단과 연계하여 주거환경을 개선한다. ② 빠른 시일 내에 임대주공아파트에 입주할 수 있도록 한다.

제시된 문제		c't모의 근접지역 취업으로 c't와의 긴밀한 관계형성
목표	단기목표	○○자활후견기관에 신청서를 제출한다.
	장기목표	○○자활후견기관을 통해 교육을 받은 뒤 재취업을 한다.
개입방법		현재 ○○ 자활후견기관에서 실시하고 있는 취업교육을 받아 취업을 함으로 c't와의 관계를 긴밀히 한다.
제시된 문제		c't의 축구부 생활 지속을 위한 1대 1 지원 연계
목표	단기목표	○○시에 있는 월드비전에 현재 c't의 상황을 접수시킨다.
	장기목표	월드비전에서 정기적 후원을 받는다.
개입방법		① 월드비전에 현재 c't의 상황을 접수시킨다. ② 월드비전에서 정기적 후원을 받음으로써 축구부 생활을 지속할 수 있도록 한다.

5. 개입과정

1) 서비스 과정 요약

회기	날짜	지원서비스	내용	대상
1	2012.07.10(화)	전화	연락을 시도하였으나 연결되지 않음	
2	2012.07.11(수)	전화, 가정방문	연락 재시도 성공, c't의 어머니와 인테이크	c't모
3	2012.07.12(목)	c't 첫 만남	• c't들과의와 만남 • 아이들의 전반적인 상황 파악	c't
4	2012.07.13(금)	개별 욕구 사정	c't들의 욕구에 따른 각 서비스 계획 c't1, 2, 3의 각 욕구에 따른 계획수립(c't1 디자인과 미술, c't2 컴퓨터관련공부, c't3은 운동과 학습 관련)	c't
5	2012.07.17(화)	개별상담	• c't1: 원만한 대인관계를 맺고 있으며 성폭력 쉼터에 대한 이야기에 대해 물어보니 대답하고 싶지 않다고 함 • c't2: 컴퓨터 게이머가 되기를 희망하며 공부에는 관심이 없다고 함 • c't3: 축구 관련 활동을 계속하고 싶으며 국가대표 여자 축구선수가 되기를 희망함	c't

회기	날짜	지원서비스	내용	대상
6	2012.07.18(수)	학교방문	• c't3의 학교 생활과 축구부 생활을 파악하기 위해 학교방문 실시 • 축구부 코치는 이△지가 축구뿐 아니라 다른 운동에도 남다른 소질을 보이며 중학교 입학도 축구부가 있는 곳으로 시켜주고 싶다고 하셨다.	c't 축구부 코치
7	2012.07.20(금)	미술치료	c't의 언니 오빠 모두 미술치료를 하기로 하였는데 c't와 c't 오빠의의 완강한 거부로 인해 c't 언니만 미술치료를 진행하게 되었다.	미술치료 1회 - 이△비
8	2012.07.23(월)	문장 완성 검사	문장완성 검사를 통해 c't의 내면 세계에 대한 생각을 알아볼 수 있었다.	문장 완성 검사
9	2012.07.24(화)		지역아동센터와 이△지를 자원 연계할 예정	
10	2012.08.10(금)	학습지도	c't의 방학 숙제를 검토하고 앞으로 풀 문제집을 서점에 가서 선택하였다.	c't
11	2012.09.08(토)	문화체험	c't와 함께 영화관람을 하였다. 처음 와보는 영화관이라 그런지 아이들이 굉장히 좋아했다.	영화관 체험 c't
12	2012.09.22(토)	학습지도	c't의 학습지도를 실시하였다.	c't
13	2012.10.16(화)	미술치료	c't의 미술치료를 실시하였다.	c't
14	2012.11.2(금)	학습지도	문제집 검사와 학교 숙제지도	c't
15	2012.11.17(토)	문화체험	영화관에 함께 가서 영화를 보았다.	c't

2) 상담기록(2회기만 제시)

방문일자	2012. 7. 12	방문장소	c't 가정
내담자	이△지		
목적	아이들의 전반적인 상황 파악 및 친밀감을 형성하고, 1회기 상담내용에 대한 세부적인 상황을 파악한다.		
상담 내용	이△지: ○○초등학교 6학년, 각종 운동을 좋아하며 공부는 좋아하지 않는다고 한다. 그리고 축구부 활동을 하며 아침과 낮에 운동을 한다. 매일 운동을 하는 시간이 달라 끝나는 시간도 일정하지 않다. 그리고 축구		

시합도 있지만 대부분 남학생들만 시합에 나가고 여학생들은 시합에 잘 나가지 않는다고 한다. 이△지는 친구가 많고, 이성친구들 보다는 여자친구들이 많다고 한다.

건강상태

겉보기에는 아이들 모두 건강상태가 양호하였다. 이렇듯 장애나 큰 질병, 사고가 난 적은 없었으며 △비와 △지는 병원에 잘 가지 않는다고 한다. 하지만 △현이는 자주 감기에 걸려 자주 병원에 간다고 한다.

생활환경

- 식사는 어떻게 해결하냐는 질문에 △비가 동생들을 챙겨 준다고 하였다. △지는 언니가 해주는 밥이 맛있다고 하였고, △현이는 이와 다르게 밥은 각자 알아서 먹는다고 하였다. 그리고 식사시간이 일정하지 않고 각각 다르며 아무 때나 배가 고플 때 밥을 먹는다고 한다.
- 옷을 갈아입을 때 어떻게 하냐고 물어보자 그냥 편하게 갈아입고 △현이가 알아서 눈을 가린다고 하였다.

종교

현재는 특별한 종교가 없으며, 2년 전에 아는 목사님과 전도사님이 계셔서 교회에 다녔다고 한다. 하지만 늦잠을 자고 귀찮아서 교회에 나가지 않는다고 한다.

어머니의 직장 생활

어머니께서는 ○○에 있는 만두를 만드는 식품회사에 다니고 계신다. 통근버스를 타고 출퇴근을 하시며, 아이들은 어머니가 언제부터 일을 하셨는지, 무슨 일을 하시는지 정확히 알고 있지 못하였다. 어머니는 현재 야간근무를 하셔서 아침 7시 30분 정도에 퇴근을 하신다고 한다.

아버지와의 관계

아버지와 어머니가 헤어지고, △비와 △지는 3~4년 동안에는 쉼터에서 살았다고 한다. 그동안 △현이는 아버지와 함께 살았다. 그리고 아버지와는 현재도 가끔 연락을 하고 있으며, 아버지가 어쩌다 한 번씩 직접 집에 찾아오시기도 한다고 하였다. 아버지는 재혼을 하셨고 자녀 1명이 있으며, ○○동에 거주하고 있다고 하지만 정확한 거주지를 알지 못하였다. 현재 집에서 생활한 지는 2년 정도 되었다고 한다.

친인척 관계

친가와는 1년 전부터 왕래가 없으며 외가와는 연락을 하며 지낸다고 한다. 특히 이모와는 자주 연락을 하며, 이모가 부산에 사시는데 방학 때마다 약 1주일간 방문한다고 한다. 갈 때에는 엄마와 함께 갔다가 엄마는 직장 때문에 아이들을 데려다만 주고 다시 돌아오신다고 한다. 그리고 외삼촌이 2명 계시는데, 서울에서 할머니와 같이 사신다고 한다. 그리고 직접 △지네 집에 방문하신 적은 없으며, 이모는 집에 방문하시기도 한다고 한다.

	복지관 서비스 이용 우선 한 번도 이용해 본 적이 없다고 하였으며 왜 이용하지 않는냐는 질문에 그런 걸 귀찮아 한다고 하면서 어떤 서비스가 있는지에 대해서도 자세히 알지 못했다.
W'er 평가	아이들을 직접 만날 수 있어서 좋았다. 직접 △지를 본 느낌은 운동을 해서 키가 클 줄 알았는데 체격은 작은 편이지만 강단 있어 보였다. △비는 사람과의 대화에 대해 적극적인 편이고 △지는 초반에는 질문에 단답으로 대답하고 TV 시청에 집중을 하고 있었으나 언니의 말에 집중하기 시작하였다. △현이는 약간 반항적이고 관심 없는 척하면서 질문에 대답하곤 하였다. 아이들과 대화 중에 어머니가 출근 준비를 위해 집에 오셔서 다음 날 학교로 찾아가겠다는 약속을 하고 돌아오게 되었는데, 이야기를 더 이끌어 가고 싶었으나 공간이 부족하여 힘들었다. △비는 문 밖으로 배웅을 하는 등 나이에 비해 어른스럽게 행동을 하였다.
차기 서비스 계획	2012.7.13 △학교를 찾아갈 예정

6. 평가 및 종결

1) c't의 변화

아직까지 c't에게 큰 변화가 나타나고 있지는 않았지만, c't의 문제를 인식하고 이를 개선하기 위한 자원을 연계 방법으로 모색하길 희망한다. c't의 눈에 띄는 변화로는 상담초기 배타적인 반응을 보였던 c't가 점점 단답형의 대답에서 문장의 대화로 이루어지고 있으며, 눈을 마주 보며 이야기하고 스킨십에 대한 거리감과 낯가림이 없어지고 있다. 또한 c't 모는 c't의 학습에 관심을 갖게 되었으며 지역아동센터에 다니기를 희망한다. 이후 꾸준한 개입으로 c't의 정서적 지지와 학습 환경조성, 불규칙한 생활습관을 개선하는 것이 필요하다.

하지만 본 사례는 학습지원에 가장 큰 목표를 두고 있지만 실습기간의 종결과 꾸준한 자원봉사가 이루어지지 못하여 사례의 목표에 대해 꾸준한 지원이 이루어지지 못하는 한계가 있다. 학습지원이라 하면 꾸준히 지속적으로 이루어져야 하지만 자원봉사자의 시간과 아이들의 학교에서 돌아오는 시간이 맞지 않아 계획

했던 시간과는 다르게 바로 며칠 전 약속을 잡아 프로그램이 진행되었다. 이러한 점을 보완하기 위해서는 미리미리 사전 계획을 꼼꼼히 세우고 그 계획을 잘 진행할 수 있도록 프로그램이 진행되기로 했던 날에 꼭 진행할 수 있도록 하는 것이 필요하다.

제3절 분노아동의 사례관리

1. 학령 전 아동사례

1) 인적사항

- 이름: A군(c't: 남/가명)
- 나이: 4년 5개월
- 인상 및 행동: 통통한 체구에 모자를 쓰고 노란색 어린이집 가방을 메고 들어와서, 오자마자 가방을 벗어 놓고 복도를 돌아다님. 사례관리자가 함께 가자고 손을 내밀자 씩 웃으며 쳐다보고는 손을 잡고 평소 언어치료를 하던 치료실로 들어가려 함. 여기가 아니고 저쪽 넓은 곳에서 놀이할 것이라고 하며 이끌어 놀이실에 들어가게 함.
- 현재 반지하 방에서 부모님과 생활하고 있으며, 아버지는 주 2~3회 밤에만 잠시 집에 계시고 어머니는 나이가 많은 데다 관절염이 심하여 열악한 양육환경하에 있다. 고집이 센 편으로 부모님의 말을 듣지 않고 떼를 쓸 때가 많으며, 어린이집이나 놀이터에서 주로 혼자 놀고 또래와 어울리지 못한다. 또한 놀이터에서 그네를 혼자 한 시간이나 타며 비켜 주지 않았고 그네를 밀어 주지 않는다고 우는 등의 행동이 나타난다.
- 부모님은 늦둥이라 키우기 힘들고 아동의 고집을 감당할 힘이 없다며 호소하고 있다. 또한 떼를 다 받아 주고 오냐오냐 하거나, 아동이 울고 떼를 쓰는 상황

에서 계속 내버려 두는 등 비일관적인 양육태도를 보인다. 어머니의 말은 조금 어눌한 편이다. 아동 역시 언어발달이 또래 아동에 비해 느린 편으로 "엄마, 아빠, 뽀로로, 숫자 1~10, 이게 뭐야?" 정도를 구사하며, TV, 휴대전화를 보면서 보내는 시간이 많다.

- 타 기관 의뢰자의 소견: 아동의 어머니는 관절염으로 다리를 절고 있지만 아동을 위해 병원치료를 미루고 계시고, 아버지는 고령에도 불구하고 힘든 일을 하며 생계를 위해 노력하고 있다. 하지만 아동의 양육을 위한 정서적·교육적 자원을 제공하는 데는 어려움이 많은 상태이다. 이로 인하여 아동은 자기중심적이고 고집스러운 측면이 있으며 또래 아동과 잘 어울리지 못하고 있다. 신체발달은 또래 아동과 비슷한 수준이나 언어발달이 느린 편이다. 따라서 언어치료 및 심리치료, 부모에 대한 양육상담이 필요한 것으로 보여진다.
- 내방경위: 언어상담을 종결하였다가 최근 다시 시작하면서, 종결 시보다 언어발달 상태가 나빠져서 놀이치료에 의뢰되었다.

2) 가족사항

관계	성명	연령(만)	학력	직업	종교	월 수입
부	김○○	51	고졸	폐차업(용역직)		편차가 큼
모	이○○	49	중졸	주부	무교	
클라이언트	김안녕	4				

3) 사정과정

(1) 주요 호소 내용

- 대화가 잘 안 된다.
- 떼를 많이 쓰고 이유 없이 울고, 물어봐도 대답이 없다.
- 아이들하고 같이 노는 법을 배웠으면 좋겠다.
- 하고 싶은 것만 하고 장난감을 안 가지고 논다. 던져 놓기만 하며, 뛰어놀기만 한다.
- 아동의 고집이 세다.
- 부모의 비일관적인 양육태도의 개선이 필요하다.

(2) 가계도

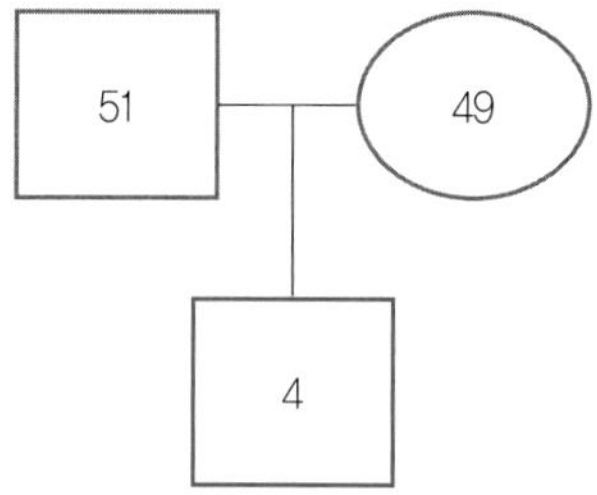

(3) 현재 상황

	성격 특성	스트레스 대처유형	아동과의 관계
부	양육에 관심 없음	술	다 받아 줌
조부			
조모			
부의 형제			
기타			
모	사람 만나는 것을 좋아하지 않음	없음	아동이 자신을 무시함
외조부			
외조모			
모의 형제			
기타			

(4) 특징

① 운동 행동

걷거나 뛰는 데에 능숙하고, 크고 힘 있게 움직이는 것으로 보아 대근육 운동기술과 균형감각이 적절하고, 혼자 신발을 신거나 장난감을 조작하는 데 미숙하게나마 성공하는 것으로 보아 소근육 발달과 눈과 손의 협응능력이 또래와 비슷하게 발달한 것으로 보인다.

② 정서 및 감정

다소 산만하게 둘러보며 신기해 하고 주의집중이 상당히 짧은 것으로 보아 주의집중력이 다소 떨어지는 것을 알 수 있으며, 조작이 잘 안 되는 놀잇감을 해달라고 요구하는 경우가 많다. 도와주지 않으면 짜증을 내며 떼를 쓴다. 평소에도 스스로 하기보다는 떼를 쓰며 의존하는 경향이 있을 것으로 보인다.

③ 언어

한 단어와 두 단어의 결합이 나타나지만 또래에 비해 많이 떨어지는 것으로 보이며 혀 짧은 소리로 발음한다. 질문에 대해 대부분 '네'라고 답하는 경향이 있으며 말에 잘 집중하지 않는 모습을 보이는 것으로 보아 의사소통이 잘 되지 않을 것으로 볼 수 있다.

④ 인지

처음에는 낯을 좀 가렸으나 시간이 갈수록 적응하는 모습을 보였고 놀이시간을 시작하자마자 놀잇감을 골라서 놀이하기 시작했고 관심이 금방 바뀌며 주의집중이 짧은 것을 알 수 있다.

(5) 상호작용

아동의 어머니는 상당히 지쳐 있고 "하지 마. 가만히 있어, 그만해" 같은 말을 많이 하고 아동도 과도하게 활동하는 경향이 있어 나이가 많은 어머니가 받아 주기에 어려움이 많다. A군인 아동은 어머니에게 계속해서 장난을 치려고 하거나 일부러 보는 앞에서 위험한 행동을 하며 관심을 끌려고 하는 경향이 있다.

아동은 사례관리자의 존재를 크게 신경 쓰지 않는 듯 놀이에 집중하며 대부분의 시간을 사례관리자에게 등을 돌린 채로 놀이하다가도 놀잇감을 건네며 놀이에 합류하도록 초대하는 모습을 보이기도 한다. A군은 부끄러움이나 타인에 대한 경계가 어느 정도 있으나 관계하고 싶은 욕구도 있는 것으로 여겨진다.

놀이를 마무리할 때 쯤 갑자기 벽장 속에 있던 스티커를 가져가고 싶다고 표현하였다. 사례관리자가 가져갈 수 없다고 제한하고 다음 시간에 가지고 놀 순 있다고 대안을 제시하는데도 몇 번 반복해서 가져가겠다고 우기며 스티커를 꽉 쥐고 놓지 않았다. 사례관리자가 반대쪽에서 스티커를 꽉 잡은 채로 "가져가고 싶구나, 하지만 가져갈 수 없어"를 반복하자 칭얼거리며 버티다가 "정리할 거야"라고 소리치며 스티커를 제자리에 두고 나왔다. 제한에 대해 쉽게 받아들이지 못하고 떼를 쓰는 경향이 있지만 계속 단호한 태도를 유지하자 제한을 받아들이되 스스로 정리할 거라고 말하며 정리를 하는 것으로 보아 자기주장이 센 편이긴 하지만 제한도 적절하게 받아들일 수 있는 것으로 보이고 그간에는 버텨 주는 역할의 부재가 있었음을 추측해 볼 수 있다.

(6) 사례개념화

A군은 또래에 비해 언어와 인지발달이 늦고 대화가 제대로 되지 않아 또래와도 적절한 관계를 형성하지 못하는 주 호소 문제를 가지고 있다. 늦둥이로 태어난 A군은 양육에 무관심한 아버지와 어머니 사이에서 적절한 양육을 받지 못했다. 어머니에게 적절하게 지지해 줄 자원이 주변에 없는 상태에서 활동량이 많고 산만한 A군을 돌보면서 체력이나 건강, 금전적인 이유로 비일관적인 양육태도를 보이게 되고 그 영향을 받아 A군의 언어나 인지발달에 문제가 생겼을 것으로 보인다.

4) 계획과정

- 아동: 자유롭고 안전한 놀이환경과 공감해 주고 수용해 주는 사례관리자와의 라포 형성을 통해 상호작용을 촉진한다.
- 부모: 엄마에 대한 지지, 격려를 통해 양육스트레스를 줄인다. 건강한 양육태도와 관련한 정보제공으로 일관된 양육태도를 가질 수 있도록 한다.

5) 개입과정

(1) 상담내용(1회기만 제시, T: 사례관리자, CM: 어머니, c't: A군)

1회기	20xx년 5월 17일 10:20 – 11:00
놀이 순서	비행기 → 구조화 → 자동자타워 → 트렘폴린 → 타요버스 → 기린, 코끼리 → 코뿔소, 호랑이 → 타요버스 → 카메라 → 뽀로로캐릭터 물총 → 공주가방 → 요술봉 → 도장가방 → 또봇 → 낚시놀이 → 생선+가스레인지 → 변기 → 프라이팬+가스레인지 → 소스(요리) → 가스불 → 콜라, 찻잔 → 오븐 → 집+헝겊인형 → 텐트 → 타요버스 → 비행기 → 바이올린 → 마이크 → 트렘폴린 → 공+농구대 → 북 → 공룡(초식) → 사다리차 → 구급차+경찰차 → 훌라후프 → 개구리전화기 → 인형의 집 → 세탁놀이 → 분홍구두 → 블록

놀이 내용	• 비행기: 놀이실에 들어서자마자 출입구의 바로 옆에 있던 비행기를 들고 놀이실 안으로 들어가면서 놀이함. • 구조화: '놀이하기 전에 선생님 얘기 들어줄래?'라고 하니 조금 칭얼거리면서 비행기를 들고 놀이실 한편으로 감. '여기 앉아 보세요~'라는 말에 앞에 앉긴 했지만 눈을 마주치지 않고 금방 일어나서 다른 놀잇감을 고름. • 자동자타워: 작은 타요 버스를 골라서 T를 한 바퀴 돌아 자동차타워로 감. T의 말을 전혀 듣지 않는 것처럼 놀이에만 집중하다가 구조화가 끝나고 '알겠어~?'라고 묻자 '응' 하고 대답함. 버스를 내리막에서 한 번 밀어 T에게 굴러 오게 한 뒤 다른 놀잇감으로 이동. • 트렘폴린: '우와~' 하면서 양팔을 흔들며 뛰어 봄. • 타요버스: '우와~ 타요!' 하면서 트렘폴린에서 내려옴. 타요 버스의 버튼을 조작해서 버스 모형이 나오게도 하고 돌려 보기도 함. 지붕에 버스 모형이 다 나오자 '우와!' 하고 뒤로 몸을 기울여 그 모습을 봄. 버스의 측면에 있는 문을 '짜잔'이라고 하면서 열고 안에 어떤 것이 있나 몸을 기울여 쳐다봄. 10개의 창문을 열면서 계속 '따단, 짜잔' 소리를 냄. '부릉~' 하면서 버스를 밀어 봄. • 기린, 코끼리, 코뿔소, 호랑이: 기린과 코끼리를 꺼내서 앞에 두고 코뿔소와 호랑이를 T에게 주고 동물들이 뛰듯이 달그닥거림. • 타요버스: '와아~' 하더니 옆에 있던 버스를 다시 만져 봄. 버스 뒤쪽에 있는 톱니 바퀴를 돌려 봄. • 카메라: 카메라를 들고 T를 찍어 주는 것처럼 함. '안녕이가 사진 찍었네~' 라고 반응하자 고개를 여러 번 좌우로 흔듦. '아니야~?'라고 묻자 대답 없이 흥얼거리듯 소리를 냄(말인지 노래인지 구분 잘 안 됨). 놀잇감을 둘러보며 다급한 듯한 숨소리를 내고 '어디 있지~'라고 함. • 뽀로로캐릭터 물총: 뽀로로 캐릭터로 된 물총(혹은 목욕놀잇감)을 한 번 살펴봄. • 도장가방: (안에 도장 같은 것이 들어있는 분홍색 플라스틱 가방) 열려고 하는데 잘 안 열림. 앞뒤로 가방을 살펴보다가 제자리에 올려 둠. • 요술봉: '이거~' 하면서 요술봉을 꺼내서 버튼을 먼저 눌러 봄. '허잇~ 잇' 하면서 휘둘러 봄. • 도장가방: 가방을 다시 꺼내서 '이게 뭐지~' 하면서 열어서 안에 있던 것을 얼굴에 문질러 봄. • 또봇: '우와 또봇이다' 하면서 또봇을 집어서 '쉬웅~ 또봇, 슁~ 출발~ 슈웅' 소리를 내며 흔들어 봄. • 낚시놀이: '물고기'라고 하면서 낚시놀이를 꺼내서 '이거?'라고 하면서 낚싯대 하나를 꺼내서 T에게 건넴. '나 파란색 잡을래~' 하면서 파란색 물고기를 다른 손으로 잡고 낚싯대 끝에 달아서 잡았다고 함. 다음으로 T에게 상어를 잡아 달라고 함. 실패하자 ct가 초록색을 잡겠다고 하면서 손으로 초록색 물고기를 잡아서 다시 걸어 봄. 계속 시도하다가 잘되지 않자 내려놓고 돌아가는 물고기들을 보면서 '물고기 여기 있어, 물속에 있어'라고 함. T가 물고기를 잡는 데

성공하자 이것도 잡아 보라고 하면서 초록색 물고기를 손으로 잡아서 T의 낚싯대에 걸려고 함. 집중해서 걸어 보려 했으나 잘 안 됐고 T에게 가지고 있으라며 초록 물고기를 줌.

- 생선+가스레인지: 생선이 먹고 싶다고 하면서 빨강, 노랑, 파랑 물고기를 냄비 안에 넣고 가스레인지 위에 올려서 불을 켬. 냄비뚜껑을 찾다가 뚜껑 대신 소스통을 찾아서 냄비 위에 양념을 함.
- 변기: 변기를 잡아서 버튼을 누르자 물 내리는 소리와 웃음소리가 남. 2번 반복한 뒤 제자리에 둠.
- 프라이팬+가스레인지: 프라이팬을 꺼내서 냄비 옆에 올리고 불을 켬.
- 소스(요리): 소스통으로 프라이팬에 양념함. 콜라도 마셔 봄. 소스들을 가스레인지 아래 찬장에 넣고 문을 닫음.
- 가스불: 무릎을 꿇고 앉아서 가스불이 번쩍거리는 모습을 보고 있음(오랫동안).
- 주전자, 찻잔: 주전자를 T에게 주고 c't가 콜라를 넣어 놨다고 하고 자기 찻잔을 내밂. 주전자를 기울여서 c't에게 주자 마시는 시늉을 함.
- 오븐: 오븐을 열었다가 닫아 보고 다시 가스불을 보고 있음.
- 집+헝겊인형: 지붕 위에 올리고 '집이 망가졌어~' 하면서 인형이 사다리 타고 지붕에 올라가서 고침. 인형을 소파에 앉힘(큰 인형, 작은 인형). 인형을 앉혔다가 침대에 눕힘.
- 텐트: 텐트 안으로 들어감. 창문 쪽으로 T를 쳐다보고 다시 나옴.
- 타요버스: 10, 9 숫자를 부르면서 타요버스의 옆 창문을 닫고 다시 열어 봄. 창문 안에 나오는 차의 이름을 말하면서 뚜껑을 열어 봄.
- 비행기: 비행기를 높이 들어서 나는 듯이 흔들어 봄. 버튼을 누르자 소리가 나오고 불이 번쩍이자 불 번쩍이는 곳을 만져 보고 소리를 가만히 들어 봄.
- 바이올린: 바이올린을 꺼내 무릎 위에 놓고 활로 조작해서 소리 나게 함.
- 마이크: 마이크를 살펴보다가 버튼을 누름. 소리가 나는 것을 보다가 바닥에 내려놓음. 노래가 나옴.
- 트렘폴린: 한 번 밟고 지나감.
- 공+농구대: '공놀이하자'라고 하더니 의자를 밟고 올라가서 농구대에 공을 던짐. 공이 들어가서 T가 '골인~' 하자 그 말을 따라 하고 의자에서 내려옴.
- 북: 북을 몇 번 두드림.
- 공룡(초식): T에게 공룡을 줌. T가 공룡을 든 모습을 뒷짐 지면서 지켜보다가 입술을 만지며 장난감장으로 시선을 옮김.
- 사다리차: '끊겼어요~(뚫렸어요~?)'(앞에 만졌던 장난감에서 나던 노래가 끊겨서 끊겼다고 한 건지, 사다리차의 윗부분이 뚫렸다는 건지 잘 못 알아들음) 사다리차를 이리저리 봄.
- 타요버스+공사장 차: 파란색 타요버스를 꺼내 옆문을 열더니 '닫겠습니다~' 하고 버스 문을 닫고 내려놓음. 빨간색 타요버스를 꺼내 옆문을 열어 봄. 공사장 차를 꺼내서 버스와 나란히 둠.

- 구급차와 경찰차: 구급차를 앞으로 밀어 T에게 보내고 경찰차를 끌어다 뒷문을 열어 안에 있던 경찰관 피겨를 꺼냄. 다리를 앞뒤로 꺾어 보면서 고개만 돌린 채 장난감장을 봄. 경찰관 피겨를 경찰차에 넣으려다 T가 구급차를 조작하는 것을 보고 구급차 안에 있던 사람 조각 하나를 꺼내서 구급대원의 차 안에 넣음. 자리에 앉힘. 차의 버튼을 눌러 소리가 나게 하고 T가 따라서 버튼을 누름. 경찰차와 구급차 안에 버튼의 위치는 같지만 색깔이 다른 버튼을 c't가 눌러서 T의 차엔 그 색깔 버튼이 없다고 하자 같은 위치의 버튼을 눌러 줌. 같이 밀고 놀다가 코끼리와 기린을 경찰차 위에 태웠다가 안에다 넣고 '부웅~' 하면서 텐트 쪽 밀고 감.
- 훌라후프: '줄넘기'라고 하며 텐트 위의 훌라후프를 꺼내 돌려 보려다가 '아' 하더니 훌라후프에서 나옴(어디를 부딪치거나 하지 않았는데 어딘가를 맞은 것처럼 '아!' 함) T가 '깜짝 놀랐어~' 하자 '응' 함.
- 텐트: '여기에 들어가 볼게~' 하고 텐트로 들어감. 텐트에 대해 뭐라고 했으나 잘 알아듣지 못함. 텐트 안에서 벌떡 일어나서 다시 나오며 '짜잔' 함.
- 트렘폴린: T에게 옆모습을 보인 채로 뜀. 팔을 들면서 뛰어 봄.
- 개구리 전화기: T에게 개구리 전화기를 주고 다른 전화기를 꺼내서 '따르릉 따르릉'이라고 한 뒤 바닥에 앉음. T는 '전화놀이 할 거구나~ 선생님한테 전화 걸 거예요~?'라고 하고 c't는 번호를 돌려 보고 수화기를 귀에다 대고 '여보세요', T '여보세요, 안녕인가요?', c't '네', T '아~ 전화했어요~?', c't '네', T '아~ 안녕이가 대답도 잘하는구나~'라고 하자 c't가 '어… 네'라고 하고는 '네~ 끊으세요~'라고 하고 끝남.
- 부엌놀이: 계속 켜 두었던 가스레인지를 끄고 프라이팬과 냄비를 오븐 속에 넣으려고 하지만 너무 커서 안 들어감. 둘 중에 냄비만 먼저 넣고 오븐을 닫음. 입으로 똑딱똑딱 소리를 내면서 부엌놀이 세트에 달린 시계바늘을 돌림. 째깍째깍, 댕댕 소리를 내고 똑딱 소리를 내면서 계속 바늘을 돌림. 돌리다가 오븐 쪽을 보면서 '기달려~'라고 하고 잠시 뒤 '이제 됐어' 하면서 오븐을 열고 아까 못 넣었던 프라이팬을 넣고 일어나서 시계바늘을 이번에는 반대로 돌리면서 입으로 똑딱 소리를 냄. 손으론 계속 바늘을 돌리고 입으로도 똑딱 소리를 내면서 시선은 바로 옆에 있는 인형의 집에 둠.
- 인형의 집(분홍): '이거?' 하면서 인형의 집 옆에 있던 종이인형놀이 사람 중 하나를 T에게 주고 하나는 자기가 가지고 사진을 찍는 것처럼 찰칵 소리를 냄. '안 되겠어'라고 하더니 인형의 집을 가져다가 바닥에 놓음. 인형의 집의 여러 가지 가구를 가져다가 인형의 집을 세운 뒤에다가 가구를 놓으면서 '침대 7개'라고 말함. '이거 뭐야' 하면서 장난감 한 개를 T에게 보여 주고 다시 제자리에 놓음.
- 세탁놀이: 빨랫감들을 가져다가 '빨래, 빨래' 하고 세탁기를 작동함. 돌아가는 세탁기를 보다가 '못 하겠어'라고 하더니 가지고 가려다가 다시 자리에 놓고 세탁기를 꺼서 작동을 멈춤. 먼지털이로 세탁기를 털어 봄.

	• 분홍구두: 작은 플라스틱 분홍구두를 꺼내서 발에 신어 보고 신은 채 놀이실을 걸어 다님. 작아서 삐끗하는데도 신고 트렘폴린 위에 올라가서 뛰어 봄. • 벽장: 트렘폴린 옆에 있던 벽장을 열려고 시도하면서 트렘폴린을 옆으로 치우고 문을 열어서 타요를 꺼내 달라고 함. '아~ 타요를 꺼내고 싶구나~ 안녕이가 원하면 선생님이 도와줄 수 있어~'라고 하자 '타요~ 타요 주께~ 타요 주세요'라고 말하고 어떻게 도울지 물어보자 대답하지 않고 아래 있던 곤충스티커를 꺼내 책상에 그냥 두고 이동. • 자동차타워: 타요버스를 자동차타워에 놓고 돌리면서 버스를 올렸다 내렸다 해 봄. 버스를 올리면서 '애들아~'라고 함. • 5분 사인: 계속해서 자동차타워를 가지고 놀면서 '애들아'라고 반복함(버스를 보면서). 위에 레버를 돌리면 버스가 탑으로 올라가는 부분에서 어떻게 올라가는지 보려고 집중하고 가까이 가서 봄. 길을 타고 내려오는 것도 거꾸로 올려 보려고 하고 손으로 잡아서 올려 보려고 하다가 안 된다면서 조금 짜증을 내다가 곧바로 옆에 있던 블록을 발견하고 하자고 함. • 블록: 블록상자에서 바퀴 달린 조각을 꺼내 바닥에 놓고 밀어 봄. 코끼리를 찾아서 보여 주고 상자를 뒤지다가 책상에 머리를 부딪쳤으나 개의치 않고 계속 상자를 뒤지고 사자를 찾음. '뭐가 있을까~ 뭐야? 그거 뭐야?' 하면서 낙타 모양을 T에게 보여 주고 T가 이게 뭐냐고 묻자 '낙타'라고 대답, '낙타는 풀을 먹고 산대'라고 함. • 창밖 보기: 낙타를 주자마자 일어나서 창밖을 봄. 보면서 '뭐지~' 하고는 다시 상자로 돌아옴. • 블록: '기린 어디 있지' 하면서 기린을 찾음. 바퀴 달린 블록 위에 블록을 쌓아서 자동차처럼 만듦. • 종료: T의 말을 듣지 않고 상자를 뒤지며 블록을 가지고 놀음. 반복해서 말하자 일어나면서 '이거 가져가고 싶어'라고 하면서 아까 책상 위에 둔 스티커를 잡음. T가 '가져가고 싶어~ 그런데 놀이실에 있는 건 집에 가져갈 수 없어~'라고 말하며 스티커를 잡았는데 c't가 놓지 않음. 반복해서 가져가고 싶은 것은 알지만 가져갈 수 없다고 하고 다음 주에 가지고 놀 수 있다고 여러 번 말하지만 T와 c't가 양쪽에서 스티커를 잡고 버팀. 계속 버티다가 T가 하나 정도는 괜찮지 않을까, 생각해서 하나를 고르라고 제안하려는데 '정리할 거야'라고 소리치며 뺏어서 장으로 감. 원래 있던 자리에 스티커를 두고 놀이실을 나감.
부모 상담	• CM은 c't가 대화가 좀 되고 애들하고 같이 노는 법을 알았으면 좋겠다고 주호소를 밝힘. 떼를 많이 쓰고 어린이집에서는 잘 노는데, 집에서는 이유 없이 울고 물어도 대답하지 않고 눈 마주침도 힘들고 자기가 하고 싶은 것만 함. 장난감도 안 가지고 놀고 그냥 구석에 던져 놓기만 하고 뛰어다니기만 한다고 보고함. • 외출을 거의 안 하고 놀이도 싫어하며 조용한 활동을 하고 친구들과 대화가 없음. 맨날 울면서도 무엇을 요구하는 건지 말하지 않고 엄마 입을 손으로 막

	기도 함. 영어를 좋아해서 집에서 영어공부를 하며 동요를 좋아함. 텔레비전은 켜 놔도 안 보고 휴대전화 어플로 영어동요를 들으며 공부함. • 어린이집에서의 정보는 4살까진 노트에 적어서 왔는데 5살 때는 출석체크만 하는 것 같다고 함.
치료사 소견	• 놀이상 나타나는 특징과 CM의 보고가 차이가 난다. 장난감을 가지고 노는데도(연령상 적절한 놀이는 아니지만) 잘 놀고 눈 마주침도 되는 것으로 보여진다. 떼를 쓴다는 것도 놀이상에서는 어느 정도 제한이 가능한 정도로만 나타났다. 또한 CM의 보고에서도 뛰어다닌다고 했다가 조용한 활동을 한다고 했다가 하는 등 일관적이지 못한 정보를 주고 있다. • c't와 더불어 양육스트레스를 크게 느끼고 있는 CM에게도 지지와 부모교육이 필요하다.

2. 초등학생 아동사례

1) 접수과정

(1) 내담자의 인적사항

본 장에서 제시하는 대상 아동인 P군은 서울시 소재 K초등학교 3학년에 재학중인 남학생이다. P군은 9세 3개월의 125cm 정도 키에 30kg 정도의 체격으로 또래친구들보다 키가 조금 작은 편이다. 용모는 대체로 단정한 편이나, 입는 옷의 종류가 제한적이다. P군은 2학년 중반에 K초등학교로 전학해 왔으며, 친모의 말로는 전에 다니던 학교에서 친구가 하는 말을 참지 못하고 싸움을 자주 일으켜 담임교사가 어머니와 수차례 통화했었다고 하였다.

2) 사정과정

내담자 P군과 가족들과의 상담을 토대로 P군의 가족력, 병력, 강점 및 약점 등을 사정하였다. 가족력 사정을 통해 가계도를 작성하였으며, 병력과 강점 및 약점 사정을 통해 내담자 P군의 문제를 구체적으로 도출하였다.

(1) 가계도

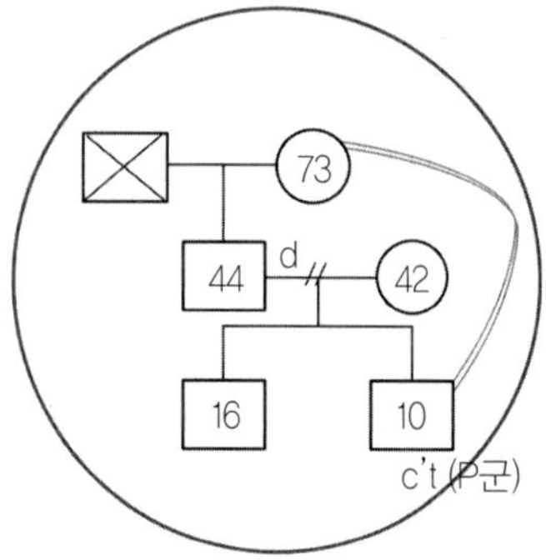

(2) 개인 및 가족력

P군은 2남 중 둘째로 태어났다. 중학교 3학년인 형과는 6살 터울이 있으며, 부모님은 2년 전에 이혼 후에 현재는 별거 중이며, P군은 친할머니 댁에서 거주하고 있다. P군의 어머니의 말에 따르면, P군이 어렸을 때부터 의존성이 강하고 어머니에게 강한 애착을 보였다고 한다. 또한 6살 차이인 형에게 자주 대들고 먼저 말싸움을 거는 등의 행동을 보여 형에게 많이 맞았으며, 아버지에게 엄하게 혼난 일이 잦았다고 한다.

P군의 부모님이 이혼한 사유는 아버지의 잦은 가정폭력 때문이었는데, 양육방법에 대한 의견으로 인해서도 잦은 대립이 있었던 것으로 보인다. 특히, 아버지는 본인의 기분에 따라 양육태도가 많이 달랐는데, 첫째를 키울 때는 잦은 음주로 인해 가정을 돌보지 않고 아이의 성장에 무관심하였으나 둘째인 P군의 경우 극단적으로 허용적으로 대하다가도, 과음을 하거나 기분이 좋지 않을 때에는 폭력을 휘두르는 적이 많았다고 하였다.

P군은 부모님의 이혼 후에 어머니의 양육권 소송 승소로 청주에 있는 모 초등학교에 취학하였는데, 어머니의 돌봄이 필요한 나이인 1학년에 어머니의 늦은 퇴근으로 인해 정서적·심리적으로 많이 힘들었다고 한다. 또 담임선생님에게 대들거나 심한 경우 물건을 집어 던지는 등의 행동을 보이고, 교우관계에서 문제를 일으키는 등의 충동조절에 문제를 보이기 시작하였다.

인근 중학교에 재학 중인 학생 중에 가정환경이 좋지 못해 주변 초등학교 학생들에게 소위 '일진' 조직을 만들어 돈을 갈취하거나, 여학생을 성추행하는 등의 행동을 보이는 학생이 있었는데, 거기에 P군이 2~3회 동참하였던 경험이 있었다. P군에게 무엇을 보았냐는 질문에 어떤 누나들을 강제로 만지고, 때리고, 담배를 피웠으며, 학교 끝나고 돈을 빼앗았다고 대답하였다. P군이 가담하게 된 경위는 아버지가 1주일에 1~2회 꼴로 P군을 보러 오는 것이 미안하여 돈을 쥐어 준 것으로 형들에게 환심을 사려 한 것으로 보인다.

또한 P군은 수업 시간에 교사의 말을 의도적으로 가로막거나, 의식적으로 옆사람과 크게 이야기를 하거나, 교사의 지도에 불응하여 학급을 이탈하여 배회하는 등의 부적응 행동을 자주 보이는데, 그것이 현재 본인이 처한 상황과 부모에 대한 분노의 표출로 보인다.

(3) 내담자의 종합적 이해 및 문제 도출

P군의 개인력, 교실에서의 행동관찰, 심리검사 실시결과를 통해, 다음과 같은 핵심적 문제를 도출하였다.

① 분노조절 문제

작은 일에도 쉽게 흥분하며 친구의 행동이나 말이 자신에게 조금이라도 부정적이거나 불리한 것으로 판단되면 욕설, 폭력 등의 극단적인 분노를 표출하는 행동을 많이 보인다. 장익태(2012)가 사용한 분노유발상황 질문지에 따라 P군의 주요 분노유발 상황(전혀 화가 나지 않음: 0점, 매우 화가 남: 3점 중 2점 이상에 반응을 보인)을 수행해 본 결과, 아래와 같은 상황에서 분노가 잘 유발되는 것으로 나타났다.

㉠ 강요된 상황(부모/가족)

- 하기 싫은데 부모님, 선생님이 억지로 시키는 경우
- 사람이 많은 곳에서 야단치는 경우
- 부모님이 항상 양보를 강요하는 경우
- 부모님, 선생님이 다른 친구를 안 시키고 본인에게 시키는 경우

ⓛ 피해받은 상황(부모/가족)

- 부모님, 선생님이 잔소리를 하는 경우
- 부모님이 약속을 지키지 않는 경우
- 숙제를 하는데 형이 귀찮게 하는 경우
- 부모님이 내게 화풀이를 하시는 경우

ⓒ 신의가 위반된 상황(또래관계)

- 친구가 고자질을 해서 선생님, 부모님께 꾸중을 들은 경우
- 친하던 친구들이 나를 따돌리고 자기들끼리 노는 경우
- 놀이터 미끄럼틀을 타다 친구가 밀어서 떨어진 경우

ⓔ 자존심이 손상된 상황(또래관계)

- 친구가 물건을 잃어버리고 나를 의심하는 경우
- 내가 말을 걸면 친구들이 짜증부터 내는 경우
- 나보다 힘센 사람이 내가 아끼는 것을 빼앗은 경우
- 다른 친구에게 맞아서 멍이 든 경우
- 패스트푸드점에서 계산할 때 뒤의 어른부터 계산해 주는 경우

ⓜ 타인에 대한 당위적 기대상황(또래관계)

- 게임 중에 나는 친구를 봐주었는데 친구가 나를 공격하는 경우
- 운전하는 어른이 자신이 신호 위반해 놓고 도리어 야단치는 경우
- 게임에서 다른 사람들이 하필 나만 집중 공격하는 경우
- 다른 친구들도 잘못했는데 하필 나만 지적당하는 경우

ⓑ 타인 비난상황(또래관계)

- 긴 줄넘기를 하다 자신도 잘못해 놓고 나를 비난하는 경우
- 수업시간에 친구가 말을 걸어서 대답했는데 꾸중받는 경우
- 친구가 공부를 잘하긴 하지만 잘난 척하는 경우
- 어느 한 가지도 잘하지 못하면서 자신은 잘했다고 우기는 경우

② 비합리적 신념 문제

P군의 비합리적 신념검사 결과, 모든 사람으로부터 인정받고 사랑받아야 한다는 과다인정 신념, 자신이 가치롭기 위해서는 모든 분야에서 완벽하리만큼 유능하고 성취적이어야 한다는 과다자기기대 신념, 일어날 가능성이 거의 없는 위험에 대해 강박적으로 불안해 하는 과잉 위험발생신념, 어려움이나 책임을 피하는 것이 상책이라는 과다 회피선호신념, 사람은 누구나 남에게 의존해야 한다는 과잉의존 신념이 특히 높은 것으로 나타났다.

③ 공격성향 문제

P군의 공격성 검사 결과, 신체적 공격성, 언어적 공격성, 흥분성, 적의성, 수동적 공격성 및 죄의식의 6개 하위영역에서 모두 높은 공격성 수준을 보였으며, 특히 적의성과 수동적 공격성, 신체적 공격성이 두드러지게 높게 나타났다.

④ 교우관계 문제

전학 온 이후 건전하고 정상적인 교우관계를 갖기보다는 파괴적인 행동으로 타인의 관심을 끌고 비행집단을 주도하거나 추종하는 성향이 강하다. 친구의 유무와 신뢰도에는 다소 긍정적으로 반응하였으나, 교제의 지속과 적응 측면에서 낮은 효능감을 가지고 있으며, 친구와의 공동생활과 이타심, 배려심이 많이 부족한 것으로 나타났다.

3) 계획과정

(1) 목표 설정

위에서 살펴본 내담자 문제에 비추어 볼 때, 본 과정을 통해 궁극적으로 추구해야 할 목표는 다음과 같다.

첫째, 분노를 잘 다스리고 조절할 수 있도록 돕는다.

둘째, 긍정적인 자아관과 더불어 긍정적 대인관계 형성을 돕는다.

셋째, 거짓말, 도벽, 공격적 행동 등의 부적응 행동을 억제하고 학교 및 가정생활에 잘 적응하도록 돕는다.

이러한 최종목표를 달성하기 위하여 본 과정에서 설정한 개입목표는 다음과 같다.

목표 1: 분노를 조절하는 능력을 길러 공격적인 행동을 줄인다.

목표 2: 학교, 학급 규칙에 적응하고 친구, 교사와의 신뢰를 형성한다.

목표 3: 사회적 기술습득을 통해 건전한 교우관계를 형성한다.

목표 4: 기초적인 학습능력과 태도를 기르도록 한다.

(2) 전략 수립

전략은 분노조절이 어려운 아동, 좋은 양육환경을 제공받지 못한 아동의 부적응 행동과 관련된 문헌 및 사례를 탐구하여 내담자의 행동 특성을 고려하여 설정한다. 어떤 문제에 대하여 쉽게 화를 표출하거나 효과적으로 화를 다스리지 못하여 공격적인 행동을 하는 내담자를 변화시키기 위해서는 분노를 유발시키고 표출하는 데 작용하는 비합리적 신념을 합리적 신념으로 변화시키는 것이 필요하다.

그러한 과정 속에서 분노조절능력을 증가시킴과 동시에 건전한 방식으로 분노를 표출하도록 돕기 위하여 인지행동치료 기법을 활용하기로 한다. P군을 위하여 초등학생의 분노유발상황에 초점을 둔 인지행동적 분노조절 기법을 P군의 특성에 맞게 다음과 같이 재구성하여 사용한다.

첫째, 순간적으로 지나가는 자동적 사고를 긍정적으로 바꾸는 훈련이 필요하며, 부정적인 감정을 유발하는 인지적 왜곡을 발견하여, 그 유형을 알고 다양하게 푸는 방법을 익혀서 실천하도록 하는 데 의의가 있고, 둘째, 분노의 상황에 돌입하기 전, 나 자신에게 일어나는 분노의 조짐이나 경고를 알아차려 생각의 변화(비합리적 신념의 극복)를 통하여 분노의 감정을 조절하고 통제할 수 있는 능력을 기르는 데 있으며, 셋째, 분노의 감정을 가라앉히는 여러 기법들을 배움으로써 나와 타인에게 상처 없이 표현할 수 있는 방법을 익히며, 분노와 같은 갈등상황 속에서 현명하게 문제를 해결하는 방법을 배워서 대인관계 속에서 분노를 건전하게 표현할 수 있도록 도움을 주고자 하였다.

또한 신체적인 활동을 매우 선호하는 P군의 성향에 맞추어 짝이나 집단으로 참여하여 함께 활동하며 자신이 집단에서 가치가 있음을 느끼면서 사회성을 향상시킬 수 있는 또래놀이 중심의 사회적 기술 훈련을 적용하기로 하였다. 사회적인 관계맺음 방법을 모르고 안하무인격으로 행동하는 P군에게 자신의 감정만을 앞세우거나 자신의 입장을 전혀 고려하지 않은 채 타인의 기대에 부응하여 행동하지 않고 타인의 기분을 고려하고, 기분을 상하지 않게 하면서 자신의 의사를 표현하는 사회적인 의사소통 방법을 역할놀이 방법으로 실시하여, 사회성 발달에 도움을 주고자 한다.

가정에서 할머니와 아버지의 양육태도를 점검하고 적절한 아동의 양육방식을 안내하였고, 상담을 통해 보호자의 양육태도가 아동의 부적응 행동을 일으키는 주요 원인이 될 수 있음을 느끼도록 하였다. 따라서 아버지가 일관된 양육태도를 가지고 수용적인 가정 분위기를 조성하여 긍정적인 대인관계 경험의 장을 제공하도록 노력한다.

4) 개입과정

〈표 14-1〉 개입전략

대상	전략(기법)	비고
할머니, 아버지	• 할머니, 아버지 양육태도 점검 및 조언 • 심리적 지지, 격려 • 아동에 대한 이해 및 수용적인 가정 분위기 조성	부모면담 (전화통화)
아동	• 장점 찾아 격려하기 • 자율성 존중, 상호존중의 관계 형성 • 공감적 이해와 수용, 진솔성 • 사회적 행동 시범 보이기 • 행동관찰목록표 작성	아동면담
어머니	• 아동과 주 2회 이상 전화통화, 월 1회 이상 면담 • 양육상황 확인 및 심리적 지지, 격려 • 연구자에게 가정에서의 정보 제공	부모면담 (전화통화)

5) 평가 및 종료

목표달성 여부를 객관적으로 확인하기 위한 개입의 사전, 사후에 검사도구를 이용한 양적 평가를 실시하여 상담 전후의 결과를 비교분석한다. 이와 병행하여 상담일지, 학교에서의 행동관찰목록표, 학급 친구들의 설문지 작성, 보호자와 내담자, 연구자의 소감문을 통한 행동 변화를 질적으로 분석한다.

상담이 종료된 후에 상담자, 내담자, 내담자의 부모가 소감문을 작성하여 내담자의 행동 변화에 대해 평가한다. 소감문은 상담 목표에 근거하여 변화된 내용을 중심으로 작성하도록 한다.

생각해 볼 문제들

01 아동의 사례관리를 팀별로 토의하고, 실제 우리 주위에서 이러한 사례를 적용해 보라.

02 아동방임을 정의하고, 아동방임의 사례관리를 팀별로 토의해 보라.

03 분노아동을 정의하고, 분노아동의 사례관리를 팀별로 토의해 보라.

참고문헌

강선경·임윤형(2005). 학대노인에 대한 사례관리 개입에 관한 연구 -단일사례분석-. 노인복지연구, 30, 191-213.

강호선(2010). 가정폭력전문상담원의 사례관리 역할 수행에 영향을 미치는 요인에 관한 연구. 경상대학교 박사학위논문.

공계순·서인해(2009). 지역아동센터에서의 사례관리실천 방안에 관한 연구. 한국가족복지학, 14(4), 155-178.

권중돈·고효진·이성희·임송은·장우심·이유진(2002). 치매와 가족. 경기: 학지사.

권진숙·김상곤·김성경·김성천·김혜성·민소영·박선영·백은령·유명이·유서구·이기연·조미숙·조현순·황성철(2014). 사례관리론. 경기: 학지사.

권진숙·김상곤·조현순(2011). 인천시 종합사회복지관 사례관리 운영체계평가. 사례관리연구, 2(1), 31-66.

권진숙·박지영(2010). 사례관리의 이론과 실제 제2판. 서울: 학지사.

____________(2015). 사례관리의 이론과 실제 제3판. 서울: 학지사.

김기태·성명옥·박봉길·이경남·최희경(2002). 노인복지실천론. 경기: 양서원.

김기태·황성동·최송식·박봉길·최말옥(2016). 정신보건복지론. 경기: 양서원.

김상곤(2013). 민관 협력을 위한 통합사례관리 운영체계 구축방안. 사례관리연구, 4(1), 51-87.

김성경·김연수(2011). 민간 사례관리교육의 현재와 전망. 한국사례관리학회 춘계학술대회, 23-47.

김승권·김유경·박정윤·김연우·최영준(2011). 취약·위기 및 한부모 가족 지원체계 구축과 자립지원 방안 연구. 여성가족부·한국보건사회연구원.

김융일·조흥식·김연옥(1995). 사회사업실천론. 경기: 나남출판.

김종일·최혜지(2006). 쉽게 쓴 노인복지론. 경기: 청목출판.

김찬우(2006). 사례관리와 케어매니지먼트. 서울: EM 커뮤니티.

김한영(2012). 사례관리자의 역할수행에 관한 연구: 경기도 무한돌봄센터를 중심으로, 아주대학교 석사학위논문.

남기철·변귀연·양숙미·정선욱·조성희·최승희 역(2010). 사회복지실천 기법과 지침. 원저; Techniques and guidelines for social work practice (2nd ed.). Bradford W.Sheafor, Charles R.Horejsi. 경기: 나남출판.

도광조(2009). 지역사회복지관 사례관리 수행의 영향요인에 대한 연구. 숭실대학교 박사학위논문.

류명석·김아래미(2006). 서울시 사회복지관 평가지표 개발. 서울특별시·서울복지재단.

류명원(2006). 한국 재가노인복지의 사례관리모형에 관한 연구. 원광대학교 박사학위논문.

민소영(2009). 사례관리 수행요소와 지역거주 정신장애인의 소비자 만족도 및 삶의 질 사이의 경로 탐색. 한국사회복지학, 61(3), 103-127.

______(2012). 사회복지행정영역과 사례관리: 전달체계 개편을 중심으로. 한국사례관리학회 춘계학술대회, 91-107.

______(2015). 한국의 사례관리 전개 과정과 쟁점 고찰. 한국사회복지행정학, 17(1), 213-239.

박지영·김연수(2013). 아동의 사례관리 참여를 통한 변화경험 -'꿈'으로 '성장'하는 아이들-. 한국아동복지학, 44, 155-187.

배태순·최명민·김영미 역(2007). 전문 사회복지실천기술. 원저; Maguire, L. (2002). "Clinical social work: beyond generalist practice with individuals, groups, and families", Pacific Grove, CA.: Brooks/Cole, 서울: 시그마프레스.

백은령(2012). 장애인복지분야의 사례관리론. 한국사례관리학회편. 서울: 학지사.

보건복지부(2006). 강점관점 해결중심 사례관리 매뉴얼.

__________(2010). 맞춤형 치매 사례관리 안내.

__________(2011). 위기가구 사례관리업무 매뉴얼. 보건복지부·한국보건복지인력개발원.

__________(2012). 지역아동센터 사례관리업무 매뉴얼.

__________(2014a). 2014 희망복지지원단 업무안내. 보건복지부.

__________(2014b). 2013년 12월 말 정신질환자 사회복귀시설 현황.

__________(2015a). 2015 희망복지지원단 업무안내. 보건복지부.

__________(2015b). 2015년 정신건강사업 안내.

사회보장위원회(2014a). 사회보장사업 현황 및 관리 방안. 보건복지부.

______________(2014b). 복지사각지대 발굴 및 지원 종합대책(안). 보건복지부.

서울시복지재단(2005). 사회복지관 프로그램 매뉴얼 개발 연구: 사례관리 실천방법 -지역사회보호사업-. 서울특별시·서울시복지재단.

______________(2009). 사회복지관 프로그램 매뉴얼: 지역사회보호사업 -사례관리 실천매뉴얼-. 서울특별시·서울시복지재단.

______________(2010). 사례관리 서비스표준화 및 원가측정 방안 연구.

서혜미(2012). 장애인복지관 사례관리 수행요소가 사례관리자 자기효능감에 미치는 영향에 대한 연구 -네트워킹 매개효과를 중심으로-. 경기대학교 박사학위논문.

설진화(2009). 사례관리론. 경기: 양서원.

송진영(2011). 노인복지론. 서울: 나눔의집.

송진영·김경애·유광수(2016). 노인복지론. 경기: 문예미디어.

안동현(2000). 아동방임의 본질과 사회적 의미. 아동과 권리, 4(1), 7-26.

양옥경(1996). 사례관리: 지역사회 정신건강. 경기: 나남 출판사.

오혜경·백은령(2007). 지적장애인가족지원방안에 관한 연구보고서. 서울: 한국지적장애인복지협회.

윤관현(1985). 목표달성 척도를 사용한 상담사례 연구. 인간이해, 7, 35-44.

이금진·홍선미(2004). 한국장애인고용촉진공단 지사의 사례관리실천 연구. 한국장애인촉진공단 고용개발원.

이기연(2010). 지역사회기반의 사례관리체계, 충분하고 강력한가? 서울시의 중증정신질환자 복귀 전략, 타당하고 효과적인가?. 서울시정신보건사업 관계자 워크숍 자료집.

이영호(2015). 정신보건사회복지론. 경기: 학지사.

이은영(2013). 지역아동센터의 사례관리수행 영향 요인. 서울기독대학교 박사학위논문.

장익태(2012). 분노조절에 어려움을 가진 아동의 상담 사례 연구. 광주교육대학교 석사학위논문.

장인협·우국희(2001). 케어·케이스 매니지먼트. 서울: 서울대학교출판부.

정순둘(2005). 사례관리 실천의 이해. 서울: 학지사.

정은희·박수지·김보영·안혜영·이기연·정익중·김효진(2013). 취약·위기가족 및 다문화 가족의 예방맞춤형 복지체계 구축 및 통합사례관리 연구(4차년도). 한국보건사회연구원.

조미숙·이윤로·강용규·간호옥·김나영(2006). 사례관리. 경기: 창지사.

조유향(2006). 치매노인케어론. 경기: 집문당.

하지선(2016). 정신보건센터 사례관리 실천의 조직화에 관한 제도적 문화기술지. 가톨릭대학교 박사학위논문.

한국사례관리학회(2012). 사례관리론. 김상곤·김성경·김성천·김혜성·민소영·박선영·박지영·백은령·유명이·유서구·이기연·조미숙·조현순·황성철 공저. 서울: 학지사.

한국장애인개발원(2013). 발달장애인가족 사례관리매뉴얼 개발 연구.

현정애(2010). 사회복지조직의 수퍼비전이 사회복지사의 직무성과 및 조직시민행동에 미치는 영향. 조선대학교 석사학위논문.

황성철(1995). 사례관리 실천을 위한 모형개발과 한국적 적용에 관한 연구. 한국사회복지학, 27, 275-304.

APA (1994). American Psychiatric Association: Diagnostic and Statistical Manual of Mental Disorders, 4th Ed. American Psychiatric Press. Washington, DC, 1994.

Appleby, G. A., Colon, E., & Hamilton, J. (2001). Diversity, Oppression, and Social Functioning: Person-in-Environment Assessment and Intervention. Boston: Allyn and Bacon.

Austin, D. M., & Caragonne, P. (1981). A comparative Analysis of Twenty-Two Settings Using Case Management Components. Austin. TX: Case Management Research Projec't. University of Texas at Austin School of Social Work.

Ballew, J. R. & Mink G. (1996). Case Management in Social Work: developing the professional skills needed for work with multiproblem clients (2nd eds.). Springfield, Ill., USA: Thomas Publisher Ltd.

Caragonne, P. (1980). An analysis ofthe function ofthe case managers in four mental health social service settings. Report of the Case Management Research Project. Austin, Texas.

Early, T., & Poertner, J. (1995). Examining current approaches to case management for families with children who have serious emotion disorders, In B. J. Friesen & J. Poertner (Eds.), from case management to service coordination for children with emotional, behavioral, or mental disorders (pp. 37-38). NY: Brooks and Publishing Co. Inc.

Gursansky, D., Harvey, J., & Kennedy, R. (2003). Case Management. NY: Columbia University Press.

Hall, J. A., Carswell, C., Elizabeth, W., Huber, D. L., & Jampoler, J. S. (2002). Iowa Case Management: Innovative Social Casework. *Social Work, 47*(2), 132-141.

Holloway, F. (1991). Case management for the mentally ill: looking at the evidence. *International Journal of Social Psychiatry, 37*(1), 2-13.

Intagliata, J. (1982). Improving the quality of community care for the chronically mentally disabled: The role of case management. *Schizophrenia Bullethin, 8*(4), 655-674.

Intagliata, J., & Baker, F. (1983). Factors affecting case management services for the chronically ill. *Administration in Mental Health, 11*(2), 75-91.

Intalgiata, J. (1992). Improving the quality of community care for chronically mentally disabled: The role of case management. 28-29, in Case Management and Social Work Practice, edited by Rose, S. M., NY: Longman Publishing group.

Johnson, P. J., & Rubbin, A. (1983). Case management in mental health: a social work domain?. *Social Work, 28*(1), 49-55.

Kane, R. A. (1993). Uses and abuses of confidentiality. In R. A. Kane & A. L. Caplan (Eds.), Ethical conflicts in the management of home care: The case management's delemma (pp. 147-158). NY: Springer.

Kanter, J. S. (1991). Integrating Case Management and Psychiatric Hospitalization. *Health & Social Work, 16*(1), 34-42.

Kirst-Ashman, K. K., & Hull, G. H. (2002). Understanding Generalist Practice. Books/cole Thomson Learning.

Loewenberg, F. M., & Dolgoff, R. (1988). Ethical decisions for social work practice. Itasca: F. E. Peacock.

Moore, S. (1992). Case Management and the Integration of Services: How Service Delivery Systems Shape Case Management. *Social Work, 37*(5), 418-423.

Moxley, D. P. (1989). Perceptions of Case Management Services for Elderly People. *Health & Social Work, 14*(3), 196-204.

Moxley, D. P. (1989). The Practice of Case Management. Newbury Park: Sage Publications.

NASW(2013). NASW Standards for Social Work Case Management.

Noel, P. E. (2000). Case management in treatment for adolescent substance use. Ph.D. Dissertion, Department of Maternal and Child Health, University of North Carolina: Chapter Hill.

O'Brien, J. (1980). The Principle of Normalization. In J. F. Gardener (eds.), Program Issue in Developmental Disability, Paul H. Brockes, Baltimo.

Rapp, C. A., & Kirsthardt, W. (1996). Bridging the gap between principles and practice: Implementing a strengths perspective. In S. M. Rose (2nd ed.). Case management and Social Work, NY: Longman.

______________ (1996). Case management with people with severe and persistent mental illness, 17-45, in Perspectives on Case Management Practice, edited by Austin, C. D. & McClelland, R. W., Milwaukee, WI: Families International.

Reamer, F. G. (1995). Social work values and ethics. New York: Columbia University Press.

Ross, H. (1980). Proceedings of the conference on the evaluation of case management programs (March 5-6, 1979), Los Angeles: Volunteers for services to older Persons.

Ross, S. M., & Moore, V. L. (1995). Case management: Encyclopidia of social work (19th ed.). NASW Press.

Rothman, J. C. (1991). A model of case management: Toward empirically based practice. *Social Work, 36*(6), 520-528.

Rothman, J., & Sager, J. S. (1998). Case management: integrating individual and community practice (2nd ed.). Boston: Allyn and Bacon.

Test, M. (1979). Continuity of Care in Community Treatment. In L. Stein (Ed.). Community Support Systems for the Long-term Patient, San Francisco, CA: Jossey-Bass Inc., Publishers.

Thronicroft, G. (1991). The concept of case management for long-term mental illness. *International Review of Psychiatry, 3*, 125-132.

Weil, M., & Karls, J. (1985). Case management in human service practice. San Francisco: Jossey-Bass.

Wolfensberger, W. (1972). The Principle of Normalization in Human Services, National Institute of Mental Retardation. Toronto.

Woodside, M., & McClam, T. (2006). Generalist case management: A method of human service delivery (3rd ed.). Thomson Brooks/Cole.

찾아보기

저자 소개

박용순(朴容淳)

성결대학교 사회복지학과 졸업
숭실대학교 대학원 사회사업학과 졸업(문학석사)
숭실대학교 대학원 사회사업학과 졸업(문학박사)
현재 성결대학교 사회복지학부 교수

〈저서 및 논문〉

『빈곤과 자립』(학지사, 2001), 『사회복지수험서』(서현사, 2003), 『사회복지학의 이해』(학지사, 2008), 『사회복지개론』(학지사, 2008), 『사회복지행정론』(창지사, 2010), 『사회복지시설운영론』(창지사, 2012), 『지역사회복지론』(학지사, 2012), 『자원봉사론』(창지사, 2013), 『사회복지법제론』(창지사, 2014), 『사회복지정책론』(창지사, 2016)
「노인일자리사업의 참여정도가 참여지속의사에 미치는 영향 및 참여만족도의 매개효과 검증 : 시니어클럽에서 수행하는 시장형 노인일자리사업을 중심으로」(2015) 외 다수

송진영(宋眞影)

서울과학기술대학교 전산학과 졸업(공학학사)
KAIST 일반대학원 정보 및 통신공학과 졸업(공학석사)
경기대학교 사회복지대학원 졸업(사회복지학 석사)
서울기독대학교 일반대학원 사회복지학과 졸업(문학박사)
현재 반석재가복지원 시설장, 성결대학교 사회복지학부 조교수

〈저서 및 논문〉

『노인복지론』(나눔의집, 2011), 『지역사회복지론』(학지사, 2012), 『사회복지시설운영론』(창지사, 2012), 『자원봉사론』(창지사, 2013), 『사회복지조사론』(문예미디어, 2014), 『사회복지법제론』(창지사, 2014), 『분노관리론』(교문사, 2016), 『사회복지정책론』(창지사, 2016)
「장애인의 직업유지와 대인적 지지 필요의 상태변화가 생활만족도에 미치는 영향」(2016) 외 다수

권성애(權聖愛)

서울신학대학교 기독교교육과, 사회복지학학과 졸업(문학학사)
미국 New York University 사회사업학과 졸업(사회사업학 석사)
미국 University of Georgia 사회사업학과 졸업(사회사업학 박사)
현재 성결대학교 사회복지학부 외래교수

〈저서 및 논문〉

『사회복지시설운영론』(창지사, 2012)
「노인전문사회복지사의 임종케어의향에 미치는 영향연구」(2014) 외 다수

사례관리

초판 1쇄 인쇄 2016년 8월 12일
초판 1쇄 발행 2016년 8월 19일

지 은 이 | 박용순 · 송진영 · 권성애
펴 낸 이 | 김기섭
책임편집 | 박소정
펴 낸 곳 | 창지사 www.changjisa.com
08589 서울시 금천구 가산디지털 1로 83 파트너스타워 1차 9층
전화 (02) 719-2211~3
팩스 (02) 701-9386
등 록 | 1977년 4월 28일 · 제1-421호

ISBN 978-89-426-2337-2 (93330)

값 19,000원

이 도서의 국립중앙도서관 출판예정도서목록(CIP)은 서지정보유통지원시스템 홈페이지(http://seoji.nl.go.kr)와 국가자료공동목록시스템(http://www.nl.go.kr/kolisnet)에서 이용하실 수 있습니다. (CIP제어번호: 2016019351)